covadonga

Udo Bölts mit Klaus D. Kullmann:
QUÄL DICH, DU SAU!

Covadonga Verlag, Bielefeld
ISBN-10: 3-936973-20-2
ISBN-13: 978-3-936973-20-4

Die Fotos in diesem Buch stammen von: Hennes Roth,
Joachim Faulhaber, www.finisherphoto.com, Udo Bölts privat.

Wir danken der profine GmbH
für die freundliche Unterstützung.

Udo Bölts

mit Klaus D. Kullmann

QUÄL DICH, DU SAU!

INHALT

VORWORT

REKORDMANN – IRONMAN – PRIVATMANN

Seit 1989 hatte ich das Vergnügen, als Reporter einen Radrennfahrer zu begleiten, der sich in 15 Profijahren als unermüdlicher Kämpfer einen Namen gemacht und viel Respekt verschafft hat. Bei jedem Rennen, auf jeder Etappe.

Udo Bölts war ein Mann der ersten Stunde. Ein Fahrer, der die Renaissance des deutschen Straßenradsports entscheidend mitgeprägt hat. Seine Profilaufbahn begann er beim neu gegründeten Team Stuttgart. Aus dieser Mannschaft ging später das berühmte Team Telekom hervor, dem Udo Bölts als Dauerbrenner diente: Der Pfälzer wurde zu einem Herzstück des erfolgreichsten deutschen Profirennstalls – auch wenn er einsehen musste, dass es für die ganz großen persönlichen Erfolge nicht reichen würde.

Natürlich ist es ein tolles Gefühl, Siege herauszufahren. Udo Bölts war dies nicht so oft vergönnt wie anderen, denen er als treuer Helfer zur Seite stand. Doch auf einige Höhepunkte kann er wahrlich stolz sein. Ich denke an den Giro d'Italia 1992, an eine Bergankunft fast 2.000 Meter über dem Meer. Auf der längsten Etappe dieser Italien-Rundfahrt von Saluzzo nach Pila hetzte er im Alleingang hinter dem kleinen Spanier Arrieta her, passierte ihn und wurde nach 260 Kilometern triumphaler Sieger bei dieser »Königsetappe«. Es war auch für mich, der diesen grandiosen Erfolg als Fernsehreporter schildern durfte, ein großer Tag. Udo Bölts ganz oben, aber er blieb bescheiden.

Ich denke auch an den 19. Juli 1994, als er bei der Tour de France in L'Alpe d'Huez hinter Roberto Conti aus Italien und dem Kolumbianer

Hernan Buenahora hervorragender Dritter wurde. Es war wieder ein großer Tag für den Radsport hierzulande, an dem Udo Bölts zudem den Grundstein für seinen neunten Gesamtrang am Ende in Paris legte. Für die beste Platzierung eines Deutschen bei der Tour de France seit 17 Jahren, als Dietrich Thurau Fünfter geworden war. Ein Udo Bölts hob aber auch in diesem Erfolg nicht einen Augenblick lang ab. Mit stoischer Ruhe und innerer Balance gab er zahllose Interviews und beantwortete mir alle Fragen ohne Hektik und Zeitdruck – ehrlich, mit entwaffnender Offenheit und viel Herzblut.

Der deutsche Rekordmann bei der Tour de France heißt Udo Bölts. Wer zwölf Mal das schwerste Radrennen der Welt bestreitet, sich bei Sonne, Wind, Regen und Kälte durch Frankreich quält und zwölf Mal Paris erreicht, muss über besondere Qualitäten verfügen. Über eigenen Siegeswillen, aber auch über Mannschaftsgeist, Hilfsbereitschaft und Verantwortungsbewusstsein.

Die Franzosen bezeichnen einen solchen Fahrer als *Capitaine de la route*, sozusagen als den guten Geist, den Kopf einer Rennmannschaft, der gerade den jungen Kollegen ein vertrauensvoller An-

Udo Bölts und Herbert Watterott am Rande des Amstel Gold Race 1998.

sprechpartner ist. Wenn dieses Prädikat auf einen Radsportler im Profigeschäft zutrifft, dann ist es Udo Bölts.

Udo leitete eine Ära ein. Zusammen mit Jens Heppner und Olaf Ludwig verhalf er Erik Zabel an dessen Geburtstag 1995 in Charleroi zum ersten von insgesamt zwölf Etappenerfolgen bei der Frankreich-Rundfahrt. Und 1997 trieb er den kranken Jan Ullrich mit seinem Kultspruch »Quäl dich, du Sau« durch die Vogesen und rettete den ersten Tour-de-France-Sieg eines Deutschen. Ein großer Sieg auch für Udo Bölts, den Edelhelfer.

Um neue Herausforderungen zu suchen, sich selbst zu fordern und zu bezwingen, startete Udo im Jahr 2000 beim Ironman auf Hawaii, dem schwersten Triathlon der Welt. Nach über zehn Stunden Kampf im Wasser, auf dem Rennrad und über heißen Asphalt belegte er unter 1.500 Spezialisten den 168. Platz. Respekt und Hochachtung. Der deutsche Tour-Rekordmann will demnächst wieder einmal hoch hinaus, andere Gipfel erstürmen. Klettern dem Himmel entgegen, im höchsten Gebirge der Welt – im Himalaja. Ich bin sicher, dass er auch dieses Ziel erreicht.

Als Sportlicher Leiter beim Team Gerolsteiner hat Udo Bölts inzwischen ein neues Betätigungsfeld gefunden. Eine Aufgabe, die nicht mehr so stressig und zeitintensiv ist wie das Leben als Radprofi. Vorrang hat jetzt hat die Familie, seine Frau Elke und die beiden Kinder Helena und Jan. Er genießt die unaufgeregte Atmosphäre daheim in Heltersberg in der Pfalz, ruht in sich und ist natürlich geblieben. Udo Bölts ist immer in der Lage, das zu tun, was er will und möchte. Ich kenne kaum einen glücklicheren Menschen als ihn.

Udo hat mir bei den unzähligen Begegnungen viel gegeben und mich zum Nachdenken angeregt. Möge er jeden Tag mit seiner Familie und im Radsportmilieu genießen, denn die Zeit und das Wasser im Fluss fließen nicht zurück.

Herbert Watterott

KAPITEL 1

LEHRJAHRE

Erst bohren, fräsen, schleifen, dann trainieren

Ein Donnerstag, später Nachmittag. In der Höhe von Landstuhl fängt es an zu schneien. Immer dickere Flocken tänzeln durch die dunkle, frische Luft. Ich bin mit dem Rennrad auf dem Heimweg. Die Kälte peitscht auf die klammen Oberschenkel, klopft an den pumpenden Brustkorb, brennt sich ins frierende Gesicht. Noch 35 Kilometer zurück durch das Wallhalbtal. Trainingsalltag. Der Schnee stört mich nicht. Noch nicht.

Ich trete, was das Zeug hält. Nichts wie heim. Der Dynamo rutscht, dreht durch. Ich halte an, schlage den Matsch von dem unseligen Ding herunter und fahre weiter. Aber das Licht, es zuckt, es flackert und geht aus. Was mache ich nur?

Von hinten schleicht ein Auto heran, die Lichtkegel der Scheinwerfer erfassen mich. Der Fahrer sieht mich in der fast undurchsichtigen Wand von Schneeflocken spät und hupt. Ich rolle ganz rechts ran und winke ihn vorbei.

Kalt ist es, eiskalt. Minuten im Schneegestöber, die an den Nerven zerren und richtig wehtun. Immer wieder bleibe ich an Gedankenfetzen hängen: Die Kollegen aus der Nationalmannschaft haben schon heute Vormittag oder am frühen Nachmittag trainiert, jedenfalls im Hellen und auf trockenen Straßen. Ich aber, ich arme Sau, quäle mich durch die kalte Nacht und muss meine Kilometer nach der Arbeit runtertreten. Wie jeden Tag.

Ich halte an, setze mich am zugewehten Straßenrand auf den Lenker des umgelegten Rennrades und heule drauflos. Hemmungslos, zornig.

Aber Junge, du musst noch heim, hämmere ich mir ein. Im Wallhalbtal, da gibt's keine Telefonzelle. Nur Bäume und hier und da einen Abzweig zu einer Mühle. Zu weit, um hinzufahren.

Du musst weiter. Du musst.

Noch tiefer als die Kälte bohrte sich an diesem Tag im Dezember 1983 der Frust in meine Seele. Ich kam daheim an, stellte mein Rad ab und flüchtete ins Warme, begleitet von einem einzigen Gedanken: Jetzt ist das Kapitel Radsport abgeschlossen. Schluss, aus. So geht das nicht weiter.

Jedenfalls nicht unter diesen ungleichen Bedingungen. Die anderen hatten ideale Voraussetzungen. Entweder mussten sie gar nicht arbeiten oder nur bis um zwölf Uhr mittags. Sie wurden vielleicht von einem Gönner ein bisschen gesponsert und hängten das auch noch an die große Glocke. Keiner fragte mich, was arbeitest du eigentlich. Es interessierte keinen, dass ich an der Werkbank bohren, fräsen, schleifen musste. Sollte ich anfangen, davon zu erzählen? Nein, damit konnte ich nicht angeben. Es war eher beschämend für mich.

Ich hatte mein Rennrad bereits in die Ecke gestellt, als mein Vater die Kellertreppe herunterkam. Er ahnte, dass ich miese Laune hatte. Logisch, der Schnee lag zentimeterhoch vor der Haustür, das hatte auch er bemerkt.

»Udo, was ist los?«, fragte er in ruhigem Ton.

»Der scheiß Dynamo«, entgegnete ich ihm etwas lauter: »Der funktioniert im Schnee nicht. Das Licht ist immer ausgefallen. Du musst mal raus bei dem Siffwetter. Es hat keinen Zweck mehr. Ich hör' auf.« Basta.

»Junge«, sagte Vater sachte, »sieh' das mal nicht so tragisch. Jetzt fährst du zwei, drei Tage nicht.«

So war er, so ist er, mein Vater – sachlich, ruhig, überlegt. Er brachte immer alles auf den Punkt.

»Nee, ich hör' auf.«

»Ja, ist okay«, entgegnete Vater trocken. Dann ließ er mich mit meiner Unlust alleine und ging die Kellertreppe wieder hoch.

Ich verzog mich unter die warme Dusche, stopfte gierig etwas Essbares in mich hinein und schlief die Nacht durch. Tief und gut.

Am nächsten Tag stand ich meinen Mann an der Werkbank. Bohren, fräsen, schleifen. Wie immer, aber dieses Mal noch lustloser als sonst. Am frühen Nachmittag klarte es draußen auf, und ich dachte: Mensch, Udo, das kann es nicht gewesen sein. Wenn du nicht trainierst, bist du nicht gut drauf. Dann fehlt dir etwas. Dann geht es dir hundsmiserabel. Ich eilte nach Hause und schleuderte Vater den kurzen Satz entgegen, den er vermutlich von mir erwartete. »Ich fahr' trainieren.«

»Musst du doch nicht, Udo. Warte noch zwei Tage«, konterte er besonnen.

Aber es war mir egal, wie ernsthaft er mein Training aufschieben wollte. »Nein, das Wetter ist okay. Es gibt eine schöne, sternenklare Nacht«, sagte ich bestimmt und fuhr los.

An Kleinigkeiten in der Natur konnte ich mich immer aufbauen. Hell leuchtender Mond, blinkende Sterne, frische Luft, autofreie Straßen. Ich stellte den Dynamo ab und trat wie im Rausch. Allein mit mir und dem Rad. Es surrte nur so über den rauen Asphalt.

Der Dynamo, das Licht, bedeutete bei meinen winterlichen Nachtfahrten eine Lebensversicherung. Ich erinnere mich an eine Trainingsfahrt auf der alten Kaiserstraße zwischen Landstuhl und Homburg. Bei Hauptstuhl brannte das Rücklicht durch. Ich hatte nichts dabei, kein Geld, keine Ersatzbirnchen, und ärgerte mich über meine ungewohnte Nachlässigkeit.

Wenn du weiter fährst, rammt dich einer, dachte ich und bog in Bruchmühlbach in eine Shell-Tankstelle ein. Dem mürrischen

Tankwart hielt ich erwartungsfroh das kaputte Birnchen unter die Nase: »Haben Sie so eine?«

Ohne Worte holte er aus dem Regal hinter seinem Rücken ein Birnchen aus einer Schachtel und zeigte es mir.

»Entschuldigen Sie, ich habe ein Problem, ich habe kein Geld dabei. Kostet es viel?«, fragte ich verlegen und versuchte ihm klar zu machen, dass ich jeden zweiten Tag hier vorbeifuhr. »Ich verspreche Ihnen hoch und heilig, schon morgen komme ich zurück und zahle meine Schulden. Was kostet das Birnchen?«

»50 Pfennig«, grummelte er und schob einen Satz nach, der mich bis ins Mark traf: »Da könnte ja jeder kommen.« Dann drehte er sich um und legte das Ding wieder in die Schachtel zurück.

Ich konnte schlecht sagen, ich heiße Udo Bölts, damit hätte er nichts anfangen können. Ich machte auf dem Absatz kehrt, als ein Autofahrer, der seine Tankrechnung begleichen wollte und das Ganze mitbekommen hatte, dem Tankwart ohne viel Aufhebens signalisierte: »Ich bezahle dem Buben das Birnchen.« Zu mir gewandt, fragte er: »Willst du noch ein Mars?«

Ich lehnte dankend ab und verließ den kleinen Verkaufsraum mit gemischten Gefühlen. Voller Enttäuschung über den Tankwart, voller Freude über den mir unbekannten, so hilfsbereiten Autofahrer.

Ich war 17 und biss mich durch. Einiges hatte ich schon hinter mir, aber das meiste lag noch vor mir.

»Hast du die 111 gesehen?«

Die wenigsten in meinem Umfeld wussten, dass mich von Kindheit an Allergien plagten und ich an Asthma litt. Leicht vergilbte und geknickte Fotos, die ich ungeordnet in einem Schuhkarton aufbewahre, beweisen schwarz auf weiß, welch übergewichtiger, pummeliger und unbeweglicher Bub ich mit zwölf Jahren gewesen war. Es musste also etwas passieren.

Meine Eltern gingen mit mir mehr als einmal zum Arzt, und der empfahl mir Sport, Sport und nochmals Sport. Am besten Schwimmen oder Radfahren. Von Joggen redete damals noch keiner, jedenfalls nicht bei uns im Dorf. Mein Vater Georg lockte mich zur Radtouristik, die mir zur besten Therapie wurde.

In meinem Anfängerjahr 1978 stand ich bei fünf Radrennen an der Startlinie. Allerdings ohne den Ehrgeiz und die Hoffnung auf eine Platzierung oder gar einen Sieg. Ob in Queidersbach, Weselberg, Harsberg, Heltersberg oder Linden - ich musste die Rennen allesamt aufgeben. Denn die Kampfrichter in der Pfalz setzten die Regel, nach der überrundete Fahrer das Feld umgehend zu verlassen hatten, konsequent um. Nach acht oder neun Runden war für mich Schluss.

Ganz ehrlich, dies war anfangs eher eine Erlösung für mich. Ich hatte keine Kondition, kein taktisches Verständnis, keine Ahnung von Radrennen. Nichts. Gar nichts. Ich war zwölf und hatte nichts vorzuweisen. Nur meinen fünf Jahre älteren Bruder Hartmut. Er war stets mein Vorbild, aber auch mein Konkurrent, zu dem ich nicht nur aufblickte, an dem ich mich auch aufrichtete.

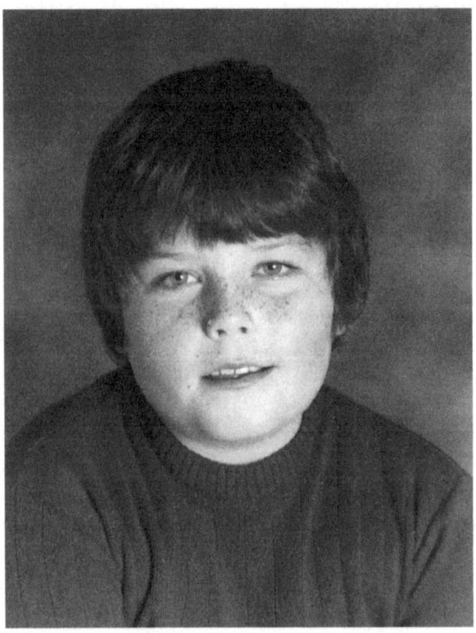

Der junge Udo Bölts: Man muss noch nicht im Kindesalter austrainiert sein, um ein erfolgreicher Radprofi zu werden.

Hartmut war durch seine Schulfreunde aus dem Nachbarort Geiselberg zum Radsport gekommen, durch Andre und Schorsch Richter, Armin Wolsiefer, Leo Brewi und wie sie alle hießen. Recht bald bekam er von unseren Eltern ein Rennrad geschenkt. Sie griffen dafür tief in die Tasche, obwohl unser Vater immer vorsichtig mit Investitionen war und unsere Mutter das Geld sehr zusammenhielt. Aber Hartmut hatte schon früh einen guten Tritt, zeigte tolle Ansätze und holte bei seinen Siegen Medaillen, Wimpel und Schleifen. Das imponierte mir.

1979, in meinem zweiten Schüler-A-Jahr, fuhr ich das Rennen Rund um Frankfurt, und das mehr schlecht als recht. Danach unterhielten sich unter der dampfenden Dusche zwei Kontrahenten. »Hast du die 111 gesehen, diese fette Sau, was die für einen Arsch hatte?«, sagte der eine laut und derb. Ich seifte mich ein, duschte und trocknete mich ab. Dann kramte ich in der Umkleide die Rückennummer aus der Tasche. Tatsächlich: Die Nummer 111, das war ich.

Ich packte meine sieben Sachen und stürmte im Eilschritt los, um meine Lizenz abzuholen, verzog mich zunächst ins Auto, schaute dann noch bei Hartmuts Rennen zu. Aber gegessen habe ich den ganzen Tag nichts mehr. Dieser Rundumschlag der beiden war mir Motivation genug. »Wartet nur, euch werde ich's zeigen.«

Vorbei waren die Zeiten, in denen ich mir am Tag vor dem Rennen noch ein, zwei Stückchen Kuchen reinschob und mich immer wunderte, dass ich trotz all der Kilometer auf dem Rennrad nicht abnahm. Hartmut übrigens kannte keine Gewichtsprobleme - er war der bessere Verbrenner und fuhr auch längere Distanzen als ich.

Mein allererster Sieg, 1979 in Krickenbach, resultierte aus einer Trotzreaktion. »Du Udo, das ist heute nicht unbedingt dein Ding, da ist ein kleiner Anstieg eingebaut«, hatte ein Konkurrent vor dem Rennen gemutmaßt. Am Ende war ich alleine im Ziel angekommen. Doch diesmal nicht abgehängt, sondern mit fast einer Runde Vorsprung.

Es war oft der Zorn, der mich antrieb. Vor allem aber der ungebrochene Ehrgeiz, mit harter und konsequenter Arbeit gegen meine Defizite vorzugehen. Ich war ganz sicher kein geborenes Talent. Aber ich wusste auch, dass man das nicht sein muss, um sich zu entwickeln und durchzusetzen. Sehr früh hatte ich verinnerlicht, wie notwendig es ist, überzeugt zu sein von dem, was man tut und wie man es tut.

Die Brücke zur Tour

Ende Juni 1980. Wir standen auf einer Brücke im saarländischen Homburg, 45 Kilometer von Heltersberg entfernt, harrten im Regen aus, aber das störte uns nicht. Wir warteten auf die Tour de France. Warteten, bis die Werbekolonne und die Rennfahrer unter uns durchrauschten.

Die Tour hatte in Frankfurt mit dem Prologerfolg von Bernard Hinault, dem Sieger von 1978 und 1979, begonnen. Er musste später in den Pyrenäen wegen Knieproblemen aufgeben und Joop Zoetemelk den Vortritt lassen. Die erste Etappe gewann der zweimalige Weltmeister Jan Raas, das Mannschaftszeitfahren von Wiesbaden nach Frankfurt das Team Raleigh.

Dann kam dieser Tag, der mich faszinierte, elektrisierte, einfach heiß machte auf die Tour und eine Karriere als Radprofi. Das Peloton rollte von Frankfurt nach Metz, wo ein gewisser Rudy Pevenage im Spurt die mit 276 Kilometern längste Etappe für sich entschied. Natürlich verschwendete ich damals noch nicht den Hauch eines Gedankens daran, dass Rudy irgendwann auch in meinem Leben eine Rolle spielen könnte. Wie auch? Er war ein Rennfahrer, der bei dieser Tour als Gewinner des Grünen Trikots für den besten Sprinter auftrumpfte, aber er war noch längst kein Trainer und Betreuer. Und ich war ein knapp 14 Jahre alter Grünschnabel, aber noch längst kein Radprofi.

Doch ich träumte davon. Ich träumte, so wie Kinder träumen, dass sie später einmal Baggerfahrer oder Lokomotivführer oder Polizist werden wollen. Mensch, Radprofi, das würde mir gefallen, blitzte es mir durch den Kopf, und genauso schnell war der Gedanke wieder im Unterbewusstsein abgelegt. Immer zum Greifen nah. Denn wenn ich mir einmal etwas in den Kopf gesetzt hatte...

Ich empfand diesen euphorischen Moment auf der Brücke als etwas Einzigartiges, etwas Außergewöhnliches. Daheim rollte die Tour de France 1980 noch zweieinhalb Wochen weiter: Nachmittag für Nachmittag saß ich vor dem Fernseher und verfolgte die Fahrer auf ihrem Weg nach Paris.

Werkzeugmacher statt Zimmermann

Bislang waren Fußball im Winter und Freizeiten mit der Naturfreundejugend im Sommer meine Favoriten gewesen. Aber von einem Moment auf den anderen spürte ich eine Besessenheit, die mich nicht mehr loslassen sollte. Ich hatte den Schalter im Kopf umgelegt, war verrückt nach Radrennen geworden. Als 15-Jähriger war ich eins mit dem Rad. Was meine Kumpels an den Wochenenden trieben, ob sie auf Dorffeste oder Partys gingen, interessierte mich nicht mehr so sehr.

Ich kam vom Training nach Hause und dachte: Mein Gott, ich habe heute zu wenig getan, es ist ja noch eine Stunde hell, warum habe ich schon aufgehört? So fing die Sucht an. Ich las viel über Ernährung, hörte den Betreuern immer genauer zu und hinterfragte alles. Im Winter fühlte ich mich schlecht und unterfordert, wenn ich mal nicht zwei Einheiten am Tag absolvierte oder am Abend das Hallentraining schwänzte. Das Fahrtenbuch musste von oben bis unten klatschvoll geschrieben sein.

Mein erster Übungsleiter war Walter Becker, ein Trainer aus Queidersbach, bei dem alle in unserer Gegend in die Radsportlehre gingen. Danach betreute mich Hermann Mühlfriedel stur nach Plan. Alles lief diszipliniert und geordnet ab, ob Rad-, Hallen- oder Intervalltraining. Dann arbeitete Landestrainer Karl Balog aus Alzey mit mir. Er vermittelte mir Dinge, in denen ich einen wirklichen Sinn sah und die ich nachvollziehen konnte. Er ging nicht autoritär, sondern locker und witzig an die Sache ran. Mit dem berühmten Wiener Schmäh – Balog war Österreicher – fand er immer die passenden Worte und sendete stets die richtigen Signale. Was er sagte, hatte Gewicht.

»Hey Junge, warum gehst du an dem Berg nicht attackieren? Die sind doch nicht besser als du. Sei doch nicht blöd. Das Geld liegt auf der Straße. Damit gehen wir heute Abend essen.« Das war solch ein echter Balog-Spruch. Und ich dachte: Mensch, der hat Recht. Ein Karl Balog vermittelte einfach viel Spaß am Radsport. Bei ihm kam ich nie zu spät zum Lehrgang im Landesleistungszentrum, meistens war ich sogar überpünktlich in Ludwigshafen. Er führte mich auch durch meine ersten Rundfahrten im Ausland.

Mit 17 rückte ich in die Junioren-Nationalmannschaft unter Wolfgang Oehme auf und fuhr 1983 meine erste Junioren-Weltmeisterschaft in der Normandie. Platz 14 im Einer-Straßenrennen und Platz zwölf im Vierer-Straßenrennen sprangen dabei heraus.

Die Bölts-Brüder Hartmut (2.v.l.) und Udo (4.v.l.) im Jahr 1979 auf der Bahn in Schopp. Trainer ist Walter Becker aus Queidersbach, der in den Nachkriegsjahren unter andem die Fernfahrt Nürnberg–München–Nürnberg gewinnen konnte. Zur Trainingsgruppe gehört auch Michael Maué, dessen Vater Paul zusammen mit Becker zur deutschen Radsportmannschaft bei den Olympischen Spielen 1952 gehörte.

Im gleichen Jahr legte ich die Mittlere Reife an der Realschule in Waldfischbach ab, wohin ich täglich mit dem Bus, nie mit dem Rad gefahren war. Der Übergang ins Berufsleben fiel mir schwer. Mein Vater bestand auf einer Ausbildung, am liebsten bei der Firma Tehalit bei uns im Ort Heltersberg. Er schlug mir vor, es mit einer Lehre als Werkzeugmacher zu versuchen.

»Das gefällt mir nicht, ich würde gerne etwas anderes lernen«, erwiderte ich und dachte dabei an eine Zimmermannslehre.

»Udo, wenn du Zimmermann lernst, dann kommst du um fünf oder erst um sechs Uhr abends nach Hause, warst den ganzen Tag auf den Beinen und in Bewegung, hast schwer geschafft. Da bist du kaputt und fährst keinen Meter Rad mehr«, gab er mir zu bedenken. Ich sah das ein und gab klein bei. »Dahinten, bei der Tehalit, da stehst du in der Halle, hast um viertel nach vier Feierabend und kannst wunderbar aufs Rad steigen«, warb er für seinen eigenen Arbeitgeber, für den er als Schlosser tätig war. Vater steuerte alles. Zum Glück. Ich hatte kapiert, denn ich wollte unbedingt weiter Rad fahren.

Die harte Bank in Paris-Est

Wieder ein Dezembertag, 1984. Dieter Uebing rief an. Er zählte zu der damals weltweit angesehenen Reihe von exzellenten deutschen Querfeldeinrennfahrern. Zusammen mit Klaus-Peter Thaler, Wolfgang Renner, Ekkehard Teichreber, Klaus Jördens oder Wolfgang Ruser.

»Udo, kommst du mit? Ich habe ein Angebot aus Frankreich«, fragte Uebing, zu dessen Dortmunder Mannschaft ich gerade als frischer Amateur gestoßen war. Dieter wusste, dass ich Gefallen am Querfeldeinsport gefunden hatte. Zwei Jahre zuvor hatte ich in meiner pfälzischen Heimat, am »Monte Scherbelino« in Ludwigshafen, als Jugendlicher an den Deutschen Meisterschaften teilgenommen. Außerdem gehörten die Crossrennen in Queidersbach, Bann oder Schopp im Winter zu meinen Lieblingswettbewerben.

»Also, wie sieht's aus? Nur über's Wochenende in die Bretagne, du musst nicht mal Urlaub nehmen«, lockte er mich.

Kein anderer aus der Mannschaft wollte sich die Strapazen antun, ich aber spürte große Lust auf eine Reise ins Unbekannte. »Okay, ich bin gerne dabei«, willigte ich ein. Erst dann fragte ich: »Wo ist das Rennen überhaupt? Wie komme ich da hin? Was kostet mich der Trip?«

Dieter Uebing hatte mit dem Veranstalter vereinbart, dass dieser den Flug ab Paris übernahm. Und: »Das Hotel ist bezahlt, du bekommst auch ein bisschen Startgeld«, sagte Uebing. Es waren 350 Mark – damals sehr viel Geld für einen Werkzeugmacherlehrling.

Als 18-Jähriger traute ich mich nicht, alleine mit dem Auto zu fahren. Ich stieg deshalb am frühen Samstagvormittag in Kaiserslautern in den Zug, kam um die Mittagszeit am Bahnhof Paris-Est an, mühte mich mit meinem Radsack und einer kleinen Tasche zum Taxi und sagte zum Fahrer leise und schüchtern nur zwei Worte: *»Aeroport Orly.«* Er nickte bereitwillig und gab Gas.

In Orly traf ich dann Dieter, wir checkten nach Brest ein. Noch vor Einbruch der Dunkelheit trainierten wir kurz auf dem Kurs in Lanarvilly, wo zwei Jahre zuvor die Cross-Weltmeisterschaften stattgefunden hatten. Dieter kannte natürlich alle, und ich kannte keinen. Aber am nächsten Tag lernte ich sie kennen, und wie! Nach zwei Drittel der Distanz überrundete mich einer nach dem anderen. Ein Roland Liboton, ein Hennie Stamsnijder und wie sie alle hießen. Das Rennen aber fuhr ich zu Ende. Ich wurde nicht aus der Wertung genommen, wie damals in der Heimat.

Drei Stunden später landeten wir wieder in Paris. Dieter und ich trennten uns, ein Taxi chauffierte mich mit der Erfahrung eines internationalen Querfeldeinrennens im Gepäck zurück zum Bahnhof Paris-Est, wo Wind und Kälte die dreistündige Wartezeit bis zur Abfahrt des Zuges zu einer harten Bewährungsprobe werden ließen.

Ich wusste nicht, wohin mit mir und meiner Müdigkeit, bis ich im immer leerer gewordenen Bahnhof einen kleinen Raum mit Spinden und Heizkörpern entdeckte, in dem sich alles traf, was für die kommende Nacht keine feste Unterkunft hatte. Das Gemisch von aggressivem Zigarettenrauch und unverständlichen französischen Wortfetzen hielt mich wach. Einige packten Thermoskannen aus, und ich hatte große Lust auf ein heißes Getränk, aber ich traute mich nicht, jemanden zu fragen. Ich lungerte auf einer harten Bank, immer meinen Radsack im Blick, der draußen vor der Tür geblieben war, weil er nicht in den kleinen, überfüllten Raum passte. Meine Gedanken sprangen hin und her. Vom matschigen Kurs in der Bretagne zur Drehbank in Heltersberg und zurück. Immer hin und her.

Der Nachtzug voll mit Soldaten verließ Paris um 23:45 Uhr. Ich fand nur Platz im Gang, mal auf einer unbequemen Sitzschale, mal auf dem Boden. An der Grenze in Forbach ging es lange Zeit nicht weiter. Die Nacht zog sich dahin, der Morgen graute. Mein Vater wartete schon seit über einer Stunde in Kaiserslautern.

Das Ende einer anstrengenden Dienstreise rückte näher. Ich hatte kaum ein Auge zugemacht. Um sieben Uhr sollte ich schon wieder die Karte in die Stechuhr bei Tehalit drücken. Davor hatte ich Bammel.

Vater fragte: »Wie war's?«

»Gut«, antwortete ich knapp.

Er ahnte sofort, dass es jetzt besser war zu schweigen. Um halb sechs waren wir in Heltersberg.

»Willst du dich noch hinlegen?«, fragte Vater. Und ich raunzte zurück: »Na klar lege ich mich hin, und ich werde viertel vor sieben auch nicht aufstehen.«

Ich wachte erst um elf Uhr auf. Kurz vor eins, in der Firma ging gerade die Mittagspause zu Ende, kreuzte ich dort auf. Wenn der Meister auch nur einen Ton sagt, wenn er fragt, wieso ich jetzt erst komme, dann explodiere ich, schoss es mir durch den Kopf. Aber Vater hatte bereits alles geklärt. Der Meister wusste Bescheid und versuchte, mich zu beruhigen: »Wenn du in den nächsten Wochen Zeit hast, kannst du ja mal länger bleiben und die Fehlstunden nachholen.«

Mal Junkermann, mal Weibel

Mit der Feinabstimmung zwischen der Nationalmannschaft und den Vereinen haperte es. Die Zusammenarbeit zwischen Bundestrainer Peter Weibel, der Klaus-Peter Thaler nach dem schwachen Abschneiden der Deutschen bei den Olympischen Spielen 1984 in Los Angeles abgelöst hatte, und Hennes Junkermann, meinem Vereinstrainer beim RC Olympia Dortmund, lief nicht optimal. Beide gaben sich oft sehr stur, setzten sich selten einträchtig an einen Tisch. Es mangelte an gemeinsamen Konzepten und an Kommunikation.

Aber in dieser für mich sehr wichtigen Übergangszeit von den Junioren zu den Amateuren lernte ich von beiden Betreuern sehr viel, vor allem in der Trainingslehre und in Ernährungsfragen. Ich machte mir ihre große Erfahrung zunutze und münzte sie zu meinem Vorteil um. Dennoch fühlte ich mich hin- und hergerissen. Hier die Verpflichtung und die Ehre, die Farben Deutschlands international zu vertreten, möglichst bald auch bei Olympischen Spielen. Dort die Erwartung des Vereins, der sich die meiste Zeit und sehr intensiv um mich kümmerte und in dessen Sold ich stand. Ich glaube, es waren 600 Mark, die ich monatlich verdiente, dazu kamen 200 Mark von der Sporthilfe. Und nicht zu vergessen, je nach Leistung und Platzierung, die Preisgelder.

Es war geschickt, dass ich direkt nach meiner Juniorenzeit von Hennes Junkermann in Dortmund unter die Fittiche genommen wurde. Von dem großen Junkermann, dem einstigen Radprofi, dem Tour-de-France-Helden, der Mensch geblieben war. Was er aus seinem Erfahrungsschatz weitergab, wog schwer. Wie kaum ein Zweiter konnte er sich in junge Rennfahrer hineinversetzen. Es gab Tage im Trainingslager, da sagte er, als er ins Zimmer hereinschneite: »Männer, draußen regnet es. Bleibt mal liegen bis heute Mittag.«

Bei allem Ehrgeiz, bei allem Pflichtbewusstsein, und obwohl ich keine Scheu vor Regen hatte, das tat auch mir mitunter gut.

Noch ganz genau erinnere ich mich an mein erstes Höhentrainingslager 1985 in Colorado mit Junkermann und dem RC Olympia. Keiner hatte auch nur einen blassen Schimmer von Höhe. Wir kamen in den Rocky Mountains an, packten unsere Räder aus und wollten losfahren. Aber Hennes, der noch immer mittrainierte, warnte: »Langsam, Männer. Der Körper reagiert hier völlig anders. Wir lassen das mal ganz langsam angehen. Ich komme zwar gerade aus dem Skiurlaub und habe andere Voraussetzungen, aber ihr kommt aus dem Flachland.«

Er machte oft intuitiv alles richtig, weil er auf seinen Körper hörte. Das beeindruckte und überzeugte mich.

Aber Peter Weibel war es, der 1986 zu Beginn meines dritten Ausbildungsjahres erreichte, dass ich als Mitglied des Nationalkaders an zwei Nachmittagen in der Woche den Arbeitsbetrieb verlassen durfte, um trainieren zu können. Nach den Jahren, in denen ich sehnsüchtig auf die arbeitsfreien Wochenenden hingelebt hatte, kam diese Neuerung einem Befreiungsschlag gleich. Auch für Lehrgänge und Trainingslager gab es plötzlich unbezahlten Urlaub. In meinem ersten Amateurjahr waren meine 28 Tage Urlaub noch für die acht Rundfahrten, die ich damals unter anderem in Polen, Österreich, Nordrhein-Westfalen oder im Südbadischen fuhr, schnell aufgebraucht gewesen. Nun bekam ich 15 Renntage zusätzlich frei.

Weibel verstand es ebenfalls gut, als Coach die Situationen von jungen Sportlern nachzuvollziehen. Und so hatte er das direkte Gespräch mit Vinzenz Schäfer gesucht, einem der beiden Geschäftsführer von Tehalit: Ich sei ein junger Mann mit großer Perspektive, im Übrigen der Einzige im Nationalkader, der ganztags arbeite, überzeugte Weibel meinen Chef.

Es machte natürlich Eindruck, dass der Bundestrainer persönlich in Heltersberg vorbeigeschaut hatte. »Ja, wenn der Udo in der Berufsschule mitkommt, dann kann er frei bekommen«, nahm Weibel als Versprechen mit auf den Heimweg.

Training à la Grete Waitz

Weibels Besuch verstand unsere ganze Familie als Signal. Wir zogen alle an einem Strang und richteten uns auf ein Leben mit dem Radsport ein.

Vaters Trainingsmethoden waren außergewöhnlich und ideenreich. Eines Tages kam er mit einem Buch von Grete Waitz auf mich zu: *World Class: Eine Frau läuft sich frei*. Die norwegische Marathonläuferin hatte einige Weltrekorde auf den langen Strecken gehalten.

»Du Udo, was die Grete Waitz da macht, das wäre ein gutes Ausdauertraining. Heute kannst du sowieso kein Rad fahren, weil das Wetter so schlecht ist«, versuchte er, mir die Sache schmackhaft zu machen.

Grete Waitz trainierte in einer Einheit bis zu 50 Kilometer. Immer fünf Minuten laufen, drei Minuten gehen.

Und was tat ich? Ich kramte alles an Zeit, Lust, Kraft und Stehvermögen zusammen und ahmte Grete Waitz nach. Vater fuhr auf einem Mountainbike neben mir her, nach drei Stunden Training waren wir wieder zu Hause. Es hatte gepasst. Wir waren davon überzeugt, das Richtige zu tun. Oder anders ausgedrückt: Wir wussten, dass es mir nicht schadete.

Nicht weit von unserem Elternhaus setzte mein Vater auch seine ausgefallene Idee von einem besonders kniffligen Trainingsgelände in die Tat um: Auf einem Grundstück der Gemeinde steckte der alte Tüftler einen zwei Kilometer langen Parcours ab, stellte Hürden auf und ließ Hartmut und mich auf selbst zusammengebauten Rädern wie bei einem Crossrennen miteinander beziehungsweise gegeneinander trainieren. Wir fuhren nicht parallel los, sondern aus gegenüberliegenden Startpositionen, wie man das von den Verfolgerwettbewerben auf den Radrennbahnen kennt. Vater stand in der Mitte der Wiese und teilte uns die Zeiten mit. Hartmut den jeweiligen Vorsprung, mir den Rückstand. Diese Methode über 45 Minuten stachelte mich immer an, auf keinen Fall überholt zu werden – so wurde für mich jede vermeintliche Niederlage erträglich.

Legendär waren unsere Wochenendfahrten zu weit entfernten Rennen, etwa nach Köln oder Schweinfurt. Sie gingen meist um drei oder halb vier in der Nacht los und dauerten bis in die Puppen. Weil Mutter uns Blechkannen mit Hühnerfrikassee und Reis füllte, mussten wir unterwegs nichts kaufen. Wir aßen im Auto, einem Peugeot mit selbst gebautem Radständer, und wir Jungs schliefen dort auch auf den Hin- oder Rückfahrten. Einer lag quer auf dem Rücksitz, der andere auf dem Beifahrersitz mit zurückgeklappter Rückenlehne.

Der Einzige, der von den langen Touren gerädert nach Hause kam, war unser Vater. Manches Mal schaffte er es nicht mehr, in einem Rutsch durchzufahren, und musste 30 Kilometer vor der Haustür noch 20 Minuten auf einem Parkplatz ein Nickerchen halten. Die Vernunft gab der Sicherheit Vorfahrt. Da zeigte er sich konsequent und vorbildlich.

Geld für Übernachtungen gab unser schmales Budget nicht her. Alle Moneten flossen in den Tank des Autos oder wurden ins Material gesteckt. Wir investierten in erstklassige Winterklamotten und hielten ständig Ausschau nach Neuigkeiten. Die Optik spielte schon damals eine große Rolle. Irgendwann waren schwarze Felgen aufgekommen. Oder wir protzten mit Bahnpedalen, mit denen man in den Kurven länger durchtreten konnte. Anlaufstelle für das Neueste vom Neuen war August Beckers Radshop in Queidersbach.

KAPITEL 2

AMATEURJAHRE

Kein Zuckerschlecken auf der Zuckerinsel

Die Trainingslager auf Kuba 1987 und 1988 zählen zu den frühen Höhepunkten meiner Karriere. Ich ließ mich von einer neuen Faszination des Radsports anstecken, aber die beiden Aufenthalte in der Karibik waren mehr als das. Zwischen Aufbautraining und Rennabenteuer interessierten mich die fremde Kultur, die imposante Landschaft und die ungewöhnlich aufgeschlossenen Menschen. Ich spürte noch nicht den bedingungslosen Leistungsstress wie später im Profigeschäft und genoss diese Zeit der Vorbereitung und Einstimmung auf die neue Saison, zumal die Etappen nicht sehr lang waren. Wir hatten genügend Zeit, um auch an den Strand zu gehen und im Meer zu baden.

Schon 1986 hatte Bundestrainer Peter Weibel mit Andreas Kappes, Christian Henn, Bernd Gröne, Dieter Niehues, Stefan Stöhr und Remig Stumpf auf Kuba gute Erfahrungen gemacht. So begaben wir uns im Februar 1987 erneut auf die Reise. Dieter Niehues, Werner Wüller, Hans Knauer, Ernst Christl, Rajmund Lehnert, Remig Stumpf, mein Bruder Hartmut und ich als 20-Jähriger flogen von Frankfurt nach Havanna. Direktflüge aus Westdeutschland gab es damals nicht. Weil aber Spanien mit seiner ehemals wichtigsten Kolonie noch immer ein Abkommen hatte, flogen wir über Madrid.

Kuba wollte sich in jenen Jahren mehr und mehr der westlichen Welt öffnen und strebte einen konsequenten Austausch seiner

Sportteams mit westeuropäischen Mannschaften an. Zuvor schon weilten kubanische Radrennfahrer bei der Niedersachsen-Rundfahrt, umgekehrt lud uns der kubanische Radsportverband zu einem Trainingslager ein, in dem wir uns unter Rennbedingungen mit den Fahrern aus dem Ostblock messen konnten, den stärksten Radamateuren der Welt.

Wir wollten dem europäischen Winter die kalte Schulter zeigen und in wärmeren Gefilden die Basis für die Saison legen. Drei Wochen zuvor hatte ich noch bei zwei Crossrennen in Queidersbach und Bann im Sattel gesessen, bei minus 14 und minus 16 Grad Celsius. Wegen des Schmuddelwetters hatte ich bis zum Abflug nach Kuba gerade mal 450 Trainingskilometer in den Beinen und mich mit Ausgleichstraining in der Halle und mit Lauftraining fit zu halten versucht. Und dann diese teilweise tropische Hitze in der Karibik, die einem alles abverlangte. Es war eine brutale Umstellung für uns alle.

Mein Bruder hatte vor dem Abflug einen übersichtlichen Reiseführer gekauft, den er schon im Flugzeug ausführlich studierte. »Gib mal her, das interessiert mich auch«, sagte ich zu ihm. Meine Aufmerksamkeit galt der Landkarte dieser lang gezogenen Insel im Karibischen Meer und ihren Gebirgszügen, den *Sierras*. »Schau her, da landen wir. Guck, da ist das Rennen. Oh Gott, ist das weit weg.« So ging das den ganzen Flug über. Auf einmal wollten alle wissen, was wir da lasen. Zum Beispiel über Chruschtschow, wie er vor 25 Jahren Raketen anliefern und Abschussrampen aufbauen ließ und Amerika und der Welt Angst einflößte. Es gab eine Menge Fragen: Was heißt überhaupt Sozialismus? Und was ist der Unterschied zum Kapitalismus? Fidel Castro und sein Guerillakrieg, was hatte es damit auf sich? Wer war Che Guevera? Den Namen des Idols der Linken hatte ich schon mal gehört und ich wusste, dass die Kumpels daheim mit dessen Porträt auf den Jeansjacken spazieren gingen. Mehr aber auch nicht.

Jetzt also, auf dem Dienstflug nach Havanna, erlebte ich die erste Annäherung an Kuba, an ein Land, das mich fortan nicht mehr losgelassen hat. Wenn später irgendetwas über die Zuckerinsel in der Zeitung stand oder im Radio kam, interessierte mich das mehr als alles andere. Egal, ob es um das Wirtschaftsembargo der USA ging oder um die Massenflucht von Kubanern nach Florida, die nicht mehr auf ihre Freiheit verzichten wollten.

Nach unserer Landung brachte uns ein Bus von Havanna nach Guantánamo, ganz in die Nähe der US-Militärbasis, die jüngst durch die Vorwürfe der Folter von Kriegsgefangenen für Schlagzeilen sorgte. Immerhin war für die rund tausend Kilometer gen Süden eine Übernachtung vorgesehen. Von Guantánamo ging es noch hundert Kilometer weiter nach Baracoa, wo Kolumbus 1492 gelandet war.

In dieser abgelegenen Gegend fuhren wir unsere erste kleine Rundfahrt, die viertägige La Farola. Gleich am zweiten Tag diktierte mich mein Ehrgeiz in eine Spitzengruppe mit dem starken Thomas Barth aus der DDR. Am letzten Berg dieser Etappe von Guantánamo nach Baracoa verdrängte ich die Wadenkrämpfe und sprintete mit. Das hätte ich besser nicht getan, denn ich bekam viele kleine Muskelfaserrisse, die mich zehn Tage lang plagten. Ich hatte den Temperaturwechsel unterschätzt und war zu sehr über das Limit gegangen. Dennoch belegte ich am Ende den fünften Platz in der Gesamtwertung.

Auf Kuba war uns ein perfekt Deutsch sprechender Aufpasser zugeteilt, wie das für ein sozialistisches Land damals üblich war. Dieser aufmerksame Polizist in Zivil hieß Christobal und hatte auf alles ein wachsames Auge. Er und unser Busfahrer Pulmino begleiteten uns vier Wochen lang über die Insel. Gastfreundlich und zuvorkommend, hilfsbereit und mit ziemlich viel Fingerspitzengefühl. Denn mit der Zeit ließen sie uns enorm viele Freiheiten, die uns auch Kontakte zu den Einheimischen ermöglichten.

Wir wechselten nicht nur freundliche Blicke, winkten oder lachten den Kubanern nicht nur zu. Auch Tauschgeschäfte waren keine Seltenheit: Trikots gegen Muscheln in irgendeiner Altstadt. Oder T-Shirts mit Pepsi-Logos gegen Kokosnüsse, die uns ein Strandjunge direkt von den Palmen pflückte und mit der Machete auseinander hieb. Diese Art von Geschäften reizte jeden kubanischen Jungen um einiges mehr als die bare Münze.

Amerikanische Straßenkreuzer erinnerten an die fünfziger Jahre, an die Zeit vor der Revolution, als noch der *American Way of Life* das Land prägte, als Casinos, Bars und Bordelle Hochkonjunktur hatten. Und die vielen Einschusslöcher in den Häusern waren bleibende Zeitzeugnisse der folgenden Revolution.

Im Reiseführer hatte ich von der Bar in Havanna gelesen, die zur Stammkneipe des Schriftstellers Ernest Hemingway geworden war, von der *Bodeguita del Medio*. Auf sie hatte ich mich wahnsinnig gefreut und wollte dort unbedingt Hemingways Lieblingsgetränk schlürfen, den Mojito. Zum obligatorischen Preis von einem Peso war dieses Gemisch aus weißem Rum, Limettensaft, frischer Minze und Eis zum Volksgetränk geworden. Aber was war? Zweimal schaute ich dort vorbei, zweimal war geschlossen. Weshalb, weiß ich nicht. Von außen wirkte die Bar äußerst unattraktiv.

Dann setzten wir uns eben abends an den Hotel-Swimmingpool und tranken dort unseren Mojito. Plötzlich tauchte der Bundestrainer auf und war sauer, weil wir dem Alkohol zugesprochen hatten. Am nächsten Abend gab es keinen Mojito mehr für uns.

Ich habe während meiner Radsportkarriere immer versucht, möglichst viele Eindrücke von meinen Auslandsreisen mitzunehmen. Nirgendwo gelang mir das besser als auf Kuba. Als krasses Gegenbeispiel sehe ich die Polen-Rundfahrt in meinem ersten Amateurjahr an. Weil das Wetter schlecht, die Hotels miserabel und die Rennen so hart waren, hatte ich damals überhaupt keine Lust, mich mit dem Land zu beschäftigen. Ich wusste nie richtig, wo ich mich gerade befand. So geriet diese Polen-Tour zu einer einzigen stressigen Odyssee. Am Ende, nach zehn Tagen, spürte ich nichts als Erleichterung, als ich wieder am Bahnhof in Kaiserslautern ankam. Unrasiert, mit ein paar Kilo weniger und viel Frust ins Gesicht geschrieben.

Auf Kuba hingegen waren wir immer auf der Suche nach neuen Erfahrungen. Berührungsängste kannten wir keine. Daran änderte auch nichts, dass uns Peter Weibel ausdrücklich warnte, als wir in Guantánamo zum ersten Mal Ausgang hatten: »Jungs, passt mit dem Essen auf.«

Ich zog mit Remig Stumpf los. Auf dem Marktplatz entdeckten wir eine Joghurt-Bar, die weiß gekachelt war und wie eine Metzgerei aussah. An den Wänden standen die Joghurt-Bottiche, außerdem gab es Schokoladentafeln, die in Zeitungspapier eingewickelt waren, und Eis zu kaufen. Sollen wir oder sollen wir nicht, fragten wir uns, während uns das Wasser im Mund zusammenlief und uns Montezumas Rache in den Sinn kam. »Irgendetwas könnten wir ja essen«, sagte ich zu Remig, »aber vom Eis lassen wir mal lieber die Finger.«

Mit den Händen gestikulierend bestellten wir zwei Joghurts, die nicht im Plastikbecher, sondern im unweltfreundlichen Glas serviert wurden. Es gab zwei Löffel dazu, alles zusammen für umgerechnet 20 Pfennig. Skeptisch probierten wir, löffelten dann den fantastischen Naturjoghurt gierig aus und bestellten gleich noch einen zweiten. »Remig, wenn wir morgen den flotten Otto haben, reißt der Trainer uns den Kopf ab«, meinte ich beim Rausgehen zu meinem Teamkollegen. Dann putzte jeder von uns noch eine Tafel Schokolade weg, und wir schlichen nach Hause. Abends servierte uns der Koch Bohnen, Reis und Hühnchen. Stunden danach bekamen fast alle Kollegen Durchfall, nur Remig und ich nicht.

Die Dauergäste aus der UdSSR, die wie andere Mannschaften aus den sozialistischen Bruderländern schon seit Jahren die Winter auf Kuba verbrachten, waren viel erfahrener und schlauer als wir. Also hatten sie ihre eigene Verpflegung mitgebracht, zum Beispiel Nudeln, Schnaps, Salami und Vollkornbrot in Dosen. An so etwas hatten wir gar nicht gedacht.

Am nächsten Abend standen Remig und ich wieder in der Joghurt-Bar und probierten sogar von dem köstlichen Eis. Verraten haben wir keinem etwas. Peter Weibel wunderte sich nur, dass alle abnahmen, nur wir beide nicht. Ich legte auf Kuba sogar drei Kilo zu.

Nach drei Tagen Rennpause schloss sich vom 9. bis 22. Februar die Vuelta Ciclistica a Cuba an, die später gut zehn Jahre lang nicht mehr ausgetragen wurde, aber seit der Jahrtausendwende ihre Renaissance erlebt. Diese Kuba-Rundfahrt führte über die gesamte Insel, also über Santiago de Cuba, Ciego di Avila, Cienfuegos, die Tabakstadt Pinar del Rio bis in die Hauptstadt Havanna. Gleichermaßen über holprige Wegstrecken wie über Autobahnteilstücke, die wir uns mit Eselskarren teilten.

Auf einer der Etappen stürzte ich in der Nähe von Pinar del Rio. Die Materialwagen fuhren an uns vorbei, lediglich Hartmut wartete auf mich. Ich hatte mir in der Handfläche einen tiefen Riss zugezogen, den ich notdürftig mit einer Mullbinde versorgte. Hartmut jedoch schien es noch schlechter zu gehen, weil er offenbar zu wenig getrunken hatte. Er litt im Schlussanstieg, taumelte in den alten klapprigen Bus und fiel ohnmächtig um wie ein Sack. Zum Glück war Mannschaftsarzt Dr. Georg Huber sofort zur Stelle. Er, Peter Weibel und ich rieben den dehydrierten Hartmut, dessen Herz sichtbar pochte, mit Eiswürfeln ab. Wenige Minuten später stand er wieder auf den Beinen.

In den Rennen erbitterte Gegner, hielten die Rennfahrer aller Nationen außerhalb des Wettbewerbs wie eine verschworene Gemeinschaft zusammen. In den Massenunterkünften saßen wir beinahe täglich beim Abendessen zusammen und tauschten uns aus. Für Italien starteten neben dem damals schon sehr erfolgreichen Mario Cipollini auch Eros Poli, Mario Scirea und Flavio Vanzella, die zusammen mit Roberto Fortunato am Ende des gleichen Jahres Vierer-Weltmeister wurden. Für Russland war ein gewisser Asiat Saitov dabei, dem ich später als Profi in vielen Rennen begegnete. Er fuhr einige Jahre bei Kelme. Heute lebt er, verheiratet mit einer russischen Läuferin, die er managt, in Spanien. Sein Trikot, das ich damals im Tausch von ihm erhielt, hängt heute noch bei mir daheim.

In der DDR-Mannschaft fuhren Stephan Gottschling, Olaf Jentzsch, Andreas Lux, Thomas Barth und Dan Radtke, die schon vier Wochen eher angereist waren und sich deshalb längst akklimatisiert hatten. Zu ihnen pflegten wir ein stets herzliches und sehr entspanntes Verhältnis. Es waren ja nicht irgendwelche Exoten, von denen uns eine Sprachbarriere trennte. Und wir verständigten uns auch deshalb problemlos, weil sie sich im Ausland immer sehr viel offener und mitteilungsbedürftiger zeigten als bei Rennen in der Bundesrepublik oder in der DDR. Unser Gesprächsstoff beschränkte sich zugegebenermaßen auf sportliche Themen.

Zum Beispiel auf den Gran Pietra bei Santiago de Cuba, den wir zunächst vom Hörensagen kennen lernten. Nachdem uns die Kollegen erzählt hatten, dass sie als kleinste Übersetzung 39/28 oder 41/31 montieren würden, konnten wir uns von diesem Wahnsinnsberg in etwa ein Bild machen. Uns schwante Böses. Zum Glück hatten auch wir einen 28er Kranz dabei.

Aber zwischen Erzähltem und Erlebtem liegen ja bekanntlich Welten. Das wusste ich trotz meiner Unerfahrenheit schon sehr gut. Und so rollten wir also mit bangen Gedanken im geschlossenen Peloton an diesen Gran Pietra heran. Vor uns erhob sich eine Rampe, wie wir sie bis dato noch nicht gesehen hatten und die uns im wahrsten Sinn des Wortes die Schuhe auszog. Zumindest meinem Bruder. Denn Hartmut war - wie übrigens viele - angesichts der extremen Steigung abgestiegen und hatte sich entnervt, aber weit weg vom Gedanken an eine Aufgabe auf eine Mauer gesetzt und Schuhe und Socken ausgezogen. Barfuß lief er los, um das Rad ins Ziel zu schieben. Er kam jedoch nur ein paar Meter weit, weil ihm der heiße Asphalt im Nu die Sohlen verbrannte. Notgedrungen zwängte er sich wieder in die engen Schuhe hinein und quälte sich auf dem Velo die letzten Meter hoch - angeschoben von einigen Zuschauern, die ihm dann aber mit einem blitzschnellen Griff die Trinkflasche klauten. Ein Coup, der Schule machte, denn auch die kubanischen Fans waren in der Hitze durstig geworden: Überall waren nun Fahrerkollegen zu sehen, die auf ihren rutschigen Rennschuhen den diebischen Zuschauern hinterherjagten. Es herrschte Chaos hoch drei, wie ich es später nicht mehr erlebt habe.

Selbst die Begleitfahrzeuge hatten ihre liebe Müh' und Not. Bundestrainer Peter Weibel zum Beispiel saß auf dem Sozius eines Motorrades, links und rechts in den Händen die Ersatz-Laufräder. Andere Betreuer oder Kommissäre fuhren in Armeejeeps mit Allradantrieb die Rampe hinauf. Dieser Berg war eine wahnsinnige Herausforderung für Mensch und Material. Ich gehörte zwar zu jenen, die das Ziel erreichten, ohne unterwegs abzusteigen, aber auch mich hatte der Gran Pietra fix und fertig gemacht. Als wir abgekämpft und gedemütigt oben ankamen, belohnte er unsere Strapazen jedoch mit einer beeindruckenden Aussicht auf die Landschaft. Ein ergreifendes Gefühl. Die Rundfahrt gewann dann übrigens Eduardo Alonso, der kubanische Dauerbrenner und mehrfache Sieger dieser Tour.

Auch abseits der Rennen vermittelten mir die beiden Renntrainingslager in der Karibik besondere Eindrücke, die mich wach rüttelten. Ich erlebte die krassen Gegensätze zwischen dem hochmodernen Deutschland und dem recht rückständigen Kuba einmal mit eigenen Augen. Ich lernte aber auch die Haltung der Menschen dort zu schätzen, die als völlig normal ansehen, was wir Armut nennen, und die mir einfach glücklich erschienen.

In Baracoa beispielsweise waren wir in einer Schule mit ganz schlechten sanitären Bedingungen untergebracht. Aber wir wollten nicht gleich drauflos jammern, sondern versuchten, uns so gut wie möglich mit den Gegebenheiten zu arrangieren. Um raus an die frische Luft zu kommen und uns etwas zu bewegen, unternahmen Hartmut und ich im Anschluss an die Etappe einen Spaziergang in den Dschungel. Nach einer halben Stunde kamen wir, weit weg von der nächsten Straße, an einer Bananenplantage und einer kleinen, einfachen Hütte vorbei. Wir konnten zwar kein Spanisch, aber wir verstanden sehr wohl, dass uns die Menschen, die dort ärmlich lebten, zu einer kleinen Überraschung einladen wollten. Sie reichten uns Tassen mit dickflüssigem Kaffee. Bei aller Vorsicht, die in einem fremden Land angebracht war, dieses Angebot konnten wir nicht ausschlagen. Hartmut und ich wollten so freundlich sein wie die Leute, die uns empfingen, und wir tranken den Kaffee. Er schmeckte ganz süß und sehr gewöhnungsbedürftig. Wieder einmal verständigten wir uns mit Händen und Füßen, dann ließen wir unsere Gastgeber mit ihren kleinen Kindern in ihrer einsamen Idylle zurück. Weit draußen auf einer Plantage, auf der nichts stand als Bananenstauden und eben diese schlichte Hütte.

Auf dem Rückweg zu der heruntergekommenen Schule waren wir uns einig, dass diese Familie in ihrer Abgeschiedenheit, fernab der Zivilisation, wohl nicht wirklich etwas vermisste, weil sie von materiellem Reichtum, Komfort oder gar Luxus nichts wusste. Unsere karge Unterkunft sahen wir plötzlich mit anderen Augen. Am nächsten Tag ging das Rennen weiter.

Wir nächtigten zum Schluss unseres Kuba-Aufenthaltes im berühmtberüchtigten Hotel *Nacional* in Havanna, das zur amerikanischen Glücksspielzeit in voller Blüte gestanden hatte. Dort, weit weg von der Heimat, genossen wir das Sportlerdasein in vollen Zügen. Wir badeten an einem steinigen Strand und zogen abends in der Stadt um die düsteren Ecken.

Natürlich blieb alles im Rahmen, aber einiges probierten wir jungen Kerle natürlich doch aus. Zum Beispiel den Schwarzmarkt für den Geldwechsel. Eigentlich waren wir ja angehalten, nur in Intershops zu kaufen und mit Dollars zu bezahlen. Wozu also die kubanischen Moneten, die Pesos und Centaros? Und dann auch noch zum Schluss des Kuba-Trips? Wohl nur, um Lehrgeld zu bezahlen. Wie Rajmund Lehnert, mit dem ich unterwegs war und der beim Zählen des Geldscheinbündels schnell, aber nicht schnell genug merkte, dass man ihn übers Ohr gehauen hatte. Und schon war der andere abgehauen. Mit einigen ganz entscheidenden Vorteilen: Der Gauner hatte ein nettes kleines Geschäft gemacht, er verfügte über Ortskenntnisse, und er trug Schuhe. Rajmund dagegen nur »Adiletten«. Mit dem Zorn des Betrogenen schleuderte er die Badelatschen von den Füßen und stob dem Kubaner barfuß hinterher. Doch das Einzige, was er sich holte, waren Blasen. Genau wie Hartmut am Gran Pietra.

Den Rückflug hatten wir von Havanna direkt nach Ostberlin gebucht. Dort wurden wir auf dem Flugfeld von Schönefeld in Empfang genommen, in Busse gesetzt und zu irgendeinem Checkpoint gefahren, wo alle Mann aussteigen mussten. Den Radsack auf dem Rücken, den Koffer im Schlepptau, mühten wir uns bei Schneetreiben 300 Meter über den Todesstreifen zum westdeutschen Kontrollpunkt. Vom Flughafen Tegel ging es dann endlich zurück nach Frankfurt am Main.

Aufmarsch am Alexanderplatz

Die Friedensfahrt durch die DDR, Polen und die Tschechoslowakei war Ende der achtziger Jahre noch die ganz große Nummer unter den Amateur-Rundfahrten und lebte von einem Ruf wie Donnerhall. Neben der Weltmeisterschaft galt sie bei den Fahrern aus den Gastgeberländern und der UdSSR als der Saisonhöhepunkt schlechthin. Man liebte sie.

Die Einschätzung der westdeutschen Nationalfahrer dagegen, vor allem der älteren, fiel kritischer aus. Denn sie hatten bei diesem Vorzeigerennen des sozialistischen Ostens immer nur teures Lehrgeld bezahlen müssen. Entsprechend ungern fuhren sie dorthin, sie hatten schlichtweg Angst. Ich aber wollte, ich durfte, ich musste zur Friedensfahrt. Ich bestand darauf, jede Chance zu nutzen, um mich in der Nationalmannschaft zu etablieren. Gedanken, dieses Rennen könne zu schwer, zu lang oder zu schnell sein, lagen mir fern. Topographie war ein Fremdwort für mich. Ich dachte nur: Komm', fahr' einfach mal hin, guck' mal, wie es da ist.

So reiste ich also im Mai 1987 in die DDR. Mit dem Selbstbewusstsein von frischen Siegen beim Amateurrennen Rund um den Henninger Turm in Frankfurt und beim Großen Sopp-Preis in Lüttringhausen. Remig Stumpf, Guido Eickelbeck, Peter Gänsler, Hans Knauer, Stefan Stöhr und ich waren die Sechs, die am 8. Mai in Ostberlin am Start standen – sofort als Westdeutsche zu erkennen an den Daimler-Benz-Fahrzeugen, die der Bund Deutscher Radfahrer im Wagenpark hatte. Auf die Autos, nicht auf uns, stierten die Menschen mit großen Augen. Uns beachtete keiner. Wir selbst sahen uns auch nur als Underdogs an, für die es bei der Friedensfahrt nur eine Parole geben konnte: Durchkommen. Nicht mehr und nicht weniger.

Der Prolog führte über einen breiten Boulevard im Osten Berlins. Eine enorm attraktive Angelegenheit für die Zuschauer, ein Parallel-Zeitfahren über sieben Kilometer, dreieinhalb hin und dreieinhalb zurück. Interessante Paarungen gab's da: Vorjahressieger Olaf Ludwig gegen Piotr Ugrumow aus Russland. Der amtierende Amateur-Straßenweltmeister Uwe Ampler gegen meinen späteren Teamkollegen Wladimir Pulnikow aus der Ukraine. Uwe Raab gegen den Ausnahmesprinter Dschamolidin Abduschaparow aus Usbekistan. Nachdem ich meinen Lauf gegen einen Bulgaren oder Rumänen hinter mich gebracht hatte, stellte ich mich selbst neugierig an den Straßenrand und schaute mir die großen Duelle an.

Auf dem Alexanderplatz unter dem Fernsehturm wurde die übliche Polit-Show zelebriert. Unvergesslich, wie die Größen der DDR, Erich Honecker und Erich Mielke, in ihren langen grauen Mänteln und mit den steifen Hüten auf den Köpfen der jubelnden Masse und den stolzen Rennfahrern zuwinkten. Ich dachte mir nicht viel dabei, spürte aber, wie professionell diese Parade der Politik und des Sports aufgezogen und durchgeplant war. Heute bin ich dankbar, dieses Szenario zweieinhalb Jahre vor dem Fall der Mauer live erlebt zu haben.

Das gesamte Etappenrennen war bestens organisiert. Ich hatte mich gar nicht auf eine Rundum-Versorgung eingestellt. Man stelle sich vor: Sogar unsere Kleider wurden gewaschen. Welch ein Service! Und nach der Etappenankunft gab es im Zielbereich für jeden eine heiße Bockwurst und einen heißen Tee. Manche haben es genommen, manche nicht.

Vieles war neu für mich. Die Schikanen an der Grenze, wo die Autos und die Gepäckstücke penibel durchsucht wurden. Das Rennen über abgesperrte Autobahnen. Die Zielankünfte in vollen Radstadien. Die mobilisierten Massen an der Strecke. Es waren 14 Feiertage im Mai. Jedenfalls für die Einheimischen, nicht für mich.

Nach den Etappen, zwischen Massage, Essen und Bettruhe, schlenderten wir oft durch die Städte. Als ich in Gera mit Remig Stumpf unterwegs war, merkten wir, dass der Nachhauseweg von der Stadt zu unserer Unterkunft zu Fuß doch recht weit gewesen wäre. Auf einem Parkplatz gaben wir uns einem Autofahrer als Friedensfahrtteilnehmer aus Westdeutschland zu erkennen, mit dem Wunsch, er möge uns doch zum Hotel bringen.

Doch er reagierte erschrocken und ablehnend. Nein, nein, flehte er, wenn ihn jemand sähe, wie er sich mit uns unterhalte, könne er Probleme bekommen. Und wir in seinem Auto, um Gottes willen, er könne ins Gefängnis kommen, klagte er, und seine Familie bekäme größten Ärger.

Ehrlich gesagt, konnten wir seine Sorgen und Ängste damals nicht nachvollziehen. Wir wollten doch nichts Böses von ihm, wir wollten doch nur ins Hotel. Wir steckten ihm zehn D-Mark zu und überredeten ihn. Einer musste sich auf der Rückbank umlegen, der andere im Fußraum niederkauern. Wir begriffen überhaupt nichts und mussten lachen. Vor dem Hotel stürzten wir aus dem Auto, er gab gleich Gas und stob davon.

Auch bei der Friedensfahrt war es üblich, dass die Teilnehmer vor dem Start ein Handbuch mit den allerwichtigsten Details zum Streckenverlauf erhielten. Als wir es durchblätterten, stutzten wir vor allem über die Seite mit dem Zeitfahren in Harrachov. »Hey, wir müssen da parallel zur Skischanze die steile Straße hoch«, sagte einer. Wir anderen griffen uns ziemlich ungläubig an den Kopf. »Ja, ja, von wegen da parallel hoch«, hielt ich dagegen: »Mit dem Unimog, oder was?«

Am Morgen des Zeitfahrens rief uns Peter Weibel auf einer unserer Buden zusammen und meinte trocken: »Jungs, es stimmt, ihr müsst da hoch. Ein ganz steiles Stück, ich habe mir das angesehen. Wir müssen die kleinste Übersetzung montieren. Es werden auch einige absteigen müssen, aber okay, ihr schafft das. Im Notfall müsst ihr euch von den Zuschauern hochschieben lassen.«

Weil wir wussten, dass wir in der Gesamtwertung nichts zu verlieren hatten, bereiteten wir uns nicht groß vor und gingen das Zeitfahren locker an. Ein einziger Gedanke aber schwirrte mir durch den Kopf: Ich wollte dieses rund 200 Meter lange Steilstück mit seinen knapp 21 Prozent Steigung meistern, ohne abzusteigen.

Ich schaffte es. Aber auch nur dank einer Übersetzung von 39/28, wie ich sie sonst höchstens einmal bei Querfeldeinrennen oder auf dem Mountainbike montiert hatte. Die Fernsehbilder zeigten später, wie viele Teilnehmer absteigen und ihr Rad schieben mussten – oder es zumindest versuchten, aber immer wieder auf ihren glatten Sohlen ausrutschten. Zuschauer mussten tatsächlich aus der gröbsten Not helfen. Diesen Kampf gegen die Uhr gewann mit einem atemberaubenden Tritt Uwe Ampler aus der DDR vor dem Polen Zenon Jaskula. Es war der Grundstein seines ersten von insgesamt vier Siegen bei der Friedensfahrt.

Auf dem Weg nach Karpac in Polen begleitete uns extrem schlechtes Wetter. Wir Westdeutschen waren fast alle abgehängt und versuchten, uns mit großer Mühe und letztem Einsatz wieder ans Feld heranzukämpfen. Längst waren die Regenjacken, die unsere Rückennummern verdeckten, durchgeweicht. Remig Stumpf, mit dem ich das Zimmer auf dieser Tour teilte, war so frustriert, dass er 500 Meter vor der Ziellinie voller Zorn abbog und geradewegs unser unmittelbar an der Strecke liegendes Hotel ansteuerte. Mannschaftsarzt Dr. Georg Huber sagte noch zu ihm: »Remig, fahr' bitte über die Ziellinie, es geht doch morgen weiter.« Zeit dazu wäre noch genug gewesen.

Aber Remig blieb stur. »Nein, ich fahr' nicht mehr. Ich hab' die Schnauze voll von dieser Scheiße hier. Das ist mir zu kalt und zu nass, und ich will nach Hause«, giftete er zurück. Alle anderen hatten seinen Streik gar nicht recht wahrgenommen. Jeder war zu sehr mit sich selbst beschäftigt und sehnte sich nach einer Dusche und warmen Klamotten. Auch der enttäuschte Peter Weibel konnte ihn nicht umstimmen. Als jedoch abends die Ergebnisliste ausgeteilt wurde, war die Überraschung perfekt und das Gelächter groß. Remig stand im Resultat unter den ersten Dreißig. Ich weiß nicht mehr, ob die Organisatoren einen Zielfilm hatten. Eher nicht, aber wir machten uns darüber keine großen Gedanken, denn es waren so viele Rennfahrer an diesem eiskalten Tag ausgestiegen und dennoch im Ergebnis abgedruckt. Es stimmte so manches nicht.

Remig gab letztlich doch nach. »Okay, dann mache ich halt weiter«, sagte er und zog damit das große Glück auf seine Seite. Denn am nächsten Tag gewann er in Lodz die vorletzte Etappe der Friedensfahrt 1987. Dass wir mit einem solchen Erfolg nach Hause kommen würden, hatte keiner erwartet, gab es doch bis dahin nur zwei westdeutsche Etappensieger, nämlich die beiden Kurpfälzer Peter Weibel (1975) und Achim Stadler (1984).

In meinem Jahreskontrollbuch kann ich nachlesen, wie ich das Rennen damals erlebt habe. Unter der Friedensfahrt steht dort Tag für Tag: kalt, Regen, kalt, kalt, Regenschauer, einigermaßen, sonnig, kalt, Regen... Und in der letzten Spalte notierte ich: lief schlecht (Hungerast), lief schlecht, Sturz, dicke Beine, lief ganz gut, 19. Platz, 29. Platz, Seitenstechen, lief schlecht, lief gut. Und so weiter. Ich beendete meine erste und einzige Friedensfahrt in Warschau als 49. in der Gesamtwertung.

Deutschland rauf und runter

Ich führte dieses Trainingsbuch immer sehr gewissenhaft. Natürlich auch in dieser stressigen Saison 1987, für die es 98 Rennen ausweist. Abwechselnd musste ich für Deutschland und Olympia Dortmund ran. Und dieses Hin- und Hergezerre ging mir von Saisonbeginn an auf die Nerven. Ich schlug mich mit Magenschmerzen, Durchfall und einer Bronchitis herum. Kaum war die Niedersachsen-Rundfahrt, eingerahmt von den Grünes-Band-Rennen in Berlin und Frankfurt, zu Ende, rief mich auch schon mein Vereinstrainer Hennes Junkermann bittend und bettelnd an: »Auf Udo, fahr' doch den Grand Prix Faber in Luxemburg.« Ich mochte zwar gerade ziemlich kaputt nach Hause gekommen sein, sagte aber dennoch zu und beendete das viertägige Etappenrennen auf dem sechsten Platz.

Nach der Friedenfahrt musste ich erst zum DAB-Preis nach Dortmund, dann zurück in die Heimat nach Edenkoben, wo Edwig Van Hooydonck den Weinstraßenpreis gewann, und schließlich wieder hoch zu Rennen in Dortmund und Recklinghausen. Ernie Clausmeyer, der Dortmunder Vereinschef, wünschte so oft wie möglich meine Anwesenheit und meinen Einsatz. So verbrachte ich viel Zeit im Auto.

Dann kam der Anruf von Peter Weibel: »Udo, du fährst zur Vuelta Cantabria.« Wir dachten, oh klasse, Spanien, schön warm dort. Aber was war? Regen, Schauer, Gewitter. Vier von fünf Tagen waren total verregnet. Immerhin beendete ich meine erste so genannte Open-Rundfahrt: ein Etappenrennen, das sowohl für Berufsrennfahrer als auch für Amateure offen war. Wir durften ein wenig Profiluft schnuppern und schauten auch mal bei Reimund Dietzen im Bus seines Rennstalls Teka vorbei.

Wieder zurück in Deutschland hieß es, nach Buer-Westerholt und zum Dortmunder Signal-Preis durchzustarten. Vier Tage später stieg ich beim Grünen Band in Stuttgart aus. Mein Körper war ausgepumpt, die Beine wollten nicht mehr so wie der Kopf. Ein vernünftiges Training war in dieser ersten Hälfte der Saison schlichtweg unmöglich. Die Deutsche Meisterschaft gewann Ende Juni dennoch ein Bölts. Hartmut hatte in Herford bei schwülem Wetter die besten Beine über die 200 Kilometer.

Für die Rheinland-Pfalz-Rundfahrt war ich nicht nominiert. Die Rennen im Juli fuhr ich für den Verein, die Hessen-Rundfahrt dann wieder für den Bund Deutscher Radfahrer. Mit wenig Glück: Auf 20 Kilometern stürzte ich zwei Mal. Meine nächste Open-Rundfahrt führte mich in die Schweiz. Beim vorzüglich organisierten Grand Prix Wilhelm Tell sicherte ich mir mit dem sechsten Rang im Gesamtklassement meinen Startplatz für die Amateur-Weltmeisterschaft, die Anfang September im österreichischen Villach stattfand.

Die Titelkämpfe in Kärnten begannen denkbar schlecht für die deutsche Mannschaft: Im Straßenvierer ließen sich Ernst Christl, Re-

Lob aus berufenem Mund: Hennes Junkermann freut sich am 1. Mai 1987 mit Udo Bölts über den Erfolg beim Amateurrennen Rund um den Henninger Turm.

mig Stumpf, Thomas Freienstein und mein Bruder Hartmut vom österreichischen Quartett mit Helmut Wechselberger, Mario Traxl, Johann Lienhart und Bernhard Rassinger auf einem Vollgas-Autobahn-Kurs ganz schön vorführen und aus den Medaillen drängen.

Ganz anders sah es zwei Tage später aus: Der 5. September wurde zu einem Feiertag der Familie Bölts. Hartmut fuhr aus einer sechsköpfigen Spitzengruppe heraus auf den zweiten Platz vor dem Dänen Alex Pedersen und krönte damit eine überragende Saison – geschlagen nur vom französischen Überraschungssieger Richard Vivien. An einem heißen Tag hatten wieder einmal die Fahrer aus dem Ostblock das Renngeschehen diktiert, waren dann aber leer ausgegangen. Darunter auch Mario Kummer, der lange Zeit in vorderster Front mitgemischt hatte.

Ich selbst war früh ausgeschieden und erlebte das Finale des Rennens in der Box am Parcours nur im Fernsehen. Später feierten wir die Silbermedaille und das erste internationale Edelmetall im Hause Bölts gebührend. Am großen Triumph meines Bruders mochte ich keinen großen unmittelbaren Anteil gehabt haben. Aber er war mir Ansporn und Herausforderung, irgendwann einmal ähnlich weit zu kommen.

Grundausbildung kein Wunschkonzert

Von Januar bis September 1987 hatte ich eine Halbtagsstelle bei der Tehalit. Es war jedoch nur ein Job auf dem Papier, der sozialen Absicherung wegen. Ich konnte kommen und gehen, wann ich wollte, war aber so gut wie nie da. Geld verdiente ich eh keines mehr. Mein Vater Georg und der Chef der Tehalit hatten dies im Winter nach Abschluss meiner Lehre so vereinbart.

Vom 1. Oktober 1987 bis zum 31. Dezember 1988 absolvierte ich meinen Wehrdienst bei der Bundeswehr: drei Monate Grundausbildung, zwölf Monate Sportförderkompanie. Diese 15 Monate waren die letzten meiner Amateurzeit. Oder anders ausgedrückt: In diesen 15 Monaten bereitete ich mich als Mitglied des Olympiakaders auf die Olympischen Spiele im September 1988 in Seoul vor.

Ich lag mit Peter Friedhofen, einem Läufer aus Bendorf, mit Michael Grün, einem 400-m-Hürdenläufer aus Leverkusen, und meinem pfälzischen Kumpel Thomas Benz aus Lingenfeld auf einem Zimmer - eine lustige Truppe. Aber die Grundausbildung war dennoch kein Wunschkonzert. Ich bekam gerade mal fünf Tage im November für einen Lehrgang frei, den Weibel traditionell in Kirchzarten abhielt und bei dem Mountainbiking angesagt war. Meine Rad-Kilometer blieben überschaubar, meistens trainierte ich im Kraftraum oder auf der Laufbahn. Erst kurz vor Weihnachten stieg ich wieder täglich in den Sattel.

Meine Aufnahme in die Sportförderkompanie war freilich ebenso wenig Zufall wie die Terminierung des Grundwehrdienstes in die Wintermonate der Olympiasaison. Einen besseren Zeitplan für die Vorbereitung auf Seoul konnte ich mir nicht vorstellen. Doch auch wenn wir Sportler bei der Bundeswehr große Vorteile genossen, hätte ich trotzdem nicht einen Tag länger dienen wollen. Über die Alternative, mich für einige Jahre beim Bund zu verpflichten, dachte ich keine Minute nach.

Ein Unteroffizierslehrgang wäre nichts für mich gewesen. Ich hatte mit dem Militär einfach nichts am Hut. Einige mochten es ja mit großem Enthusiasmus betreiben, aber ich sah in dem Herumrödeln mit dem Gewehr,

Die Bölts-Brüder in der Saison '87: Teamkollegen beim RC Olympia Dortmund.

dem Auseinander- und Zusammenbauen von Waffen oder dem Abmessen fein säuberlich zusammengelegter Bettlaken keinen Sinn. Ich hatte die Profikarriere im Kopf, nichts anderes.

»Es tut mir Leid«

Beinahe hätte mich etwas aus den Träumen vom Leben als Radprofi herausgerissen: die urplötzliche Nichtnominierung für das olympische Straßenrennen in Seoul. Dieses grausame »Es tut mir Leid« von Bundestrainer Peter Weibel, mit dem er mich zwei Tage vor dem Start zum Olympiatouristen degradierte. Frustriert und sauer dachte ich daran, alles hinzuschmeißen. Ich wollte nur weg aus Seoul, zurück nach Hause zu den Eltern und zu meiner Freundin Elke, mit der ich seit einem knappen Jahr liiert war.

Die gelernte Zahnarzthelferin stammt aus dem Nachbarort Geiselberg und ist drei Jahre jünger als ich. Wir kannten uns schon Wochen und Monate, gefunkt hatte es dann auf der Geiselberger Kirmes. Bis heute hat sie alle Höhepunkte und Enttäuschungen meiner Laufbahn intensiv erlebt, hat mitgefiebert, mitgelitten, mitgefeiert – sie ist an meiner Seite hineingewachsen in die Welt des Radsports.

Die Fluchtgedanken, die ich in Seoul hegte, versteht wohl nur, wer selbst einmal kurz vor Erreichen eines lang gehegten Ziels in eine Achterbahn der Gefühle aus Enttäuschung, Zorn, Verbitterung und Unverständnis geworfen wurde.

Ich hatte doch alle Nominierungskriterien erfüllt! Gefordert waren zwei Plätze unter den ersten Zehn bei einer Weltcup-Rundfahrt. Beim Giro delle Regioni war ich Sechster geworden und Dritter gar bei der Rheinland-Pfalz-Rundfahrt, die unter den Amateurrundfahrten neben der Friedensfahrt und dem Grand Prix Wilhelm Tell zu den drei bedeutendsten der Welt zählte.

In das Etappenrennen auf heimischem Terrain war ich nicht mit der Sicherheit gegangen, es gewinnen zu können. Aber ich wusste sehr wohl, wie gut ich in Form war. Am Donnersberg sicherte ich mir das Bergtrikot und gab es bis zum Ende der Rundfahrt nicht mehr ab. Dabei profitierte ich auch vom Glück des Tüchtigen und den Helferdiensten von Remig Stumpf und Bernd Gröne, die mich wieder ins Feld zurückbrachten, nachdem ich auf regennasser Straße gestürzt und unter ein Polizeimotorrad gerutscht war.

Der letzte Tag der Rheinland-Pfalz-Rundfahrt führte sozusagen rund um Heltersberg. Es ging ins Schlussziel nach Pirmasens, wo schlechtes Wetter die Bedingungen erschwerte. Christian Henn hatte sein Gelbes Trikot zu verteidigen, Zweiter und Vierter waren der Tscheche Roman Kreuziger und der Schweizer Felice Puttini. Die Tschechen attackierten, ich konnte mitgehen, Christian aber nicht. Überaus nervös kam Peter Weibel zu mir nach vorne gebraust und gab mir hektisch die Anweisung: Nicht mitfahren, nicht mitfahren!

Aber das hatte ich längst selbst kapiert, ich hätte ja den Kreuziger zum Sieg geführt und mich selbst doch nur vom dritten auf den zweiten Platz verbessert. Da war mir Henns Gesamtsieg doch schon wichtiger – übrigens der erste Sieg eines Westdeutschen bei der Rheinland-Pfalz-Rundfahrt seit Peter Weibels Erfolg im Jahr 1973.

Erfüllt von überschwänglichem Stolz über die harte und erfolgreiche Arbeit in den Vormonaten reiste ich zur Einkleidung für Seoul. »Mein Gott, du hast es geschafft, du bist Olympiateilnehmer.« Alle in meinem Umfeld freuten sich mit mir. Ich ging wie selbstverständlich davon aus, das größte sportliche Ereignis für einen Amateurradsportler bestreiten zu dürfen: das olympische Straßenrennen.

Ich hatte in die Höhentrainingslager in Colorado und St. Moritz insgesamt sechs Wochen lang sehr viel Energie und Leidenschaft investiert, obwohl ich mich manches Mal wie in einem Freiluftgefängnis fühlte. Ich wollte Bäume ausreißen, wollte am liebsten die Pässe hochjagen, den Julier, den Albula, aber immer wieder hieß es: nur schön langsam im Tal rollen und die Form aufbauen. Was ja auch vernünftig war. Aber versteht das einer, der förmlich auf Olympia brennt?

Schon vor dem letzten Trainingslager nahm mich Hennes Junkermann zur Seite: »Du Udo, ich bin mir sicher, der Weibel lässt dich nicht fahren.«

»Aber ich habe doch alle Kriterien erfüllt«, entgegnete ich.

»Denke an mich«, warnte Junkermann, der mich zu Hause für das tägliche Geschäft so dringend hätte brauchen können.

Und dann fiel tatsächlich diese für mich unfassbare Entscheidung. »Udo, ich muss mit dir reden«, sagte Weibel im Olympischen Dorf von Seoul kurz und schmerzlos: »Wir haben uns den Kurs angeschaut. Ich schätze deine Qualitäten als Bergfahrer, aber das hier ist ein Kurs für Sprinter, auf dem deine Qualitäten nicht zum Tragen kommen. Ich muss die Sprinterkarte ziehen. Es tut mir Leid.« Das war alles.

Auch Dieter Niehues kam nicht zum Einsatz. Uns beide hatte er mitgenommen, weil er von einem schwierigeren Kurs ausgegangen war. Wütend stürzte ich zum nächsten Telefon und rief meine Eltern an, die ebenfalls sehr enttäuscht waren, aber genau das sagten, was Eltern in solchen Situationen zu sagen pflegen: Ich solle jetzt den Kopf nicht hängen lassen. Trotzdem suchte ich das Mannschaftsbüro des Nationalen Olympischen Komitees auf, um meinen sofortigen Rückflug zu buchen, was aber aus verschiedenen Gründen nicht möglich war.

Im Vierer-Straßenrennen von Seoul gefahren waren Remig Stumpf, Christian Henn, Bernd Gröne und Rajmund Lehnert, die Sechste wurden. Den Olympiasieg holten sich Kummer, Ampler, Landsmann und Schur aus der DDR. Im Einer starteten Henn, Gröne und Stumpf. Mit durchschlagendem Erfolg, denn Gröne und Henn gewannen Silber und Bronze hinter Olaf Ludwig. Der Triumph gab Weibel gewiss Recht, und er wurde als Erfolgstrainer gefeiert. Ich aber wollte seine Argumentation weiterhin nicht einsehen. Und ich nehme sie ihm auch heute noch nicht ab. Aus der Distanz betrachtet steht für mich außer Zweifel, dass andere als rein sportliche Aspekte eine Rolle gespielt haben: Henn und Stumpf hatten beim Bundestrainer richtig große Steine im Brett.

Zu jener Zeit lernte ich glücklicherweise Helmfried Riecker von »Sportler ruft Sportler« kennen, einer christlichen Organisation, die dem Deutschen Sportbund angeschlossen ist. Wie meine Eltern sagte auch er mir: »Lass' den Kopf nicht hängen. Das Leben geht weiter. Olympia ist nicht alles.« Helmfried Riecker war es, der mich aus dem Tief herausholte.

Und allmählich sah ich ein, wie falsch es gewesen war, nach Weibels Entscheidung das Einer-Rennen nicht zu verfolgen und stattdessen lieber bei den Boxern, den Leichtathleten und den Schwimmern vorbeizuschauen. Stur und uneinsichtig wie ich war, hatte ich nichts mehr mit den Teamkollegen unternommen, sondern sie links liegen gelassen. Dabei konnten sie ja überhaupt nichts für meine Situation.

Auch auf dem Rückflug von Seoul saß ich weit weg von der Mannschaft. Und als Peter Weibel an meinen Platz kam und mit mir reden wollte, brüskierte ich ihn: »Nein, ich habe nichts mehr dazu zu sagen.« Ich hatte an diesem Tiefpunkt meiner kurzen Amateurlaufbahn nicht die Einsicht, dass ein Trainer mitunter Entscheidungen fällen muss, bei denen es den Einzelnen mit der Breitseite treffen kann. Ein, zwei Jahre später war Gras über die Sache gewachsen. Ich ging irgendwann auf Weibel zu und redete wieder mit ihm.

Doch unmittelbar nach der Rückkehr aus Seoul saß der Frust noch so tief, dass ich wieder einmal daran dachte, alles hinzuschmeißen. »Jetzt reicht's«, sagte ich zu mir. Bis ein paar Tage später Hartmut an die Tür klopfte und fragte: »Ich suche dringend einen Trainingspartner. Willst du nicht mitfahren?«

Er befand sich mitten in den Vorbereitungen für das Sechstagerennen in Dortmund. Und schon war in mich alles wieder zurückgekehrt: die Lust, die Motivation, der Ehrgeiz.

TOP 12

MOTIVATIONSTIPPS FÜR RADRENNFAHRER

Trainiere auch bei Regen, denn die anderen fahren wahrscheinlich nicht und so hast du wieder einen Tag Vorsprung.

Variiere im Training, sei flexibel, trainiere auch etwas Ungewohntes. Du kannst in einem Sechs-Stunden-Training auch mal abwechselnd eine Stunde eine Übersetzung von 39/19 und eine Stunde eine Übersetzung von 53/15 fahren, ohne auf Tacho oder Puls zu schauen.

Wenn du ein langes Training machen willst und nicht motiviert bist, suche dir ein Ziel, das weit von dir zu Hause weg ist. Zum Beispiel eine Stadt in hundert Kilometern Entfernung, aus der du dir eine Ansichtskarte mit nach Hause nimmst.

Wenn dich ein schlechtes Gewissen plagt, weil du einmal einen Ruhetag eingelegt hast, liegt das wohl daran, dass du vorher zu wenig trainiert hast. Alle Ruhetage muss man sich verdienen.

Was du am Wettkampftag von deinem Körper erwartest, musst du auch trainiert haben. Im Training nur Zuckerbrot und im Wettkampf die Peitsche, das funktioniert einfach nicht.

Fahre nie zuerst mit Gegenwind raus und mit Rückenwind zurück, sondern mache es umgekehrt, denn das härtet dich ab.

Wenn die anderen zu dir sagen, du seiest verrückt, weil du zu viel machst, dann liegst du genau richtig. Das ist nur der Neid.

Weiche nie aus. Weiche im Sommer nicht der Hitze aus, sondern gewöhne deinen Körper daran, denn die Startzeit eines Rennens wird auch nicht verlegt. Weiche im Training nicht den Bergen aus, sondern suche sie, denn sie entscheiden oft das Rennen.

Dusche immer warm, um die Muskulatur zu lockern und nicht abzuschrecken. Dusche aber das Gesäß kalt ab, das beugt Sitzbeschwerden vor. Dusche direkt nach dem Training, ohne herumzustehen, und halte dich warm, dann wirst du weniger krank.

Sei ehrlich im Trainingsbuch, belüge nicht den Trainer, sonst belügst du dich selbst. Führe auch ein paar Tage lang ein Ess- und Trink-Tagebuch.

Schau nicht so viel nach den anderen, sei überzeugt von dem, was du tust.

Stecke dir realistische Ziele, die du erreichen kannst, und behalte sie für dich, bis du sie erreicht hast. Für den großen Erfolg musst du dich mit kleinen Erfolgen motivieren.

KAPITEL 3

NEOPROFIJAHRE

Ein Visionär namens Holtmann

Der Frust von Seoul gab meiner Karriere einen neuen Dreh. Ausgelöscht waren allerletzte Zweifel, ob ich als junger Mann von 22 Jahren den für damalige Verhältnisse ungewöhnlichen Schritt in den Berufsradsport so früh wagen sollte. Einmal mehr spannte sich mein Bruder Hartmut als Vorbild und Antreiber vor meinen Karren. Nach seiner WM-Silbermedaille von Villach 1987 hatte er der olympischen Verlockung widerstanden, sein Amateurdasein noch vor den Spielen in Seoul beendet und das lukrative Angebot angenommen, als Radprofi für den französischen Rennstall RMO zu fahren – mit der Zusage für das eine oder andere Sechstagerennen. Vertragsvermittler war Maurice Portier.

»Hardy« überzeugte mich, bläute mir aber ein: »Udo, mach' den Schritt, aber wage ihn möglichst bei einem deutschen Team. Ich kann dir sagen, ich bin bei RMO immer nur der Ausländer, das ist kein schönes Gefühl.«

Schon bei der Rheinland-Pfalz-Rundfahrt 1988 war ich mit Leuten des niederländischen TVM-Rennstalls zusammengetroffen, die dort ihre Fühler nach frischen Talenten ausgestreckt hatten. In diesem Team fuhren so renommierte Profis wie Jesper Skibby, Bo Hamburger, Phil Anderson oder Johan Capiot. Über Maurice Portier gab es auch Kontakte zum Team Système U, bei dem Laurent Fignon, Bjarne Riis oder Thierry Marie im Sold standen. Diese großen Namen flößten mir gehörigen Respekt ein. Außerdem sprach ich kein Wort Französisch. Und das Angebot, das mir TVM für zwei Jahre machte, hörte sich ziemlich lächerlich an. Ruckzuck hatte ich im Kopf überschlagen, dass ich bei den Amateuren mit Startgeldern und Prämien bei Kriterien sowie dem vorübergehenden Gehalt als Bundeswehrsoldat mehr verdient hatte. »Das kommt mir aber verdammt wenig vor, was ihr da bietet«, sagte ich den TVM-Werbern frank und frei ins Gesicht.

Meinen Teamkollegen, mit denen ich mich ausgetauscht hatte, ging es ähnlich. Remig Stumpf wechselte dennoch lieber zu Toshiba, Christian Henn zu Carrera. Ich aber neigte eher zu einer deutschen Lösung und traf mich mit dem Württemberger Winfried Holtmann und dem Niederländer Hennie Kuiper in Holtmanns Sindelfinger Villa. Die beiden schmiedeten große Pläne.

Kuiper gefiel mir mit seiner Natürlichkeit und Offenheit. Er schaute nach vorne, hatte nur im Blick, was er als Sportlicher Leiter mit einer neuen deutschen Profimannschaft plante. Er ging nicht mit seinen großen Erfolgen hausieren, mit seinem Olympiasieg 1972 in München, seinem WM-Titel 1975 in Yvoir oder seinen zweiten Plätzen bei der Tour de France 1977 und 1980.

Natürlich hatte ich die Karriere des blonden Holländers verfolgt, die er gerade im Herbst 1988 im belgischen Histor-Sigma-Team bei der Coca-Cola-Trophy beendet hatte, Winfried Holtmanns deutscher Kriteriumsserie. Dort müssen der Visionär Holtmann und der gestandene Profi Kuiper ihre Pläne konkretisiert haben, einen deutschen Rennstall aus der Taufe zu heben. Endlich wieder eine deutsche Profimannschaft nach Rokado und Capri-Sonne, die aber bald mit belgischer Lizenz gefahren waren, sowie Kotter-Kondor.

Mit den vielen großen Triumphen, die ein Hennie Kuiper errungen hatte, würde ich bei weitem nicht mithalten können. Aber schon damals entdeckte ich Parallelen zwischen seiner und meiner Karriere. Auch er hatte als 13- oder 14-Jähriger mit dem Radsport begonnen. Auch er hatte nach der Schule eine Ausbildung abgeschlossen, eine

Lehre zum Feinmechaniker. Auch er war sehr bodenständig und naturverbunden. Weitere Parallelen fallen mir im Nachhinein auf: Er bestritt wie ich keine Sechstagerennen, fuhr aber ebenfalls zwölf Mal die Tour de France zu Ende. Als er seine Karriere beendete, war er 39.

Ich verließ das Wohnzimmer in Sindelfingen mit großer Sympathie für Holtmann und Kuiper sowie im sicheren Gefühl, bei ihnen zu unterschreiben. Und so dauerte es nur wenige Tage, bis ich meine endgültige Entscheidung gefällt hatte – aus dem Bauch heraus und im Wissen, es nirgendwo besser zu treffen. Ich unterzeichnete einen Zweijahresvertrag, den Holtmann und der Kölner Ex-Profi und Winterbahnspezialist Wilfried Peffgen fixierten und der mit 50.000 Mark brutto pro Jahr fast doppelt so hoch wie bei TVM dotiert war. Aber so stolz, wie ich war, hätte ich bestimmt auch für 40.000 Mark unterschrieben.

Wieder zuhause zog ich zufrieden die Laufschuhe an und absolvierte einen lockeren Waldlauf, allein mit mir, der Natur und dem Gedanken, diese Sache jetzt konzentriert durchzuziehen. Zwei Jahre mit Vollgas in einer jungen deutschen Mannschaft zu fahren, deren Zusammensetzung ich zu 90 Prozent kannte, darauf freute ich mich. Die nacholympischen Tage ohne Training waren Vergangenheit, ich begann mit einer unglaublichen Motivation zu ackern.

Am Tag vor der Mannschaftspräsentation Mitte Januar 1989 in Stuttgart gab es leichte Irritationen. Eigentlich war uns ein Baumarkt als Sponsor angekündigt worden. Als aber die Trikots ausgegeben wurden, stand etwas anderes auf der Brust: Team Stuttgart. »Kiko« Stauff war der Erste, der einen lauten Schrei losließ und mutmaßte, der Geldgeber sei abgesprungen. Holtmann aber verstand uns mit dem Hinweis zu beruhigen, das Geld aus einem Sponsorenpool liege bereit. Stauffs Sorgen berührten uns Jüngere nicht. Ich war stolz wie Oskar, als die Klamotten ausgegeben wurden und ich ein nagelneues Eddy-Merckx-Rennrad bekam.

Das neue Team wurde der Öffentlichkeit in der Stuttgarter Hanns-Martin-Schleyer-Halle vorgestellt, wo Dietrich Thurau damals sein allerletztes Sechstagerennen fuhr. Wir zwölf waren, wie man sich vorstellen kann, in dieser Situation lediglich Beiprogramm: Werner »Kiko« Stauff, Werner Wüller, Josef Holzmann, Jochen Görgen, Guido Eickelbeck, Dariusz Kajzer, Uwe Nepp, Bernd Gröne, der Australier Dean Woods, die beiden Holländer Ralph Moorman, Kees Hopmans und ich. In Gesprächen waren zuvor auch immer mal wieder andere Namen gefallen. Rolf Gölz, Reimund Dietzen, Peter Hilse, Christian Henn, Andreas Kappes, Remig Stumpf und mein Bruder Hartmut galten als mögliche Kandidaten. Aber Holtmann konnte sie für die Premierensaison nicht aus ihren guten Verträgen herauslocken.

Wann geht es endlich los? Geht jetzt wieder ein Tag verloren? Diese Gedanken beunruhigten mich zusehends bei all dem Palaver und den Fototerminen. Wenn in den aufregenden ersten Tagen mal zwei Stunden frei waren, schwang ich mich auf das Velo und startete durch. Sinnloses Herumsitzen sah ich als Zeitverschwendung an. Diese Einstellung zog sich wie ein roter Faden durch meine ganze Karriere. Ich wollte immer nur eine Nummer auf dem Rücken und eine am Rennrad haben.

Wir fingen ganz klein an – ohne Hoffnungen auf einen Tour-de-France-Start, aber mit dem Wissen, dass Hennie Kuiper beste Kontakte nach Frankreich und Belgien pflegte. Am 4. Februar 1989 trafen wir uns zu einem Trainingslager in Südfrankreich. Die Anreise hatten wir in nagelneuen Daimler-Benz-Autos bestritten und nicht, wie man vermuten könnte, mit dem Flugzeug. Vier Tage später stand ich beim Grand Prix Saint Louis im Team-Stuttgart-Trikot am Start meines ersten Profirennens. Nicht weit entfernt von einem gewissen Hartmut Bölts im RMO-Trikot. Das Foto von uns beiden hängt heute noch bei mir daheim. Zu gerne hätte ich »Hardy« geschlagen, aber er kam im großen Hauptfeld vor mir ins Ziel.

Kuiper sagte mir nach dem Zieleinlauf: »Udo, du bist einer der Jüngsten, du fährst jetzt erst mal nur noch ein Rennen, den Etoile de Bessèges. Aber wenn es bei dir gut läuft, kannst du auch bei der Mittelmeer-Rundfahrt starten.« Ich ließ mich nicht zweimal bitten und forderte den zweiten Start regelrecht heraus. Beim Stern von Bességes rollte ich sehr gut mit, am letzten Tag ging Kuipers Daumen nach oben. Die folgende Mittelmeer-Rundfahrt führte damals schon an sechs Tagen über acht Etappen.

Unser Basislager richteten wir derweil im Hotel *Van der Valk* in Saint Aygulf ein. Als Teamarzt arbeitete Dr. Peter Billigmann mit uns, der Anfang der achtziger Jahre die Amateur-Mannschaft City Neuwied um Hennes Junkermann mitgegründet hatte und den ich 2003 als Teamarzt bei Gerolsteiner wiedertreffen sollte. Aber schon als Amateur hatte ich mich unter die Fittiche von Dr. Andreas Schmid begeben, blieb ihm während der Zeit bei Telekom neben dem geschätzten Dr. Lothar Heinrich treu und ging auch als Gerolsteiner-Profi bei ihm in der Universitätsklinik in Freiburg ein und aus. Keiner aus dem Betreuerstab kannte mich so gut wie er, der Arzt und Seelenmasseur. Alle sportlichen und privaten Probleme konnte ich vor ihm ausschütten, wir sind Freunde geworden und geblieben.

Bevor wir Frankreich den Rücken kehrten und das Training im heimischen Schnee aufnahmen, erlebte ich bei der Tour du Haut-Var meinen ersten Sturz im Profi-Peloton. Ohne große Schrammen.

Belgische Kreise

Im weiteren Frühjahr sammelte ich Erfahrungen, die junge Rennfahrer einfach machen müssen, denn Kuiper schickte uns drei Wochen lang in die belgischen Rennen. Zum ersten Mal donnerte ich also über die E 411 von Luxemburg nach Brüssel, auf der ich in all den Jahren danach jedes Schlagloch kennen lernte. Wir campierten im Hotel *PB* in Lokeren, direkt an der Autobahn und neben einer Tankstelle, an der nachts die Tanks der Lastzüge gereinigt wurden. An Schlaf war bei dem Höllenlärm nicht zu denken. Das unbeständige belgische Regenwetter nervte. Die Straßen waren katastrophal, bestanden sie doch überwiegend aus aneinander gelegten Betonplatten mit unangenehmen Rillen dazwischen. Wir blutigen Anfänger sahen uns mit wirklich harten Bedingungen konfrontiert.

Aber wir lernten in Belgien recht schnell, mit dem Fahrrad umzugehen und uns in einem sehr nervösen Feld zu bewegen, in dem viele Stürze passierten. Die beste Position war vorne rechts unter den ersten Zwanzig. Das hatte mir der Münchner Neoprofi Thomas Dürst eingeimpft, der bei Panasonic mit Eddy Planckaert, Steven Rooks, Gert-Jan Theunisse und Peter Winnen fuhr und der den Tipp wiederum von Allan Peiper hatte.

Ihn zu beherzigen, fiel mir allerdings enorm schwer, denn viele wollten sich dort vorne in der Spitze behaupten. Es ist nun mal so, dass man unter den ersten Fünfunddreißig die beste Übersicht hat. Dahinter, in der so genannten roten Zone, fahren die Rennfahrer viel zu sehr auf Tuchfühlung und oft unkonzentriert - die Sturzgefahr ist riesengroß. Und im hinteren Drittel darf man nur fahren, wenn es mal 80 Kilometer flach läuft und man ahnen kann, dass jetzt nicht gleich etwas passiert. Es dauert lange, bis man als Neuprofi seinen Platz im Peloton gefunden hat. Der ältere, erfahrene Rennfahrer, der Platzhirsch, gibt dieses Privileg ja nicht einfach so freiwillig auf.

Wie oft geschah es aber in diesen Wochen in Belgien, dass ich in guter Ausgangsposition mit dem ganzen Haufen von einer Nationalstraße nach links oder nach rechts auf einen Feldweg mit nassem Kopfsteinpflaster abbog, einer abreißen ließ und man sich, zurück auf der Nationalstraße, in der abgehängten vierten Gruppe wiederfand. Man konnte versuchen, noch mal nach vorne zu kommen. Aber meist war es aus und vorbei. Es blieb nichts anderes übrig, als den Kampf aufzugeben und auszusteigen. Doch nirgendwo besser als in Belgien hätte ich den Profiradsport von seiner harten Seite kennen lernen können. Es gab eben nicht nur schöne Rennen bei schönem Wetter auf schönen Straßen, sondern auch unberechenbare Rennen bei beschissenem Wetter auf üblen Straßen. Diese Erfahrung prägte mich.

Im März 1989 bestritt das Team Stuttgart zwölf Rennen, von denen es die meisten noch gibt. Beispielsweise die Limburg-Rundfahrt oder die Drei Tage von de Panne. Bei diesem Etappenrennen durch Westflandern kam ich nach meinem eigenen Zeitfahren mit dem Rad zurück an die Strecke, nur um den Belgier Eric Vanderaerden zu bewundern, der damals als ganz große Nummer für Panasonic startete.

Unsere eigene Bilanz fiel mager aus. Ich erreichte als beste Platzierung einen 38. Rang, keiner aus meiner Mannschaft kam unter die ersten Fünfzehn und damit ins Geld. Gegen die etablierten belgischen Teams sahen wir schlecht aus. Zum Beispiel gegen Hitachi mit Claude Criquielion und Rudy Dhaenens, geführt von Albert De Kimpe, dem Mann mit der Zigarre, der mit seinem Bauchumfang von geschätzten 1,50 Meter kaum in seinen alten Citroën passte.

Ich kannte die Stars alle aus dem Fernsehen oder aus der Zeitung. In Frankreich kaufte ich mir schon damals immer die *Cyclisme* oder die *Velo*, in Belgien die *Het Laatste Nieuws*. Ich lernte recht schnell, Flämisch zu lesen, manchmal ließ ich mir die Texte auch von den Holländern im Team übersetzen. Ergebnisse zu studieren, war für mich eine Pflichtaufgabe. Ich wollte sehen, wo und wie die Konkurrenten fuhren.

Bei allem Respekt kannte ich von Beginn an keine Berührungsängste zu den Mitstreitern, die meine Idole waren. Ob Sean Kelly, Greg LeMond, Steven Rooks, Laurent Fignon und wie sie alle hießen - ich ging auf sie zu, grüßte sie, stellte mich ihnen vor und sprach sie an. »Ist es okay, mit dir zu reden?«, fragte ich LeMond bei unserer ersten Begegnung. Und er ahnte gleich, was Sache war: »Du bist Neuprofi, oder?« Ich wollte etwas über ihre Art des Wintertrainings wissen, wir sprachen über Ernährung und Material. So entwickelte sich aus dem einen oder anderen Smalltalk eine mehr oder weniger enge und gute Beziehung zu den meisten Rennfahrerkollegen.

Nicht vergessen werde ich meine Premiere beim Halbklassiker Gent-Wevelgem. 255 Kilometer bei Temperaturen zwischen ein und fünf Grad, bei Nässe und kurzzeitigem leichten Schneefall. Ich hatte eine Regenjacke mit, die ihre Wirkung schnell verlor. Als wir zum Pinkeln anhielten, riss Jelle Nijdam von Superconfex alles von seinem Oberkörper, ließ sich ein frisches Unterhemd, ein trockenes Trikot und eine dichte Regenjacke bringen. Ich stand daneben und dachte nur: Oh, oh, das ist aber ein professionelles Team, davon sind wir noch weit entfernt.

Nur 30 Teilnehmer fuhren das Rennen, das Gerrit Solleveld vor Sean Yates gewann, zu Ende, darunter zwei vom Team Stuttgart: Dariusz Kajzer und ich in der dritten Gruppe. Im Ziel bekam ich meine Handschuhe nicht mehr von den Fingern, stand mindestens eine halbe Stunde unter der heißen Dusche, die es glücklicherweise gab, und war stolz, durchgekommen zu sein. Am Abend durfte ich nach Hause fahren, konnte aber vor der Haustür zuerst nicht aussteigen, so hart und steif waren meine Muskeln und Knochen.

Einen ganzen Tag setzte ich mit dem Training aus, fuhr dann wieder hundert Kilometer im Regen und fieberte dem Wallonischen Pfeil entgegen. Die mehrfach zu passierende Schlüsselstelle dieses belgischen Frühjahrsklassikers, die berühmte *Muur* von Huy, meisterte ich zunächst glänzend, verpennte aber in der Hektik des Rennens die letzte Verpflegung. Es gibt keinen schlimmeren Anfängerfehler, als den Verpflegungsbeutel nicht zu erwischen. Und er sollte sich bitter rächen. Im zweitletzten Anstieg vor der finalen *Muur*-Passage lag ich in einer Gruppe mit dem Vorjahressieger Rolf Gölz und dem kommenden Sieger Claude Criquielion. Ganz vorne dabei. Dann überfiel mich der Hungerast. Am nächsten Berg, der Côte de Ahin, musste ich abreißen lassen, weil ich dachte, mein Körper könne die Befehle des Kopfes nicht mehr wahrnehmen. Ich bekam schon Angst, ich könnte vom Rad fallen, nur weil mich ein anderer kurz touchierte.

Ich spüre, wie mir die Kraft aus den Beinen davonfliegt. Ich will dagegenhalten, die Power auf die Pedale bringen, aber da geht nichts mehr. In den Armen, in den Händen und vor allem in den Beinen kribbelt und krampft es. Im Kopf wird es schummrig wie bei einer Erkältung, es beginnt vor den Augen zu flimmern. Kalter Schweiß perlt auf der Stirn. Der Asphalt schwimmt davon. Im Magen grummelt es, als reiße sich ein Loch in den Bauch.

Hennie Kuiper sah sofort, was los war. Er bot mir die letzten Schlucke seines heißen Tees mit Zucker an und befahl mir zu trinken. Er opferte sein letztes Sandwich für mich. Aber ich konnte nicht kauen, die Bissen fielen mir aus dem Mund.

Nach dieser Erfahrung gewöhnte ich mir an, mich zum Essen immer stur nach einem fast langweiligen Speiseplan zu zwingen, der sich nach der Uhrzeit oder der Kilometerzahl richtete. Und natürlich auch zum Trinken. Wasser, viel Wasser und Multivitamintabletten mit Mineralstoffen, dazu flüssige Nahrungsergänzungsmittel, um all das auszugleichen, was ich zuvor oder danach herausschwitzte.

Bei aller Schwäche beobachtete ich im Finale des Flèche Wallone, wie sich Konkurrenten ihrer überflüssigen Klamotten entledigten und sie ihren Betreuern reichten, und meinte, es ihnen nachmachen zu müssen. Weil kein Pfleger in der Nähe war, warf ich die Regenjacke und meine Neoprenschuhe, die im Peloton noch nicht üblich waren und die ich mir als Luxusgut in einem Taucherladen gekauft hatte, einfach an den Straßenrand. Direkt vor die Füße von Fans, die dort mit ihrem Wohnmobil standen. Es war ein belgisches Ehepaar mit einem kleinen Kind, wir schenkten uns flüchtige Blicke.

Zehn Tage später, beim Start eines belgischen Kirmesrennens in Oostkamp, kamen sie auf mich zu und gaben mir die Sachen gewaschen zurück. Damit hatte ich nicht gerechnet. Zwischen uns entstand eine Freundschaft bis ans Ende meiner Karriere. Immer wieder trafen wir uns an den gleichen Stellen in den Rennen. Schon 500 Meter vorher fuhr ich dann im Feld rechts heraus und winkte ihnen zu. Dirk ist heute Rentner und einer jener Edelfans geblieben, wie es sie nur in Belgien gibt. Das kleine Kind von damals ist inzwischen verheiratet.

Meinen ersten Flèche Wallone fuhr ich auf Platz 44 zu Ende, 14 weitere sollten folgen. In meinen Aufzeichnungen von 1989 stehen jedoch mehr Enttäuschungen als Erfolge zu Buche. Beim Henninger-Turm-Rennen in Frankfurt, das damals noch über 272 Kilometer ging, sollten und wollten wir gut aussehen und hatten dann doch nichts zu bieten. Kaum anders verlief die wichtige Tour de Suisse, bei der ich mir mit dem Australier Dean Woods das Zimmer teilte, der außerhalb der Rennen bei Wilfried Peffgen in Köln wohnte. Als sich auf der neunten Etappe nur noch ein Trio des Teams Stuttgart im Rennen befand, machte sich Winfried Holtmann zu einem Krisengespräch auf den Weg ins Tessin.

Frust machte sich breit, weil ich keine einzige Platzierung schaffte. In elf Tagen hatte ich drei Kilogramm Gewicht verloren, der Stress nagte an mir, die Nerven lagen blank. »Du darfst dich jetzt nicht klein kriegen lassen«, hämmerte ich mir ein.

Bei der anschließenden Deutschen Meisterschaft im Tessin fehlte ich erkrankt. Gewonnen hat sie Dariusz Kajser vor Peter Hilse und Peter Gänsler. Im Juli besuchte ich dann die Tour de France. Als Fan. Zusammen mit Elke, meinem Nachbarn Andreas Wagner und dessen Freundin fuhr ich mit dem Wohnmobil durch Südfrankreich. Danach besichtigten wir die WM-Strecke in Chambéry.

Wieder bereitete ich mich vor allem bei belgischen Kirmesrennen auf diesen Titelkampf vor. Ich bestritt aber auch die Coca-Cola-Trophy unseres Chefs Holtmann, wo ich in Reutlingen meinen ersten Sieg als Profi holte. Es war ein Einladungsrennen mit 35 Mann am Start und kaum Zuschauern an der Strecke.

Über den Grand Prix Wilhelm Tell, den ich als Amateur schon kennen gelernt hatte, fand ich zu besserer Form für die Weltmeisterschaft. Doch sie sollte nicht reichen, um das WM-Rennen zu Ende zu fahren. Nach 190 Kilometern stieg ich aus. Später musste auch Hartmut passen, der nach seinem vierten WM-Platz im Jahr zuvor im belgischen Ronse erneut aussichtsreich gestartet war. Er lag auch sehr gut im Rennen, bis auf der regennassen Abfahrt seine Bremsen versagten. So schauten wir beide uns das Finale von draußen an. Es siegte Greg LeMond vor Dimitri Konyschew und Sean Kelly.

Obenauf in Down Under

Gedanklich hatte ich mit der ersten Profisaison schon abgeschlossen, als mich Guido Eickelbeck anrief und mir die Herald Sun Tour in Australien schmackhaft machte. Ich zögerte nicht, glaubte an den Abflug aber erst, als ich am Flughafen Frankfurt das Ticket in der Hand hielt.

Guido hatte beste Verbindungen nach Melbourne, wo uns drei »Aussies« mit den Worten »*Oh, you are the Germans*« abholten. Mit ihren kurz rasierten Haaren, ihren Ohrringen und Tätowierungen sahen die Kerle durchaus ein wenig gefährlich aus. Sie warfen unser Gepäck auf einen Pick-up, in den wir uns reinzwängten, und fuhren uns nach Geelong. Gegen 14 Uhr luden sie uns vor einem Motel ab. »Bis morgen früh«, hörten wir nur, dann waren sie verschwunden.

Guido und ich hatten Hunger und waren furchtbar müde, wollten aber wegen der Zeitumstellung nicht gleich schlafen. Trotzdem legten wir uns auf die Betten, quatschten ein wenig und nickten ein. Gegen 21 Uhr klopfte es an der Tür. »Ich bin Billy, einer aus eurer Mannschaft. Habt ihr vielleicht was zu trinken?«, sagte jemand.

Wir schauten uns verdutzt an. Wir wussten nichts. Nicht, wo wir waren. Nicht, wo wir etwas zu trinken hätten hernehmen können. Nicht, wie es weitergehen sollte. Dieser Billy Dembsey aber meinte, das sei alles kein Problem, schlurfte an seinen Kofferraum und holte zwei Sixpacks. Er war einer von drei Australiern, die neben uns beiden Deutschen zum Team gehörten, und machte uns also gleich mit den Gepflogenheiten des australischen Radsports bekannt. Von da an war Aufpassen angesagt.

Am nächsten Tag wurden wir tatsächlich zum Training abgeholt, und vom 21. bis 29. Oktober 1989 fuhren wir die Herald Sun Tour über 16 Etappen und Halbetappen. Ich gewann sogar die zweite Etappe, übernahm das Gelbe Trikot und schloss mit dem dritten Platz ab. Für die Betreuer war dies Anlass genug, gleich wieder einen drauf zu machen. Und für mich war es einer der Gründe, weshalb ich gerne nach Australien zurückkehrte. Ich fuhr die Herald Sun Tour später noch viermal, gewann sie sogar 1990 und wurde 1991 und 1993 noch zweimal Dritter.

Nach der Rundfahrt sprach sich schnell herum, was sich alles verscherbeln ließ. Bekleidung, Laufräder, sogar den Rahmen verkaufte ich an Leute auf der Straße, bis ich am Ende nur noch eine kleine Tasche mit dem Wichtigsten besaß. So steht die Rennmaschine aus meiner ersten Profisaison heute noch in Bride, einem kleinen Ort in den Bergen von Victoria. Zum Käufer habe ich weiterhin Kontakt. Wie viel er genau damals gezahlt hat, weiß ich nicht mehr, aber es muss ein Spottpreis gewesen sein.

Nach einer launigen Sektfeier in einem Park wollten wir eigentlich nach Brisbane fliegen, weil dort Guidos Freundin ankam. Aber auf dem Flughafen wurde gestreikt. Also entschlossen wir uns, die rund 2.000 Kilometer mit dem Auto zu fahren. Nur: Wer von uns beiden sollte fahren? Und vor allem wann? Wir hatten ja etwas getrunken.

Ich weigerte mich, mich ans Steuer zu setzen. Guido indes übernahm noch am gleichen Abend den Wagen der Marke Holdon von der Autovermietung, und ich machte es mir auf der Rückbank bequem. Gegen Mitternacht klopfte er mir auf die Schulter: »So, jetzt bist du dran!«

Zunächst stellte ich mich quer: »Hey Guido, ich bin im Linksverkehr noch nie Auto gefahren. Und ich weiß überhaupt nicht, wo wir hin müssen.« Aber Guido meinte gelassen, ich könne gar nichts falsch machen. »Fahr immer nur bis zur nächsten Tankstelle«, sagte er, legte sich hin und pennte sofort ein.

Am nächsten Nachmittag kamen wir an. Nur ein Mal waren wir 30 Kilometer falsch gefahren, und wir ärgerten uns über eine Delle in der

Tür, weil uns ein Känguru in die Seite gelaufen war. Ich befürchtete einen Versicherungsfall und wollte damit nichts zu tun haben. Guido aber kam grinsend zurück, nachdem er dem Vermieter die verstaubte und verdreckte Karre zurückgegeben hatte. Ohne Beanstandung.

Wir wohnten in einem Appartement mit zwei Schlafzimmern und einer Küche. Guido kümmerte sich fortan mehr oder weniger nur noch um seine Freundin. So blieb mir nichts anderes übrig, als mich die restlichen sieben Tage unseres spannenden Australientrips alleine durchzuschlagen. Mal war ich in Surfers Paradise, mal lieh ich mir ein Motorrad oder ein Mountainbike.

Nach der Rückkehr aus Australien setzte ich mich trotz des Jetlags am nächsten Tag gleich wieder aufs Rad und begann mit dem Training für die kommende Saison. Meine Winterpause dauerte ganze sieben Tage. Beim ersten Mannschaftstreffen im Naturfreundehaus Heltersberg, wo meine Mutter Maria Hauswirtin war, zog das Team Stuttgart dann eine ernüchternde Bilanz: Aller Anfang ist schwer, anders konnten wir unser Premierenjahr nicht zusammenfassen. Wir hatten durchgehalten. Immerhin. Das Gehalt kam stets pünktlich. Auch das war gut. Aber die Erfolge blieben aus. Tiefer Frust.

Wir mussten uns verstärken, das war unbestritten. Es stießen vier neue Fahrer zu uns: Erwin Nijboer, der einst Helfer von Miguel Induráin gewesen war, dazu Peter Gänsler, Ad Wijnands und mein Bruder Hartmut. Das Team wuchs, die Arbeit wurde professioneller, und mit dem Sponsor Puma hatten wir einen etwas größeren finanziellen Spielraum.

Junger Meister in Altenkirchen

Meine Saisonvorbereitung im Winter muss gut gewesen sein. Der zehnte Rang im Gesamtklassement der Mittelmeer-Rundfahrt 1990, vor allem aber die kuriose Ankunft auf dem Mont Faron vor Peter Winnen und Charly Mottet imponierten Hennie Kuiper ebenso wie ein zweiter Etappenplatz bei der Baskenland-Rundfahrt. Meine erste dreiwöchige Landesrundfahrt konnte also kommen: Ich gehörte zum Team für die Vuelta a España, die damals noch im Frühjahr ausgetragen wurde. Meine Teamkollegen Bernd Gröne und Erwin Nijboer ließen mit Etappensiegen aufhorchen, ich dagegen kam nur ein einziges Mal unter die besten Zehn. Abgehakt, würde mancher sagen. Oder dabei sein ist alles. Für mich war diese Spanien-Rundfahrt 1990 aber mehr, viel mehr.

Wer milde Temperaturen auf der iberischen Halbinsel erwartet hatte, wurde eines Besseren belehrt. Kühl, windig, regnerisch war es, was die meisten Rennfahrer als ziemlich störend empfanden, weil sie nach der südlichen Sonne gierten. Aber Jammern zählte für mich nicht. Ein Radrennen ist eine Open-Air-Veranstaltung, man hat das Wetter zu nehmen, wie es kommt.

Meine innere Anspannung hatte ganz andere Gründe. Fragen über Fragen beschäftigten mich jungen und unerfahrenen Rennfahrer: Wie kann ich eine solch hohe Dauerbelastung wegstecken? Physisch, vor allem aber psychisch? Wie halte ich es drei Wochen lang mit denselben Teamkollegen oder dem immer gleichen Zimmergenossen aus? Wie steht's in einem solchen Rennen um meinen inneren Schweinehund, dem ich im Training so oft schon die Fratze gezeigt habe? Wo liegt mein Limit? Was ist, wenn ich die Grenze überschreite? Und, und, und.

Über allen Unwägbarkeiten lag der unbedingte Wille, diese Vuelta zu fahren und durchzustehen. Ich war verrückt danach, neue Erfahrungen zu sammeln. Ich wollte sie sogar erzwingen, um zu sehen, ob und wo sich der Spaßfaktor einpendelte.

Auf dem Zimmer lag ich wieder mit Dean Woods. Der Australier kam von der Bahn und hatte in Los Angeles 1984 bereits olympisches Gold mit dem Vierer und in Seoul 1988 Silber im Einzel und Bronze mit der Mannschaft gewonnen. Holtmann hatte ihn als Experten für die Teamzeitfahren verpflichtet. Bei einer Bergankunft in Estacion

Cerler auf der 17. Etappe aber kratzte Dean am Zeitlimit, kam ins Zimmer geschlichen, ließ sich aufs Bett fallen und klagte kleinlaut: »Ich denke, ich bin raus aus der Zeit und raus aus dem Rennen.« Fassungslos und ziemlich wortkarg entgegnete ich ihm: »Meinst du wirklich? Das wäre schade.«

Noch vor dem Abendessen überbrachte Hennie Kuiper die allseits erwartete Nachricht. Für mich und das Team war es eine gute Nachricht, denn Dean durfte weiterfahren. Aber war es auch für ihn eine wirklich frohe Botschaft? Ich war mir da nicht so sicher. Dean hatte sich von Tag zu Tag schlechter gefühlt und ging auf dem Zahnfleisch. Die Grundlage, die er als Bahnfahrer mitgebracht hatte, reichte einfach nicht für eine Karriere als Straßenfahrer. Ich dagegen blühte von Tag zu Tag mehr auf, wurde immer besser, immer stärker, steckte die Belastungen viel leichter weg.

Obwohl es Dean tatsächlich bis nach Madrid schaffte, war mir klar geworden, wie und warum sich Wege von Kollegen in einer Mannschaft wie die Spreu vom Weizen trennten. Ihm waren in Spanien seine Grenzen aufgezeigt worden, und ich wusste nach drei Wochen Vuelta, dass mir gerade solche langen Rundfahrten lagen.

Nach der Tour de Suisse, in der ich 19. wurde, trafen bei der Drei-Nationen-Meisterschaft in Altenkirchen zum ersten Mal die ehemaligen Staatsamateure aus der DDR auf die alten Konkurrenten der westdeutschen Nationalmannschaft. Ich holte dort meinen ersten nationalen Profititel auf der Straße vor Dariusz Kajzer und Christian Henn. Und auch in der Gesamtwertung lag ich vor Olaf Ludwig, der DDR-Meister wurde, und den Schweizern Tony Rominger und Urs Zimmermann. Es war ein früher Höhepunkt in meiner zweiten Profisaison.

Winfried Holtmann weinte im Ziel vor Glück, ich freute mich fast mehr für ihn als für mich. Unserem Anspruch aber, einen Startplatz bei der Tour de France zu ergattern, wurden wir trotz der Verstärkungen bei weitem nicht gerecht. Und so war schon im Sommer hinter den Kulissen die Entscheidung gefallen, dass ein neuer Sponsor den noch jungen Rennstall aus den Kinderschuhen führen und auf starke Beine stellen musste. Es war die Zeit, als sich der Telekom-Konzern aus der Deutschen Bundespost herauslöste.

Neuer Name, neues Glück

»Das Team Stuttgart heißt künftig Team Telekom.« Was wir Fahrer schon seit ein paar Tagen wussten, erzählte Winfried Holtmann der Fachwelt am 21. Januar 1991 beim Stuttgarter Sechstagerennen. Die Journalisten staunten nicht schlecht über den Coup. Die Mannschaft wurde auf 20 Fahrer aufgestockt. Darunter waren 14 Deutsche, und als einer der prominenteren Fahrer war der Schweizer Urs Freuler eingekauft worden. Er galt auf den Radrennbahnen dieser Welt als Spezialist im Punktefahren und für Sechstagerennen.

Ich hatte mit den personellen Entscheidungen nicht das Geringste zu tun, sie beschäftigten mich auch nicht. Klar war für mich nur, dass nun der Moment gekommen war, in dem ich mich auf Biegen und Brechen etablieren musste. In den eigenen Reihen war der Konkurrenzkampf lichterloh entbrannt. Nie war sichergestellt, wer welches Rennen bestreiten würde. Die Rechnung, einfach nur mit Handheben Ansprüche stellen zu können, ging nicht mehr auf. Leistungsnachweise in Eintagesklassikern oder Rundfahrten, das war das Mindeste. Für mich also beste Voraussetzungen. Vor allem, weil ich ein enorm hartes Wintertraining absolviert hatte. Phasen der Ruhe kannte ich nicht. Ehrgeiz und Lust gleichermaßen trieben mich an.

Hennie Kuiper führte das Team als Sportlicher Leiter in die erste Saison unter dem neuen Hauptsponsor. Auf dem Trikot war noch das Postzeichen zu sehen, leicht grau unterlegt. Die Teamfarben waren Weiß, Magenta und Schwarz. Wahrlich kein schönes Trikot, aber darauf kam es nicht an.

Ich startete mit dem achten Platz bei der sehr gut besetzten Mittelmeer-Rundfahrt und setzte damit ein Zeichen, musste dann aber zurückstecken, nachdem ich bei Paris-Nizza wegen einer Mandelentzündung hatte aussteigen müssen. Das ärgerte mich über die Maßen, weil mich die Infektion weit zurückwarf. Aber auch diese Angina hatte ihre gute Seite: Ich schwor mir, künftig das Risiko für Krankheiten möglichst gering zu halten und sehr behutsam mit meiner Gesundheit umzugehen.

Bei der Fernfahrt Paris-Nizza, dem ersten Saisonhöhepunkt im Süden Frankreichs, sah die gesamte Mannschaft verdammt schlecht aus – vor allem beim Teamzeitfahren. Zu viele mussten krank oder verletzt aussteigen, wir konnten uns dem neuen Geldgeber längst nicht so präsentieren, wie wir das wollten. Ziemlich unangenehm und peinlich war das, weil wir wussten, wie sehr er uns von Beginn an mit Argusaugen beobachten würde und wie wenig Geduld er aufbringen wollte.

Nicht Wasserträger, nicht Kapitän

Am Abend nach dem 250 Kilometer langen Amstel Gold Race am 27. April 1991 flog ich nach Spanien. Tags darauf trainierte ich leicht, und wieder einen Tag später stand ich am Start des Prologs der Vuelta. Drei Wochen Radrennen mit nur einem Ruhetag standen mir bevor. Natürlich hatte ich gehört, wie personell großzügig die anderen Teams zusammengestellt und wie viele Tage früher sie angereist waren. Und doch sagte ich mir trotzig: Udo, nicht nach links und rechts schauen, immer nur geradeaus. Jetzt gilt's. Vuelta, die Zweite.

Es reichte in den ersten Tagen immer für einen Platz unter den ersten Fünfundzwanzig, allerdings ohne nennenswerte Platzierung. Und dann folgte diese denkwürdige zehnte Etappe am 8. Mai. Am Tag zuvor waren wir noch bei herrlichem Wetter in Lloret de Mar angekommen. Doch nun: Regen, nichts als Regen. Es goss Bindfäden. 230 Kilometer lagen vor uns, und die Spanier klagten bereits am Start mit weinerlichen Mienen: »Oben am Etappenziel in den Pyrenäen schneit es.« War das möglich? Wir schauten uns verdutzt an.

Es geht nur noch den Berg hoch. Es wird feuchter und immer kälter. Der obligatorische Regenjackentausch bringt nur für Minuten etwas Linderung. Die großen etablierten Mannschaften besitzen immerhin Thermojacken. Aber wir? Nein, wir doch nicht.

Es fällt Schnee, der nicht liegen bleibt. Im Peloton wird langsam und leise getreten, aber heftig und laut diskutiert, als wir im Schneckentempo in einen Tunnel einfahren. Die frierenden Spanier wollen die Etappe boykottieren und halten an. Adrie van der Poel indes plädiert für Weiterfahren. Ein Wort gibt das andere, lautes aggressives Geschrei hallt durch den kalten dunklen Tunnel.

Van der Poel brüllt: »Es geht weiter, heute ist Radrennen. In Belgien halten wir auch nicht an, wenn es regnet.« Aus dem Tunnel heraus greift er an.

Wir Telekom-Fahrer blickten uns in die Augen. Ich sah die Situation genau wie der niederländische Querfeldeinspezialist Van der Poel vom Team Tulip und machte Tempo. Hier wird nicht gekniffen, sagte ich mir – im festen Glauben, dass zwar so mancher im Feld keine Lust, ich dagegen gute Beine hatte. Plötzlich war ein richtiges Radrennen im Gange. Die scheinbar gelähmten Spanier wachten auf und mussten hinterherbrummen, zugleich wurde es immer kälter und unmenschlicher. Alle holten sich nach und nach heißen Tee an den Autos. Thomas Dürst vom Panasonic-Team musste sich die Handschuhe während der Fahrt aufschneiden lassen. Olaf Jentzsch von der Tulip-Truppe zitterte so sehr, dass er nicht mehr geradeaus fahren konnte und in die Leitplanken raste, aber unverletzt blieb. Fast 20 Rennfahrer stiegen aus. Und dann kam er, dieser letzte Berg vor dem Ziel in Andorra.

Ich attackiere. Rotzfrech und vor Kraft strotzend, so fühle ich mich, kampfeslustig und voller Mut. Ich drehe mich um. Nur noch Guido Bontempi ist am Hinterrad. Ein großer mächtiger Kerl. Eine Kultfigur. Er hat vieles gewonnen. Ich dagegen noch gar nichts. Einträch-

tig kurbeln wir. Einen Kilometer noch. Da ist klar, dass wir zu zweit durchkommen.

Er ist ein guter Sprinter. Und ich? Okay, ein Kämpfer. Einer, der den Kopf nicht in den Sand steckt. Ganz dreist beschließe ich, ihn herauszufordern. Die Zielgerade steigt leicht an. 300 Meter noch bis zur Linie. Ich fahre von vorne, rechts an der Bande, verzögere das Tempo. Er beobachtet mich genau, tritt an, nimmt Maß. Das Loch zwischen uns klafft sofort auseinander. Mehr als zehn Meter, schätze ich. Ein bisschen zu viel des Guten, was ich da von mir verlange, saust es mir durch den Kopf. Ich habe keine Chance. Er lässt ausrollen, ich komme kaum näher. Aber ich bin Zweiter. Das ist wie ein Sieg.

Carrera-Mann Guido Bontempi war sich sicher, dass er mich schlagen würde. Ich aber war es nicht. Noch nie zuvor hatte ich Mann gegen Mann um einen Etappensieg gekämpft, entsprechend motiviert war ich die Sache angegangen. Trotz der Witterung. Denn Radrennen im Schnee und bei eisigen Temperaturen waren nichts Neues, und die Natur hatte mir ja glücklicherweise eine große Belastbarkeit sowohl gegen Hitze als auch gegen Kälte mitgegeben.

Am nächsten Vormittag fiel die Etappe wegen der extremen Wetterlage aus. Wir saßen im Hotel beim Frühstück, als Urs Freuler den Verlockungen nicht widerstehen konnte, in Andorra elektronische Geräte einzukaufen. »Ich geh' mal los, ich brauche noch einen Fernseher«, sagte er. Was Hennie Kuiper mit offenbar zu wenig Widerspruch quittierte: »Das macht man aber nicht. Wir sind hier auf einer Rundfahrt, da geht man doch nicht einkaufen.«

Kuiper schlug Freuler vor, lieber auf der Rolle zu trainieren oder die Beine hochzulegen. Doch davon wollte der Schweizer nichts wissen und zog los. Da wandte sich Kuiper uns zu und meinte nur: »Der kommt nicht bis Madrid.«

Der unverwüstliche Dean Woods und ich zeigten großen Respekt vor Kuipers Worten. Wir blieben zurück, gingen auf die Rolle, hielten

Mittagsschlaf, ließen uns pflegen. Am nächsten Tag fiel Freuler aus dem Zeitlimit. Er packte wortlos seine Koffer und machte sich auf zum Flughafen. Plötzlich hielten wir nur noch zu viert die Telekom-Fahne hoch.

Ich lag unter den ersten Zwanzig, als die vorletzte Etappe mit Start und Ziel in Destilaria Dyk anstand. Ein schwerer Rundkurs vor den Toren Madrids. Es ging durch die Berge von Segovia, wo Pedro Delgado zu Hause war, der Tour-de-France-Gewinner von 1988 und zweifache Vuelta-Sieger. Kuiper wollte auf keinen Fall meine gute Platzierung gefährdet wissen und machte mir Mut: »Es wird noch einmal schwer heute, Udo. Pass auf. Ich hoffe, dass du deinen Platz halten kannst.« Und ich beruhigte Hennie: »Keine Sorge, ich fühle mich sehr gut.«

Ich fuhr sogar in einer Ausreißergruppe mit, wurde Vierter und belegte am Ende meiner zweiten und zugleich letzten Vuelta den 17. Platz in der Gesamtwertung. Das machte 61 Punkte in der seit 1984 geführten Weltrangliste des Radprofiverbandes FICP. Damit schnitt ich als Bester unserer Mannschaft ab, die für den Sponsor Telekom ihre erste große Rundfahrt bestritten hatte. Ich war nicht als Kapitän gestartet, aber auch nicht als Wasserträger. Diese Frage war einfach offen geblieben. Jeder fuhr das, was er konnte.

Auch die Tour de Suisse lief außerordentlich gut, ich beendete sie auf dem zehnten Platz in der Gesamtwertung. Im Bergzeitfahren hinauf auf den Klausenpass trumpfte ich als Siebter auf und ließ dabei sogar Greg LeMond hinter mir, wobei mich die Nähe gerade zu diesem großen Rennfahrer, seine Aura und seine Leistungsbereitschaft sehr motivierten. Wieder sammelte ich FICP-Punkte und rückte in der Weltrangliste weiter auf. Nur, in Deutschland registrierte das keiner.

Immerhin, mit meiner Art zu kämpfen und meinem Willen zu glänzen, konnte ich Hennie Kuiper ein weiteres Mal überraschen. Längst hatte ich nachgewiesen, wo ich mich am wohlsten fühlte, nämlich in den Bergen, und was ich am besten konnte, nämlich Klettern. Wenn ich überhaupt Talent hatte, dann dafür. Mit meiner guten Vuelta erarbeitete ich mir eine Führungsrolle im Team. Aber helfen im klassischen Sinne konnte mir keiner.

Godefroot anstelle Holtmann und Kuiper

Was sich im Frühsommer hinter den Kulissen bereits abgezeichnet hatte, wurde im Juli immer konkreter, nachdem wir die Tour de France erneut verpasst hatten: Es würde einen Wechsel in der Sportlichen Leitung geben, das Team würde neu ausgerichtet. Im August fiel am Rande der Weltmeisterschaften in Stuttgart die endgültige Entscheidung.

Für die Manager von Telekom waren die ersten Monate des Jahres 1991 organisatorisch und sportlich nicht nach Wunsch gelaufen. Unseren Versuch, zur Tour de France zu kommen, sahen sie als halbherzig an. Er scheiterte wie 1989 und 1990 kläglich, und in Hennie Kuiper war der Schuldige schnell gefunden. Zunächst geriet der Holländer auf die Abschussliste, zumal sein Mentor Winfried Holtmann nach einem Herzinfarkt außer Gefecht war. Dann wurde auch der tapfer, aber unglücklich agierende Schwabe abgelöst.

In der Schweiz traf ich mit Detlef Thye zusammen, der im Marketing der Deutschen Telekom eine ganz wichtige Rolle spielte. Er erläuterte mir die Hintergründe: Der Markt der Telekommunikation wurde geöffnet, sein Konzern müsse sich im freien Wettbewerb durchsetzen und wolle deshalb in ein intensives Sportsponsoring einsteigen. Am liebsten mit einem deutschen Radteam, das Aufmerksamkeit erregte.

Thye hatte zuvor schon mit zwei Profikollegen über einen Wechsel gesprochen, die recht erfolgreich bei Histor-Sigma fuhren: mit Andreas Kappes, der im Frühjahr den Halbklassiker Het Volk gewonnen hatte, und mit Remig Stumpf. Beide erklärten offenbar, dass sie unter Hennie Kuiper nicht zu Telekom wechseln würden, sondern nur dann, wenn ein neues Management die Fäden in die Hand nähme.

Kuiper hatte aber nicht nur bei Thye, Kappes und Stumpf schlechte Karten. Auch ich ergriff keine Partei mehr für ihn, obwohl er mir in sehr vielen Situationen geholfen hatte und in sportlichen Belangen mein Ansprechpartner gewesen war. Zum einen hatte mir mein Bruder erzählt, dass Kuiper seine Karriere auf dem Gewissen hatte: Immer wieder sei er in Rennen geschickt worden, die Hartmut selbst nicht fahren wollte. Kuiper habe ihm die Moral genommen, versicherte er mir.

Zum anderen hatte der Holländer auch meinen besten Freund im Team, Guido Eickelbeck, immer wieder geschnitten. Guido sollte schon 1990 aus dem Team verbannt werden, wogegen ich Einspruch erhob. Ich bestand darauf, dass er auch für 1991 einen Vertrag bekam. Guido erhielt aber nur wenig Renneinsätze, ein Sturz beim Giro mit einem Schlüsselbeinbruch als Folge beendete seine Karriere. Ich habe mich später nie mehr so stark für einen Rennfahrer eingesetzt wie damals. Denn ich erkannte, dass es sinnlos war. Bei Vertragsverhandlungen habe ich mich fortan ausschließlich auf meine Sache konzentriert.

Unabhängig von meiner eigenen Einschätzung, eine neue Sportliche Leitung könne neuen Schwung ins Team bringen, waren die Fäden längst gezogen. Über Kappes und Stumpf sowie die Brüder Marc und Yves Madiot gab es Kontakte zwischen Telekom und Walter Godefroot, dessen Rennstall Domex-Weinmann aufgelöst worden war. Deshalb stand er als Teammanager mit dem gesamten Betreuerstab zur Verfügung. Und Godefroot traute man allenthalben eindeutig mehr zu als Holtmann. Außerdem galten die Madiot-Brüder als sichere Eintrittskarte zur Tour de France. Sie hatten in Frankreich einen hervorragenden Namen.

Marc konnte seinen Ruf noch im April zuvor eindrucksvoll unterstreichen, als er für RMO zum zweiten Mal den gefürchteten Kopfsteinpflasterklassiker Paris–Roubaix gewann. Zuvor waren beide jahrelang stark für Toshiba, Système U und Renault-Gitane gefahren.

Godefroot versicherte: »Wenn wir diese beiden Franzosen haben, schaffen wir die Qualifikation zur Tour.«

Ich konnte und wollte dazu nichts sagen, ich war mit mir beschäftigt. Thye hatte mir ein gutes Angebot unterbreitet, weil er meine Leistungen bei der Vuelta und der Tour de Suisse sehr wohl mit Interesse verfolgt hatte. Aber auch das Management von Tulip unter der Leitung von Jose De Cauwer machte mir ein lukratives Angebot. Sie drängten mich zu einer schnellen Entscheidung.

Schon zwei Tage nach dem ersten Gespräch mit Thye rief ein Tulip-Repräsentant an und kam gleich auf den Punkt: »Herr Bölts, wie sieht es aus? 100.000 Mark! Wir treffen uns auf einer Autobahnraststätte.« Ich wusste, wie gut Tulip organisiert war, und wollte über das Angebot nachdenken. Brian Holm, Adrie van der Poel, Luc Roosen, Allan Peiper, Søren Lilholt fuhren dort. Eine wirkliche Top-Truppe.

Ich rief meinen Ansprechpartner bei der Telekom an: »Herr Thye, ich könnte nächste Woche anderswo unterschreiben.«

Doch er ließ mich gar nicht erst ausreden: »Nein, Herr Bölts, nicht unterschreiben, ich melde mich bei Ihnen. Sie bekommen bei uns dasselbe Geld.« Er musste zuerst mit Godefroot reden.

Aber ich verstand das Signal sehr wohl. Ich war mir meiner Stärke bewusst und musste mein Licht als Leistungsträger nicht unter den Scheffel stellen. Außerdem lag ich mit Detlef Thye auf einer Wellenlänge. Die Chemie zwischen uns stimmte. Ich hatte großes Vertrauen zu ihm und sah in ihm einen Mann mit großem Weitblick im Radsport. Noch heute halten wir Kontakt zueinander. Thye leitet einige Projekte für karitative Zwecke. Jedenfalls sagte ich Tulip telefonisch ab, obwohl ich nun etwas in der Luft hing.

Die 100.000-Mark-Reise nach Gent

Als einziger Telekom-Mann fuhr ich im August 1991 die Weltmeisterschaft in Stuttgart, auf die ich mich mit Rolf Aldag, Kai Hundertmarck und der Amateur-Nationalmannschaft Peter Weibels in Colorado vorbereitet hatte. In der ersten gemeinsamen deutschen WM-Mannschaft nach dem Mauerfall standen sechs Fahrer aus dem Osten und sechs aus dem Westen. Betreut wurde sie von Rudi Altig in seiner typischen Art. »Morgen wird zusammen gefahren! Rolf ist der Kapitän, schaut, was ihr draus macht«, sagte er. Fertig.

Am nächsten Tag stellte Rolf Gölz, die Leitfigur in unserer zwölfköpfigen Mannschaft, dann im Finale eigene Ambitionen zurück und zog den Spurt für Kai Hundertmarck an, der auf dem schnellen Kurs Fünfter wurde. Ich selbst fühlte mich ausgebrannt und überhaupt nicht gut, fuhr das Rennen aber durch.

Der Radsport hatte zum damaligen Zeitpunkt in Deutschland keinen großen Stellenwert. Und selbst die WM im eigenen Land brachte keinen zusätzlichen Schub und auch keine Motivation. Jedenfalls nicht für mich, der Etappenrennen sehr viel höher einstufte. Aber der Sponsor Telekom hielt an seiner Vision fest, mit einem Radrennstall den Bekanntheitsgrad als Marke zu steigern.

In diesem Team sah auch ich meine Zukunft. Im Spätsommer 1991 fuhr ich mit meinen Peugeot zu Walter Godefroot nach Gent - ein eigens gekaufter Stadtplan griffbereit auf dem Beifahrersitz. Es war das erste und letzte Mal, dass ich bei ihm zu Hause war. Außer ihm begrüßten mich zwei Rottweiler. Einige Betreuer saßen in einem großen Zimmer an einem Tisch und verrechneten Bons oder Quittungen. Godefroot stellte mich ihnen vor, aber irgendwie nahmen sie mich nicht wahr.

Er trat als harter Geschäftsmann auf. Na ja, sagte er, er finde die 100.000 Mark, die Thye ihm gegenüber als Verhandlungsgrundlage genannt hatte, seien ein bisschen viel Geld für mich. Aber er müsse das doch verstehen, antwortete ich, die 100.000 entsprächen nach den guten Ergebnissen dieser Saison schon dem, was ich wert sei. Zwar hätte ich ein zweites gutes Angebot, würde aber gerne in dieser deutschen Mannschaft bleiben, sagte ich. Viel verhandelt wurde nicht.

Er zahle das geforderte Gehalt ja, meinte Godefroot. »Sowieso«, wie er zu sagen pflegte. Aber er finde es trotzdem ein bisschen viel Geld. Ich müsse meine Leistungen erst noch bestätigen, er werde ein waches Auge darauf haben. Rund eine Stunde saß ich in seinem Wohnzimmer, verließ es nach seinen zögerlichen Einlassungen doch ziemlich unsicher und mit enormem Druck. Aber eben auch mit einem ab Januar 1992 gültigen Vertrag in der Tasche.

Erst daheim in Heltersberg realisierte ich in einer ruhigen Stunde und in Gesprächen mit meinem Vater und meinem Bruder, dass ich künftig in einer neuen Mannschaft mit neuen Zielen nicht mehr der Frontmann sein würde. Dafür wurden andere eingekauft. Als ich sehr viel später erfuhr, was jene verdienten, erschienen mir meine 100.000 Mark brutto im Nachhinein als ein ziemlich lächerlicher Lohn.

Ich würde wieder klein und ganz unten anfangen müssen, dachte ich. Das aber war ein riesiger und idealer Ansporn für mich. Ich startete anschließend noch bei einer Provinz-Veranstaltung in Holland und bei ein paar Rennen in Belgien, belegte den sechsten Platz bei der Nissan-Classic in Irland und feierte den fast schon traditionellen Abschluss einer wiederum sehr langen Saison in Australien.

Schnitzel mit Pommes am Mount Buller

Nach der Herald Sun Tour, die ich als Dritter beendet hatte, feierten wir wieder einmal. Und wie! Ich muss ziemlich viel Alkohol getrunken haben, so schlecht wie es mir am nächsten Morgen ging. Für das 245 Kilometer lange Mount-Buller-Rennen mit Start in Melbourne war ich eigentlich nicht bereit. Aber es gab gutes Preisgeld, das mein Bruder Hartmut, Christian Henn und ich einstreichen konnten. Wer will schon über ein Urlaubsgeld von 2.000 australischen Dollar klagen?

Wir rasierten uns zum Zeichen der Attacke die Beine, Christian putzte mir sogar noch das Rad, weil ich selbst elendig in den Kissen hing. »Jetzt reiß' dich aber mal zusammen«, forderte er mich lautstark auf.

Dann düsten wir nach Melbourne. Außer ein paar Cornflakes, die ich mir mit Gewalt reindrückte, konnte ich nichts essen. Im Rennen ging es vom Start weg richtig zur Sache, und schon bald rollte ich in einer Ausreißergruppe mit. Es lief die 13 Kilometer hinauf auf den Mount Buller überraschend gut. Vergessen war der Kater. Drei Kilometer vor dem Ziel attackierte ich die Gruppe, bis ich auf einen Schlag einen Hungerast mit dem dafür typischen Flimmern vor den Augen bekam. Ich nahm die fünfprozentige Steigung im Zickzack-Kurs, kaum noch etwas schien mich im Sattel zu halten. Hartmut, der schon vorher ausgestiegen war, gab mir aus dem Begleitfahrzeug heraus Feuer: »Was ist denn los? Iss noch was!«

Ich wollte zurückbrüllen, aber es reichte nur zu einem lauen »Geht nicht, kann nicht mal mehr kauen«.

»Das ist nicht schlimm, deinem Verfolger geht es nicht besser, der liegt über zwei Minuten zurück und fährt auch zickzack«, versuchte Hartmut mir Beine zu machen. Ich rettete mich tatsächlich als Sieger ins Ziel, wo ich zusammensackte und erst einmal in das nahe gelegene Hotel-Restaurant getragen wurde. Dort habe ich, in eine Decke gewickelt, innerhalb von drei Minuten ein Schnitzel mit Pommes verdrückt.

Christian Henn, Hartmut und ich hatten uns das Abenteuer in *Down Under* selbst organisiert und in Australien unter anderem den 60. Geburtstag unseres Vaters Georg gefeiert, der mit großer Begeisterung mitgereist war. Hartmut beendete nach dieser Saison seine Karriere auf der Straße und wechselte ins Marin-Mountainbike-Team.

Teamtreff am Titisee

Im Spätherbst 1991 übernahm Walter Godefroot die Regie über das neue, viel versprechende Team Telekom. Wir trafen uns Anfang Dezember für vier Tage in Neustadt am Titisee zum ersten Mannschaftstreffen. Ich fühlte mich wie ein Zweitliga-Fußballer, der beim FC Bayern München zum allerersten Mal ins Training reinschnuppert.

Die Madiots, Uwe Ampler, Kappes, Stumpf, das waren die vermeintlichen Größen im Team, die zu entsprechend großen Taten auserwählt waren.

Das hervorragend vorbereitete Treffen trug Godefroots Handschrift. Er hatte das Pressebüro Sponsor Partners engagiert, für das Tilman Falt und Matthias Wieland ideenreich arbeiteten, und begründete diesen Schritt mit der immer wichtigeren Zusammenarbeit mit Journalisten. Der Auftritt nach außen sei ungeheuer bedeutsam. Sehr schnell war mir klar geworden, dass hinter diesem Konzept der Sponsor steckte, der sein Geld nicht zum Spaß investierte. Die Telekom knüpfte noch größere Erwartungen an uns als im Jahr zuvor, unsere Leistungen und sein Engagement wollte der Konzern auch in den Medien gewürdigt wissen.

Ich tauchte in eine neue Welt ein. Zwar identifizierte ich mich umgehend mit der neu aufgestellten Mannschaft, verhielt mich aber erst einmal mucksmäuschenstill und spitzte nur die Ohren. Ich wollte die anderen, ihren Charakter und ihre Einstellung zum Job und zum Team möglichst schnell kennen lernen. Ansprüche stellte ich keine. Ich beharrte weder auf besonderen Rennen, die ich gerne fahren würde, noch forderte ich mehr Räder - auch wenn ich zu gerne zwei Räder für Querfeldeinrennen gehabt hätte, wie der eine oder andere im Team sie bekam.

Wir redeten ein bisschen über unser Rennprogramm, meine Frage nach einem Trainingslager beschied Godefroot überraschend negativ: »Sie können zu Hause trainieren, Sie werden noch genug unterwegs sein.« Okay, dachte ich ein wenig verstimmt, wenn das Wetter mitspielt, sollte das kein Problem sein. Dann setze ich mich eben im Dezember wie gewohnt in den heimatlichen Gefilden aufs Rad. Gedacht, getan. Ich trainierte wie ein Besessener. Meine Trainingspläne schrieb ich selbst oder gemeinsam mit meinem Vater, und bei Kappes und Stumpf informierte ich mich immer mal wieder über deren Programm.

Auch im Januar 1992, als andere Teams in den Süden flogen, begnügten wir uns mit der beinharten Arbeit in der Heimat. Selbst im Februar, in dem ich in den Jahren zuvor die Mittelmeer-Rundfahrt bestritten hatte, bekam ich zunächst keine südliche Sonne zu sehen. Erst am 20. Februar begann offiziell mein Leben als Rennfahrer unter Walter Godefroot, und zwar bei der Sizilien-Rundfahrt, wo mit ihm auch Frans Van Looy als Betreuer arbeitete. Die beiden gaben das Rennen als Trainingsmaßnahme aus und erwarteten keine besonderen Ergebnisse. Ein verspätetes Trainingslager unter Rennbedingungen also.

Bei Tirreno–Adriatico qualifizierte ich mich für mein erstes Rennen, das zumindest inklusive der Neutralisation über mehr als 300 Kilometer führte: Mailand–San Remo.

»Delgado, wo bleibst du?«

Anfang April 1992. Wir bestritten die Baskenland-Rundfahrt, bei der sich wieder einmal Kälte und Schnee als Schreckgespenster durch das Fahrerfeld trieben. Auf der Etappe mit Bergankunft auf dem Alto Ibardin fuhr ich in einer handverlesenen Gruppe mit Tony Rominger, Alex Zülle, Pedro Delgado, Johan Bruyneel, Federico Echave, Davide Cassani. Das waren Radsportgrößen, zu denen ich ehrfurchtsvoll, aber keineswegs ängstlich aufschaute. Den Schlussanstieg kannte ich nicht.

Die Gruppe schlägt ein eher gemächliches Tempo an. Mir wird es zu langsam, ich attackiere mutig. Schnell wächst der Vorsprung. Mutterseelenallein und ziemlich leichtfüßig ziehe ich durch. Vier Kilometer noch, ich schiele nach hinten. Ungläubig sehe ich, dass Pedro Delgado fast schon an meinem Hinterrad klebt. Ich lasse drei, vier Tritte aus, verlasse die Linie und fordere ihn mit einem Handzeichen auf zu führen. Aber der Spanier schüttelt unmissverständlich den Kopf.

Ob er kaputt ist? Anders verstehe ich seine Reaktion nicht. Bei der zweiten höflichen Aufforderung gibt er mir zu verstehen, dass das Ziel doch gleich komme. Ach so, das ist der ganze Trick: Dieser große, unschlagbare Herr Delgado fährt auf Etappensieg.

Ich komme ins Grübeln, meine Gedanken drehen sich nur noch um Platz zwei. In einer Linkskurve stehen Betreuer aus meiner Mannschaft. Endlich dringt irgendeine Art von Information zu mir durch, denn Funk gibt es zumindest an diesem Tag und in dieser wichtigen Phase nicht. Einer schreit: »Achtung Udo, das wird jetzt richtig steil. Kleinster Gang, kleinster Gang!«

Noch eine Linkskurve. Da ist sie, die Rampe. Ich kette 41/21, will pokern und probieren, gehe aus der Führung. Ganz cool, im Wissen, dass es zum Ehrenplatz auf alle Fälle reicht. Delgado rollt heran und fixiert mich. Wir schauen uns in die Augen. Lange und intensiv. Es rattert in meinem Kopf. Ich darf nicht zu früh angreifen! Jetzt attackiert er gleich! Oder soll ich doch...? Am 200-Meter-Schild bin ich mir sicher: Jetzt oder nie. Ich gehe aus dem Sattel. Wo bleibt er?

Delgado, wo bleibst du?

100 Meter, noch 70, 40, 20. Die Linie. Der Sieg. Der erste große Sieg. Ich bin so von den Socken, dass ich die Arme gar nicht hochreiße. Erst hinter dem Ziel ist Delgado wieder bei mir, klopft mir auf die Schulter und stellt den Daumen nach oben.

Am nächsten Tag äußerte sich Pedro Delgado in der Zeitung erstaunt über »den jungen unbekannten Deutschen«, dem er nicht zugetraut habe, ihn an diesem Berg zu schlagen. Es war mein erster Triumph. Vor Delgado, Rominger und Zülle. Der erste große Erfolg für das Team Telekom! Ich hatte die schwerste Etappe der Baskenland-Rundfahrt gewonnen und meine unerschütterliche Liebe zu dieser Region entdeckt.

Frans Van Looy und all die anderen erfuhren vom Erfolg erst, als ich zu ihnen nach unten gerollt war. »Ja, gewonnen«, schrie ich ihnen entgegen. Sie rissen mich fast vom Rad, umarmten mich und wischten ihre Freudentränen aus den Augenwinkeln. Am Abend ließen wir es krachen und machten eine Party. Als ich zu Hause anrief, war die Nachricht schon durch. Per Videotext, denn Live-Bilder gab es damals nicht. Die Rundfahrt beendete ich als 19. im Gesamtklassement.

Die Ernüchterung ließ aber nicht lange auf sich warten. Bei den Ardennenklassikern Flèche Wallone und Lüttich-Bastogne-Lüttich, in die wir mit großen Hoffnungen gegangen waren, schnitten wir enttäuschend ab. Vor allem Godefroots Asse wie Ampler und Stumpf blieben hinter den Erwartungen zurück. Auch ich fuhr sehr schlecht, ließ mich aber nicht unterkriegen. Schon damals gewöhnte ich mir an, nur von Rennen zu Rennen zu denken. In diesem Fall also an die nächste richtig große Herausforderung, an den Giro d'Italia.

Es gab keine schönere Motivation für diese dreiwöchige Rundfahrt als meinen Sieg im Baskenland. Denn einerseits registrierte ich, dass es bei den anderen in der Mannschaft nicht wirklich gut lief, andererseits wusste ich, dass das Team Telekom so gut wie sicher im Juli seine erste Tour de France bestreiten würde. Ich konnte mir also eine kleine Chance auf meine Tour-Premiere ausrechnen. Bedingung war ein superguter Giro.

König von Pila

Der Giro d'Italia 1992 begann, nachdem wir zuvor noch die Tour de Romandie gefahren waren, am 24. Mai in Genua und führte zunächst in Richtung Süden. Ich weiß den Tag und die Etappe nicht mehr, aber irgendwo bei Neapel überstand ich einen Sturz nur mit peinigenden Schmerzen und ziemlich viel Glück. Im Schlussspurt hatte sich ein Zuschauer zu weit nach vorne gebeugt und ein, zwei Rennfahrer vom Rad gerissen. In hohem Bogen flog ich über die Gestürzten und schlug mit dem Kopf auf dem harten Asphalt auf. Da wir keine Helme, sondern Sturzringe trugen, drückten sich im Nu sechs Beulen durch die Zwischenräume. Noch mehr ärgerte ich mich aber über die von der Jury aufgebrummten Sekunden, weil der Sturz bereits 1.200 Meter vor dem Ziel passiert war. Die Regel besagt ja bekanntlich, dass nur diejenigen keinen Zeitrückstand angerechnet bekommen, die auf dem letzten Kilometer stürzen.

Beim Duschen im Hotel fühlte ich mich recht normal, aber noch vor dem Essen musste ich mich auf der Toilette mehrfach übergeben. Starke Kopfschmerzen quälten mich so sehr, dass ein Masseur mich erst einmal ins Bett schickte und das Zimmer verdunkelte. Von einer leichten Gehirnerschütterung war die Rede. Der Giro stand plötzlich für mich auf der Kippe. Frans Van Looy spekulierte am Abend, es sei wohl nicht ideal, mit solchen Sturzfolgen anzutreten. »Aber wenn es morgen früh besser ist, dann probiere ich es«, versicherte ich ihm und dachte: So schnell lass' ich mich doch nicht unterkriegen.

Es heißt immer, der erste Tag nach einem Sturz sei erträglich, der zweite aber könnte sehr problematisch werden. Genauso kam es. Am zweiten Tag nach dem Unfall schaffte ich mit Müh' und Not das Zeitlimit. Ich konnte nichts essen, rettete mich nur mit kalten Wasserduschen über die Etappe, kam mit den Letzten ins Ziel und bezweifelte sehr, ob es richtig war weiterzufahren.

An diesem Abend, nach einer Woche beim Giro, sah ich meinen Ausstieg gekommen und – viel schlimmer – in Sachen Tour de France meine Felle davonschwimmen. Masseur Jeff d'Hondt versuchte, mich zu beruhigen: »Das ist normal nach so einem Sturz, das kann passieren. Lass den Kopf nicht hängen.«

Ich war schwer sauer auf den Zuschauer, auf die vor mir gestürzten Rennfahrer und auf mich, der so unklug agiert hatte. Dieses Pech nagte an mir. Aber es gibt Tage, an denen man aufwacht und nichts mehr ist, wie es war. Ein solcher Tag kam über Nacht.

Die *Gazzetta dello Sport* kündigte die Königsetappe des Giro über 260 Kilometer von Saluzzo nach Pila an. Wenn in dieser Rundfahrt noch etwas passieren würde, was den Spitzenreiter Miguel Induráin in Bedrängnis bringen könnte, dann heute, stand da zu lesen. Es war der 11. Juni 1992. Ein Meilenstein in meiner Karriere.

Frühe Kampfhandlungen, große Ausreißergruppe. Der Portugiese Acacio da Silva von Festina erklärt mir auf Nachfrage: »Es wird sehr schwer. Pila liegt ganz verwinkelt hoch oben.« Ein Ausscheidungsrennen ist im Gange. Zwischen Ramón Gonzáles Arrieta, Acacio da Silva, Giancarlo Perini und mir. Da Silva muss abreißen lassen, Arrieta trumpft auf. Perini und ich einigen uns darauf, bis zum Fuß des letzten Berges gemeinsame Sache zu machen. Danach solle jeder tun, was er kann.

Wir beide verstehen uns glänzend. Ich registriere voller Achtung seinen Ehrgeiz. Er schwächelt ein wenig, umso mehr freue ich mich über seinen Willen. Arrieta führt mit rund eineinhalb Minuten Vorsprung.

Als Frans Van Looy mit dem Auto nach vorne gerast kommt, weiß ich, dass der Vorsprung auf die nächste Gruppe groß genug ist. Perini zu schlagen, sehe ich nicht als Problem an, und wieder einmal, wie in den Zweikämpfen mit Bontempi und Delgado, gibt mir die Hoffnung auf einen zweiten Etappenplatz mehr Kraft und Motivation, als dass mich Angst lähmen könnte. Wunderbar!

Sechs Kilometer vor dem Ziel der Etappe überfallen mich Krämpfe in den Waden. Völlig überraschend. Aber ich weiß mir zu helfen, fahre einen kleinen Gang, trete mal im Sitzen, mal im Stehen, ohne groß an Geschwindigkeit zu verlieren. Perini tröstet mich, bevor er mich ziehen lassen muss: »Es ist bald vorbei.«

Frans versichert mir, dass vorerst von hinten keine Gefahr droht. Ich müsse nur meinen Tritt weiter halten, meint er und schreit plötzlich: »Dort fährt der andere. Auf Udo, komm.« Ich hebe meinen Kopf und stiere nach vorne. Tatsächlich, die Begleitfahrzeuge von Arrieta. Das kann doch gar nicht sein. Ich glaube, Arrieta bricht ein. Ein Blitzgedanke, der eine Menge Adrenalin freisetzt. Frans schreit: »Noch 30 Sekunden!«

Aber die Wade krampft immer noch empfindlich. Als ich ihn hundert Meter vor mir habe, blase ich zur Attacke. Ich hole tief Luft und überhole ihn mit großem Schwung. Arrieta hat sich völlig übernommen.

Noch zwei Kilometer. Da realisiere ich, dass ich diese Königsetappe gewinnen werde. Frans hämmert so euphorisch mit den Fäusten auf die Autotür, dass meine Gedanken nur seiner Hand gehören: Hoffentlich bricht er sie sich nicht.

Dieses Mal habe ich alle Zeit der Welt. Ich fahre in vollem Bewusstsein und aufgerichtet über die Ziellinie, hebe beide Arme und bekreuzige mich.

Die italienischen Medien strickten am nächsten Tag eine große Geschichte daraus. Ein Deutscher, der sich bekreuzigt. Woher das kommt, wollten sie wissen. Sie wussten natürlich nicht, dass ich ein gläubiger Mensch bin.

Ich habe später erfahren, dass der Fortbestand des Teams damals auf der Kippe gestanden hatte. Nachdem die Tour-Teilnahme doch nicht mehr so sicher war, berieten die Telekom-Manager, wie es weitergehen könnte. Doch dann hörten sie in Bonn, wie Jürgen Emig und Herbert Watterott meinen Sieg in Pila so euphorisch in den dritten Programmen kommentierten. Erste Krisengespräche, ausgelöst durch das enttäuschende Abschneiden der als Stars teuer eingekauften und immer noch sieglosen Top-Fahrer, wurden im Keim erstickt. Ausgerechnet ich hatte schon den zweiten Sieg für das Team Telekom geholt. Es war unglaublich. Eigentlich auch für mich.

Den wichtigsten Satz sprach dann Walter Godefroot: »Udo, du stehst im Aufgebot für die Tour de France.« Ich rief umgehend meinen Vater an, der es auf den Punkt brachte: »Udo, du bist am Ziel. Du fährst die Tour. Das Rennen, das jeder Rennfahrer einmal gefahren haben muss.« Für meine Familie war dies ja kein Neuland, denn Hartmut hatte schon 1989 die Frankreich-Rundfahrt bestritten.

Der Giro d'Italia endete am 14. Juni. Wieder hatte ich drei Kilogramm Gewicht verloren und eine ganze Menge Erfahrung und Selbstbewusstsein dazugewonnen. Zu Hause setzte ich nur einen Tag aus und trainierte ansonsten gleich wieder sehr hart. Sechs Tage später reisten wir zur Puglia-Rundfahrt an. Dieses Etappenrennen führte durch die Stiefelspitze Italiens bei Bari, wir nächtigten in einem grottenschlechten Hotel. Uwe Ampler trat demotiviert auf und versuchte nur, die Stimmung herunterzuziehen. Auch mir kam das Programm knochenhart vor.

Am 25. Juni kehrten wir nach Deutschland zurück, am 27. Juni gewann Heinrich Trumheller für Helvetia die Deutsche Meisterschaft, am 2. Juli reisten wir zur *Grande Boucle* nach Frankreich.

TOP 12

DIE SCHWERSTEN BERGE

L'Alpe d'Huez

Der Center Court der Tour de France. Das Wembley-Stadion des Radsports. Einmal Dritter und einmal Siebter. Im Jahr 2004 bin ich im Vorbereitungstrainingslager mit den Gerolsteiner-Jungs innerhalb von 24 Stunden dreimal hochgefahren und einmal hochgelaufen. Man fährt hin und spürt den Mythos dieses Berges.

Lagos de Covadonga

Das erste Mal in meiner Profikarriere, dass ich 39/25 an einem Berg fahren musste.

Col du Galibier

Ich kenne ihn im Regen und in der Kälte, im Gefühl der Hilflosigkeit, als »Ulle« 1998 das Gelbe Trikot verlor. Ich kenne ihn als Backofen, der den letzten Tropfen Schweiß aus dir holt. Ich mag ihn nicht.

Der Col du Galibier bei der Tour 2005.

Mauer von Huy

Der Schlussanstieg beim Flèche Wallone. Liegt mitten in der Stadt. Ich fuhr ihn so oft wie kaum einen zweiten. Einmal bin ich nur mit der Hilfe von Zuschauern drübergekommen. Von einem Hungerast gequält, brauchte ich die ganze Straßenbreite. Aber: Ich fuhr durch und widerstand der Versuchung, schon zu Beginn des Anstiegs in die einladende Straße abzubiegen, die zu den Duschen führte.

Gran Pietra

Vielleicht der schwerste Berg, den ich je gefahren bin – mit 39/28. Aber optimal wäre ein Mountainbike.

Col de la Madeleine

Ein Scharfrichter in der Tour de France, bei dem ich immer ein komisches Gefühl im Magen hatte, egal von welcher Seite. Einmal hat Armstrong an diesem Berg seine Show abgezogen und den schwachen Mann markiert. Rudy Pevenage wurde damals ganz hektisch über Funk: »Super Jungs, Armstrong sieht ganz schlecht aus, fast seine ganze Mannschaft ist schon abgehängt. Gebt alles!« Das machten wir dann auch, um abends im Fernsehen zu sehen, wie Armstrong später nach L'Alpe d'Huez hoch alle stehen gelassen hat.

Marmolada

Moreno Argentin hat nie eine Schwäche, dachte ich. Doch am Marmolada fuhr er zickzack und brauchte die ganze Straße. Mir ging's aber auch nicht besser.

Passo del Mortirolo

Am 5. Juni 1994 dachte ich: Mein Gott, heute läuft's, das könnte reichen für den Etappensieg. Eine Übersetzung von 39/25 im Stehen, guter Rhythmus, da kam ein gewisser Herr Pantani vorbeigeflogen. Ich hatte das Gefühl, ich fahre rückwärts.

Côte de la Redoute
Lüttich-Bastogne-Lüttich war eines meiner Lieblingsrennen. An der La Redoute aber haben fast immer Kopf und Beine versagt. Wenn man 39/23 am Anschlag fährt und Frank Vandenbroucke attackiert mit 41/21, wünscht man sich einen Tunnel.

Col de Restefond / Col de la Bonette
Mit 2.802 Metern der höchste je bei der Tour gefahrene Pass. In meiner Zeit wurde er nur 1993 überquert. Robert Millar war als Erster oben. Ich hielt lange in der Gruppe um Induráin mit, blieb immer am Hinterrad von Zenon Jaskula. Der Berg ist nicht so steil, aber sehr, sehr lang. Er nahm kein Ende.

Col du Tourmalet
Der Mount Everest der Pyrenäen. Ob guter oder schlechter Tag, man ist froh, wenn es vorbei ist. Die Abfahrt im Regen ist etwas für Selbstmörder. 2002, als die Etappe knapp vier Kilometer vor der Passhöhe in La Mongie endete und ich erst in der vierten Gruppe ins Ziel kam, meinte ein Telekom-Verantwortlicher: »Das war aber heute nichts Besonderes, Herr Bölts.« Die Nacht davor hatte ich noch Schüttelfrost und leichtes Fieber und war froh, überhaupt dabei zu sein und nicht im Besenwagen zu sitzen.

Mont Ventoux
Kahl, einsam, trostlos, unwirklich. Er steht nur so in der Landschaft rum, um die Rennfahrer zu quälen. So denkt man wirklich, wenn man ihn sieht.

Der Webtipp für Alpen- und Pyrenäentouren: ***www.quaeldich.de***

KAPITEL 4

TOURJAHRE

Das ist sie also, die Tour der Leiden

Da stand ich nun in San Sebastián. Ohne Gänsehaut und wirklich kein bisschen nervös. Lediglich in freudiger, fast gieriger Erwartung des Ereignisses, auf das ich so beharrlich und ehrlich hingearbeitet hatte. Nur noch Stunden bis zum Startschuss zu meiner ersten Tour de France. Am Vorabend des Prologs, es war der 3. Juli 1992, schlich ich zwischen Massage und Abendessen noch schnell mal um den Technik-Lkw des Teams Z-Peugeot und bestaunte das enorm innovative Material, das Greg LeMond aus den Staaten mitgebracht hatte: ein Karbonrad mit einem auf Greg zugeschnittenen Lenker. Ich nahm es auch mal in die Hand, einfach sagenhaft. Für mich als Technikfreak ein Traum von Rennrad.

Der Amerikaner machte sich in San Sebastián auf den Weg zu seinem vierten Tour-Sieg nach 1986, 1989 und 1990. Aber er sollte, wie im Jahr zuvor, seinen Meister im eleganten Spanier Miguel Induráin finden, der gleich mit seinem Prologerfolg ein deutliches Zeichen setzte. LeMond indes enttäuschte in dieser Tour und stieg auf der 14. Etappe aus.

Der Kurs führte im Uhrzeigersinn zunächst nach Norden, dann über Brüssel und Valkenburg nach Deutschland, was für das Team Telekom bei seiner Tour-Premiere ein absoluter Glücksfall war. Der Sponsor nutzte die günstige Streckenführung zu einem imposanten Werbefeldzug, auf den Jens Heppner auch noch genial aufsprang. Bei der Etappe nach Koblenz sprintete er hinter dem Belgier Jan Nevens auf den zweiten Platz und legte dort den Grundstein für seinen zehnten Rang in der Gesamtwertung. Das war mehr als ein Achtungserfolg. So viele deutsche Topplatzierungen bei der Tour hatte es bis dahin wahrlich nicht gegeben.

Strategie und Glück gingen Hand in Hand. Die Mehrheit der deutschen Radsportfans wusste »Heppes« Erfolg damals zwar noch nicht recht einzuordnen. Dennoch spürten wir entlang des Parcours, wie sehr die Menschen in Deutschland seit den Erfolgen eines Didi Thurau gegen Ende der siebziger Jahre auf einen Neuanfang gewartet hatten. Endlich wieder ein deutsches Team bei der »großen Schleife«! Ob beim Einzelzeitfahren in Luxemburg, das Induráin dominierte, ob in Straßburg, am Grand Ballon in den Vogesen oder in Mulhouse: Überall am Straßenrand wurde Deutsch gesprochen, schwarz-rot-gold gewunken und uns lautstark zugejubelt.

Mit uns feierte auch Marcel Wüst im Trikot von RMO seinen Tour-Einstand, aber die deutsche Welle der Begeisterung erlebte er nicht mehr mit, weil er schon auf der ersten Etappe am Alto de Jaizkibel gestürzt und mit einem Schlüsselbeinbruch ausgeschieden war.

Bald schon nach der Fahrt durch das Elsass folgte an einem der heißesten Tage des Jahres die außerordentlich schwierige 13. Etappe nach Sestriere. Bei der Durchfahrt in Suosa zeigte das digitale Thermometer an einer im Schatten liegenden Apotheke 42 Grad Celsius. Mein Gott, welch eine Hitze, kaum zum Aushalten. Claudio Chiappucci witterte genau in diesem Brutkasten seine Chance, machte sich schon sehr früh auf die Flucht und hielt die Attacke über 200 Kilometer und den Col de l'Iseran bis zum Ziel durch. Es dürfte in der Geschichte der Tour de France eine der längsten Solofahrten gewesen sein, die erfolgreich endete.

Jens Heppner und ich konnten bis an den Fuß des letzten Berges in der Gruppe um Induráin mitfahren, mussten sie dann aber ziehen lassen. »*El Diablo*«, wie die italienischen Fans ihren angriffslustigen Liebling Chiappucci nannten, verringerte mit seinem Sieg zwar den Rückstand auf Induráin, aber er konnte nicht verhindern, dass der Spanier in Sestriere dem Franzosen Pascal Lino das Gelbe Trikot abnahm und es nach Paris trug. »Unglaublich«, sagte der Italiener damals über Induráin: »Du mobilisierst die letzten Kräfte und bist erschöpft, dann schaust du ihm ins Gesicht und entdeckst nicht die geringste Spur der Anstrengung.«

Ich saß schon frisch geduscht auf dem Bett im Zimmer des Hotels *Club Med*, als der ansonsten hellhäutige Etienne De Wilde rot verbrannt hereintaumelte. Mit ihm, der 1989 in Bordeaux und 1991 in Dijon schon Tour-Etappen gewonnen hatte, teilte ich die Bude. Er fiel zu mir aufs Doppelbett und klagte: »Warum mache ich das nur? So eine Quälerei! Wenn ich mich heute nicht mehrfach an einem Auto festgehalten hätte, wäre ich raus. Ich habe es gerade noch so geschafft.« Sagte es, kippte langsam um und schlief im verschwitzten Trikot ein. Als der Masseur anklopfte, meinte er gelassen: »Den lassen wir jetzt mal schlafen, komm du zuerst mit, Udo!« Der große Etienne lag da wir ein Häufchen Elend. Das ist sie also, die Tour der Leiden, dachte ich für mich. Wie schwer muss es für Sprinter sein, in den Bergen das richtige *Gruppetto* zu erwischen.

Ganz anders Miguel Induráin. Nachdem ich am drittletzten Tag mein Rennen über 65 Kilometer schon absolviert hatte, beobachtete ich ihn auf dem Zeitfahrkurs von Tours nach Blois. Was hatte dieser Spanier für eine Aura! Mit welcher Leichtigkeit und Eleganz er seine Maschine bewegte! Unglaublich. Und trotz seiner Dominanz kannte Miguel keine Feinde und keine Neider im Peloton. Er war nie aufbrausend, immer zurückhaltend, nie aggressiv oder stoffelig, immer freundlich. Ein besonderer, ein wertvoller Mensch. Ein Meister. Einer, der ein unglaubliches Gespür für das Rad und für den Parcours entwickelte. Einer, der immer die richtige Übersetzung trat, nie zu schwer und nie zu leicht. Ganz gleich, ob am Berg oder im Zeitfahren. Es war genau, wie es Chiappucci beschrieb: In Miguels Gesicht deutete nichts auf Ermüdung hin. Es wunderte keinen, dass er zwischen 1991 und 1995 fünf Mal in Folge die Tour de France gewann.

Miguel und der Gullydeckel

Mit Induráin verbindet mich ein kurzer Ausreißversuch, der elf Wochen vor dieser Tour an einem kalten verregneten Tag beim Klassiker Lüttich–Bastogne–Lüttich über die Bühne ging. Wir hatten die meisten der schweren Anstiege in den Ardennen schon hinter uns, aber vor uns lag noch der jedem Fan bekannte Scharfrichter dieses Rennens: die Côte de la Redoute. Eine Rampe mit bis zu 18 Prozent Steigung.

Als wir kurz vor dieser Schlüsselstelle eine Autobahn überquerten, attackierte ich auf der Brücke aus einer 40 bis 50 Fahrer großen Gruppe heraus. Ich spekulierte darauf, mit einem Vorsprung in den Berg zu fahren, um dann oben mit einer richtig ernst zu nehmenden Spitzengruppe anzukommen. Denn eine solche bildete sich der Erfahrung nach zumeist an der Redoute, um das Renngeschehen bis ins Ziel in Lüttich-Ans zu bestimmen.

Kurz darauf drehte ich mich um und sah einen Banesto-Mann in der Verfolgung. Mit drei, vier schnellen Tritten hatte er mein Hinterrad erreicht, ich ging aus der Führung und erschrak zunächst kurz, war dann aber richtig froh und erleichtert. Es war Miguel Induráin! Welch ein Mitstreiter für mein Vorhaben durch das wellige und anspruchsvolle Gelände.

Unser Vorsprung lag ständig bei 50 Sekunden, die Träumerei von einem Wahnsinnserfolg schien mich zu beflügeln, ich war bereit, mehr Risiko zu nehmen. Auf dem nassen, glitschigen Asphalt jedenfalls hielt der Fuchs Induráin einen gebührenden Sicherheitsabstand. Wir durchquerten Sougné, eine letzte Kurve vor dem Ortsausgang. Plötzlich blieb mir keine andere Wahl, als mein Schicksal einem Gullydeckel in der Straßenmitte anzuvertrauen. Alles lief in Sekundenschnelle ab. Entweder halten die Reifen oder nicht, dachte ich. Mir war klar, dass es kaum Chancen gab, mich wieder aufzurichten, sollte ich erst einmal in Schräglage geraten. Und zack, lag ich auf der Nase. Es war einer jener Momente, die jeder Radsportler hin und wieder erlebt: Man ahnt den Sturz voraus und kann doch nichts dagegen unternehmen.

Der wohlweislich auf Distanz gebliebene Induráin hatte Zeit genug, mir auszuweichen, schaute mich kurz erstaunt an und fuhr weiter. Bis ich meinen Fuß aus dem Pedal hatte und mich wieder aufrappeln konnte, war das Feld bereits an mir vorbeigefahren und stellte kurz darauf auch den Solisten Induráin. Aus der Traum! Mein erster und einziger Ausreißversuch mit einem meiner Idole endete glücklos.

Freibier am Col du Heltersberg

Als 35. im Gesamtklassement beendete ich mein Tour-Debüt. Doch zum ersten Mal in Paris angekommen, hielt mich dort nichts mehr. Ich flog nach Straßburg, wo mich meine Freundin Elke abholte und mir schon auf der Heimfahrt eine dicke Überraschung ankündigte: Der ganze Ort traf sich am »Col du Heltersberg«. Gewiefte Fans hatten mein hoch im Pfälzerwald gelegenes Heimatdorf auf Richtungsweisern einfach umgetauft. In einer improvisierten Straußwirtschaft bei uns auf der Straße floss das Freibier, der Bürgermeister stand an der Spitze der Ehrendelegation. Das alles kam für mich völlig unerwartet. Wir feierten meinen gelungenen Tour-Einstand, und ich registrierte wohltuend, wie ein ganzes Dorf, eine ganze Region hinter mir stand und mich hochleben ließ.

Der knallharte Analytiker Walter Godefroot indes war mit dem Auftritt der Mannschaft nicht zufrieden, lediglich Heppners und meine Fahrweise fanden Gnade vor seinem strengen Auge. Aber die als Identifikationsfiguren engagierten Rennfahrer wie Kappes oder Stumpf hatten ihn enttäuscht. Godefroot nahm dann auch bald Kontakt zu Olaf Ludwig auf, der gerade für die niederländische Panasonic-Mannschaft die letzte Etappe auf den Champs Élysées gewonnen hatte.

Jens Heppner und ich waren zweifellos die beiden Erfolgreichsten im noch jungen Team Telekom und belegten auch im Anschluss an die Tour beim Paarzeitfahren in Baden-Baden den zweiten Platz – hinter Tony Rominger und Dominik Krieger aus dem Team Helvetia, aber noch vor Olaf Ludwig und Wjatscheslaw Ekimow. »Heppe« und ich zogen uns immer wieder gegenseitig hoch, verstanden uns von Anfang an. Jens war super zuverlässig, er wusste immer, was sein Job war. Für die Tour-Mannschaft von Telekom würde er auch in den Jahren danach stets eine sichere Bank sein.

Bei der Weltmeisterschaft in Benidorm im Herbst, die ich als 14. beendete, schrammte ich knapp an einer überraschenden Medaille vorbei. Bis zum letzten Anstieg hatte ich zusammen mit Federico Echave, Johan Bruyneel und Thierry Claveyrolat, der sich Jahre später erschoss, in einer Ausreißergruppe das Tempo gemacht. Erst auf den letzten Drücker konnten die Italiener für Gianni Bugno das Loch noch zufahren.

Olaf, die Lokomotive

Ein Jahr später, beim Start zur Tour de France 1993 in Le Puy-du-Fou, galt Jens Heppner als unser Mann für das Gesamtklassement. Aber Walter Godefroot hatte eben auch den sprintstarken Siegfahrer Olaf Ludwig verpflichtet, mit all seinen Kollegen aus der ehemaligen DDR wie Uwe Raab, Mario Kummer und Gerd Audehm. Der Teamchef hatte erkannt, dass nun ein Etappenerfolg bei der Tour her musste, um den Sponsor fröhlich zu stimmen. Alles andere zählte nicht. Entsprechend zielstrebig und erfolgreich arbeiteten wir. Ludwig gewann in Montpellier tatsächlich seinen Tagesabschnitt im Spurt vor seinem alten Widersacher Abduschaparow. Noch mehr hatte er mich aber beim Mannschaftszeitfahren auf der vierten Etappe beeindruckt, als er 81 Kilometer lang ein rasantes Tempo anschlug. Den überraschenden sechsten Platz verdankten wir keinem anderen als Ludwig, der Lokomotive.

Jens Heppner dagegen sah sich in den Bergen von seinen Beinen im Stich gelassen. Und ich, der die Tour als Bester des Team Telekom auf Platz 25 beendete, war sie so gut es ging mitgefahren. Jeden Tag motiviert, jeden Tag auf der Hut, jeden Tag an den Grenzen des Machbaren. Etwas anderes blieb mir gar nicht übrig. Ich wusste längst, dass mir eine solche dreiwöchige Extrembelastung lag, und zeigte mich felsenfest davon überzeugt, dass es gut war, den Giro und die Tour innerhalb einer Saison zu fahren.

Eine Hand am Steuer, eine Hand am Bauch

Gut eine Woche nach der Zielankunft in Paris stieg ich am 4. August beim Grand Prix Rik Van Steenbergen in Belgien wieder in das Wettkampfgeschehen ein. Ein Trainingsrennen für die anstehenden Klassiker und die Weltmeisterschaft in Oslo. Es war ein heißer Tag, und der Kurs war mit vielen kleinen Kopfsteinpflasterpassagen gespickt.

Schon vor der Tour hatte ich ein nagelneues Rad mit einem Aluminium-Vorbau bekommen, der bedeutend leichter war als unsere bisherigen Stahl-Vorbauten. Ich als Technikfreak machte mir aber offenbar keinerlei Gedanken über die Sicherheit und Belastbarkeit der neuen Teile. Das Vertrauen in das Material war groß. Anscheinend zu groß.

Die Hälfte des Rennens ist geschafft. Mann hinter Mann rasen wir über eine ganz miserable Kopfsteinpflasterpassage. Ich habe den Lenker oben angefasst, um die Vibrationen und Schläge besser abfangen zu können. Tempo 45, da passiert es. Plötzlich knickt der Lenker mitsamt Vorbau nach unten weg. Er verharkt sich im Vorderrad, das sofort blockiert. Durch die Wucht der abrupten Bremswirkung rutsche ich vom Sattel auf das Oberrohr und knalle mit dem Unterleib in den abgebrochenen Vorbau. Ich drehe einen wunderbaren Salto nach vorne und schlage mit dem Hinterkopf auf dem Pflaster auf.

Hartschalenhelme gibt es zu dieser Zeit erst ganz wenige, dafür aber ist in Belgien das Tragen von so genannten Sturzringen Pflicht. Zum Glück für mich. Mein Sturzring schiebt sich beim Aufschlag nach vorne in die Stirn. Ich merke im Liegen, wie etwas Warmes meinen Nacken hinunterläuft, greife mit der Hand an den Hinterkopf und erschrecke: Blut! Ganz viel Blut!

Drei mitgestürzte Rennfahrer sind schnell wieder auf den Beinen und können weiterfahren, ich bleibe sitzen – konsterniert, aber bei vollem Bewusstsein. Nach einer Minute ist der Rennarzt bei mir, fordert mich auf, mich hinzulegen. Dann drückt er mir ein Tuch auf den Hinterkopf, um die Blutung zu stoppen. Frans Van Looy, mein Sportlicher Leiter, tröstet mich und sagt nur, dass der Krankenwagen sicher gleich komme. Er selbst müsse aber weiter, weil das Rennen in vollem Gange sei.

Als ich mich aufgerappelt hatte und selbstständig zum Krankenwagen schleppte, bemerkte ich, dass mit meinem Unterleib etwas nicht stimmte. Sobald ich die Hand vom Bauch nahm, entstand eine kleine Beule, die ich aber leicht wieder hineindrücken konnte. Es tat nichts weh, also behielt ich es erst einmal für mich. Die Sanitäter erfuhren davon nichts.

Ich wurde in ein kleines, rustikales Krankenhaus in der Nähe von Antwerpen eingeliefert. Der zuständige Arzt betrachtete meinen Hinterkopf und meinte nur: »Oh, ein paar Löcher und ein Riss, der aber nicht so tief ist. Das kriegen wir wieder hin.« Er betäubte das Ganze ein bisschen, um in Ruhe arbeiten zu können, goss Wasserstoffperoxid über die Wunden, um sie zu reinigen, und begann mit dem Nähen. Nach einer Weile fragte er mich dann doch mal, weshalb ich immer die Hand an den Bauch halte. Ich sagte kleinlaut: »Ach, nur so« und winkte ab. Es war ein Reflex. Ich wollte auf keinen Fall länger in diesem Krankenhaus bleiben.

Nachdem der Arzt mit der Flickerei fertig war, wartete ich etwa eine Stunde auf einem unbequemen Stuhl im Flur der Klinik, bis mich Christian Henn und Frans Van Looy abholten. Frans zeigte sich erleichtert, dass nicht noch mehr passiert war, und verabschiedete sich nach Hause. Christian und ich machten uns auf den Heimweg. Nach eineinhalb Stunden fragte er mich, ob ich ihn am Steuer ablösen könnte. »Kein Problem«, meinte ich und nahm auf dem Fahrersitz Platz. Immer eine Hand am Steuer, die andere am Bauch und auf dem Kopf einen Turban aus Binden. Es muss ziemlich komisch ausgesehen haben.

Spät abends setzte mich Christian am Opelkreisel in Kaiserslautern ab und fuhr nach Heidelberg weiter, während ich auf Elke wartete. Sie war schockiert, als sie mich an der Tankstelle sitzen sah, obwohl ich sie am Telefon vorgewarnt hatte. Ihren Vorschlag, direkt zum Arzt zu fahren, lehnte ich aber ab. »Ach Quatsch, ich bin morgen bei Dr. Schmid«, sagte ich, denn ich hatte geplant, die 220 Kilometer nach Freiburg mit dem Rad zu fahren.

Daheim angekommen, legte ich mich erschöpft und mit Schmerzen bei meinen Eltern auf die Couch. Auch meine Mutter fragte beunruhigt, weshalb ich mir den Bauch halte, und als ich die Hand runternahm, wölbte sich wieder diese faustgroße Beule aus dem Unterleib. »Ist nicht schlimm, ich kann es doch wieder reindrücken«, sagte ich trotzig, um Elke und Mutter zu beruhigen. Doch abends um halb elf ließ ich mich dann doch lieber von meiner Freundin zu unserem Hausarzt Dr. Wildmoser nach Schopp fahren. Denn die Beule war inzwischen um einiges größer geworden. Er habe so etwas noch nie gesehen, klärte er mich auf. Ich ehrlich gesagt auch nicht.

Anhand einer Ultraschalluntersuchung stellte Dr. Wildmoser fest, dass die Bauchmuskeln unter der Bauchdecke total auseinander gerissen waren. Es war tatsächlich mein Magen, der sich da immer wieder herausdrückte. Am darauf folgenden Morgen wurde ich eine Stunde lang in Kaiserslautern operiert, dann war die Muskulatur wieder geflickt. Fünf Tage blieb ich in der Klinik, hatte vor allem große Schmerzen, wenn ich mich bewegte. Obwohl ich drei Wochen Trainingsverbot bekam, versuchte ich es schon nach zwei Wochen wieder auf dem Rad. Der gut gemeinte Tipp der Ärzte hieß, nicht am Lenker zu ziehen und nur flache Strecken zu fahren. Aber wie sollte das gehen im Pfälzerwald?

Vier Wochen nach dem Sturz – die Weltmeisterschaft in Oslo war inzwischen vorbei, und Olaf Ludwig hatte hinter Lance Armstrong und Miguel Induráin den dritten Platz belegt – zog ich wieder voll durch. Mein Ziel war die Lombardei-Rundfahrt, ein schweres Eintagesrennen, das traditionell zum Abschluss der europäischen Straßensaison stattfindet. Ein paar Tage zuvor unternahm ich als Härtetest ein langes Training. Die 257 Kilometer mit einem Schnitt von 30,8 km/h gaben mir das nötige Selbstvertrauen, um in der Lombardei auf einem guten siebten Platz zu finishen.

39/25 und ein Auspuff am Bein

Es schneit am Start in Meran, und das im Juni 1994. Alle sind pudelwarm angezogen, erst in den vielen Kehren hinauf auf das Stilfser Joch setzt sich die Wärme durch, die von innen kommt. Gemächliches Tempo hinauf auf den Pass, dann eine rasende Abfahrt. Auf einer ganz langen Geraden schiebt mich Föhnwind zu einer neuen Rekordgeschwindigkeit: 119 km/h zeigt der Tacho – mehr als jemals zuvor und später in meiner gesamten Karriere.

In rasender Fahrt attackiere ich gemeinsam mit Massimo Ghirotto, wir gehen in Führung. Am Fuß des nächsten Berges, des Mortirolo, beginnt sich der Italiener auszuziehen. Erst die Überschuhe, dann die Windjacke. Auf Italienisch sagt er: »Es kommt ein ganz schwerer Berg.«

Ich kenne das Streckenprofil aus dem Handbuch und weiß in etwa, was mich erwartet. Dennoch frage ich zurück: »Wie schwer?«

»39/25«, sagt er.

»Den ganzen Berg?«

»Ja klar, von unten bis oben. Zehn Kilometer!«

»Niemals, nie«, sage ich und lache ungläubig.

»Doch, doch«, versichert er: »Ich fahre aber nur locker hoch.« Sagt's und verliert mein Hinterrad. Ich aber will mich jetzt nicht aufgeben, suche meine Chance, schaue nach unten auf die Kettenblätter. Tatsächlich 39/25. Ich trete im Stehen. Nach dieser Kurve wird es bestimmt flacher. Doch falsch vermutet. Es geht immer so weiter.

Der Helikopter kreist über mir. Jetzt kommen sie. Erst ein Polizeimotorrad, dann das Führungsfahrzeug, dann Nelson Rodriguez als Erster, Ivan Gotti als Zweiter. Nach und nach huschen sie schnaufend vorbei. Alle einzeln, auch Marco Pantani, auch Miguel Induráin. Jeder findet seinen eigenen Tritt und Rhythmus. Es ist ein einziges Hochquälen.

Einen Kilometer vor der Kuppe taucht neben mir das Rosa Trikot auf, in dem Jewgeni Berzin steckt. Davor und dahinter Autos und Motorräder. Ich bleibe dran. Die Menschen stehen eng Spalier, sie schreien, jubeln, klatschen. Hauen mir auf den Rücken. Da ist kaum Platz, um durchzukommen. Am steilsten Stück bremst ein Auto, behindert auch einen Karabiniere, der umkippt und mir die schwere Maschine mit dem heißen Auspuff direkt ans Bein wirft.

Ich schäume vor Wut. Wegen der Verbrennungen, vor allem aber, weil ich in dieser Passage nicht mehr aufs Rad und in die Pedale komme. Keine Chance, aus eigener Kraft wieder anzufahren. »Spinsi, spinsi, schieben, schieben«, schreie ich, und die Leute schieben mich direkt an, durch die enge Gasse und durch die üble, vom Geruch einer durchgebrannten Kupplung geschwängerte Luft. Berzin geht volles Risiko, weil Pantani und Induráin vor ihm enteilt sind. An seinem Hinterrad presche ich hinter der Kuppe den Berg hinab.

Noch so ein Berg, und Berzin hätte auf der 15. Etappe dieses Giro d'Italia 1994 seine Führung verloren. An ihm traute ich mich natürlich nicht vorbei, denn er war ja der Motor unserer Verfolgung. Ich belegte Platz sieben, Berzin wurde Sechster und behielt das Trikot. Die Etappe gewann Marco Pantani.

Am Hotel warteten mein Vater und dessen Kumpel. Erleichtert gestand ich ihm, wie froh ich war, dieses Teilstück überlebt zu haben. Es war das beste Beispiel, wie es einem gehen kann: Erst fühlst du dich stark, könntest Bäume ausreißen, und in deinem Kopf schwirren bereits Gedankenfetzen von einem Etappensieg herum. Dann gehst du am nächsten Berg kaputt und bist froh, wenn du überhaupt noch das Ziel siehst.

Als 18. des Giro kam ich nach Hause, da rief auch schon gleich Andreas Schmid an und forderte mich zu einer Ergometrie auf. Die medizinische Abteilung an der Freiburger Uniklinik wollte etwas über die Belastungen einer dreiwöchigen Rundfahrt in Erfahrung bringen. Kein Problem. Schmid sagte mir aufgrund der Daten auf den Kopf zu: »Udo, du bist eigentlich erholt aus dem Giro gekommen! Das passt alles. Ich denke, du kannst die Tour beruhigt angehen.«

Udo Bölts in der Saison 1994.

Drei Tage nach dem Giro hatte ich drei Minuten lang 440 Watt getreten. Bis ich mit einem Puls von 199 nicht mehr konnte. Ich war zwar im Kopf so müde, dass ich auf dem Ergometer schlagartig hätte einschlafen können, aber körperlich präsentierte ich mich topfit. Grund genug für Godefroot, mich zusammen mit Christian Henn zu einigen Kirmesrennen nach Belgien zu schicken. Getreu dem Motto: Tritt halten und ja nicht herumlungern. Dieser Abstecher war die Höchststrafe für uns, geradezu eine psychische Folter.

Wir hatten überhaupt keine Lust, in diesen belgischen Hotels herumzuhängen. Aber Rennfahrer zu sein, heißt eben auch, diese Niederungen zu durchleiden. Ich schlief bei den belgischen Frühjahrsklassikern oft in Absteigen, die den ganzen Winter über keinen einzigen Gast gesehen hatten. In Hotels mit stinkenden, klammen Betten und völlig verdreckten Toiletten. Wie oft hatte ich in meinen Anfängerjahren einen Schlafsack dabei, um die schmutzige und feuchte Bettwäsche links liegen lassen zu können? Wie oft sehnte ich mich an kalten Regentagen nach einer warmen Dusche, wenn nach der Zieleinfahrt in einem Tanzsaal irgendeines Hotels lediglich drei Bottiche voller Wasser zum Abwaschen aufgestellt waren? Wie oft verfluchte ich in Zeiten, in denen ich meine Klamotten noch selbst waschen und im Zimmer zum Trocknen aufhängen musste, dass die Heizung mal wieder nicht funktionierte? Heutzutage erledigen die *Soigneurs*, die Pfleger, diese Aufgabe für die Rennfahrer. Und alle Teams haben in ihren Material-Lkws eine eigene Waschmaschine dabei.

Ich lernte aber auch das andere Extrem kennen. Hotels in einem heißen Sommer, wenn kein laues Lüftchen ging und die Klimaanlage kaputt war. Dann stand die Hitze zwischen den vier Wänden und man versuchte, mit Eiswürfeln im Nacken wenigstens die gefühlte Temperatur zu senken.

Als alter Trotzkopf versuchte ich dennoch, das Beste aus der unwillkommenen Dienstreise zu machen, die Godefroot angeordnet hatte. Ich gewann in De Panne sogar eines dieser Rund-um-den-Kirchturm-Rennen. Und das auf ziemlich kuriose Weise, denn die vier Belgier in der fünfköpfigen Spitzengruppe diskutierten in der Schlussphase bereits darüber, wer von ihnen zu gewinnen habe. An der 1.000-Meter-Marke wurde es mir zu bunt: Wisst ihr was, Jungs, ihr gewinnt hier und heute nicht, sagte ich mir, und trat von letzter Position aus an. Sie waren verdutzt und sauer, schrieen mir hinterher, was denn los sei. Ich drehte mich gar nicht mehr um, gewann, ging zur Siegerehrung, holte die Blumen ab und verschwand mit der Bemerkung, sie hätten mich lieber in die Gespräche über den Sieg einbeziehen sollen.

Christian musste tierisch lachen, als ich ihm das alles erzählte. Und Meister Godefroot rief noch am gleichen Abend an, was ansonsten gar nicht seiner Gewohnheit entsprach. »Sie haben einen Kirmeskurs gewonnen, hörte ich. Respekt. Das passiert ja nicht allzu oft, dass ein Ausländer in Belgien gewinnt. Gratuliere. Das ist schon etwas Besonderes.« Ich dachte nur: Jetzt hast du ihn aber schwer beeindruckt.

Zu Fuß zur Quelle

Dann ging es zum Start der 94er Tour nach Lille, bei der Olaf Ludwig gleich auf den beiden ersten Etappen zweite Plätze belegte und beim Mannschaftszeitfahren am dritten Tag mit 55/12 so hoch kettete, dass er fast das eigene Team demontiert hätte. Die Strecke führte von Calais zum neu eröffneten Eurotunnel, den anschließend der gesamte Tour-Tross mit dem Zug durchfuhr. Dover, Brighton und Portsmouth, wo Olaf erneut Platz zwei belegte, waren die Etappenstädte in England.

Den Ruhetag verbrachten wir im Süden Frankreichs, in Lourdes. Rolf Aldag und ich machten uns zu Fuß auf zur berühmten Quelle – eine andere Möglichkeit gab es nicht. Ein Begleitfahrzeug hätten wir für diesen Trip garantiert nicht bekommen, und die Fahrräder schon gar nicht, die Mechaniker hätten uns den Vogel gezeigt.

Aber ich meldete Bedenken an und das aus gutem Grund. Gehen am Ruhetag gehört sich für einen Rennfahrer nicht, das wussten wir. Und dann auch noch eine Strecke von rund zwei Kilometern aus purer Neugier? Dennoch zogen wir los und standen lange in der Schlange. Aber die Menschenmassen beeindruckten uns: all die vielen Leute, die sich von dieser Wallfahrtsstätte anziehen ließen und von der heilenden Kraft der Quelle überzeugt waren. Nachdenklich, ohne viele Worte zu machen, traten wir den Heimweg an. Es war ein außergewöhnliches, aber sinnvolles Ausscheren aus dem Tour-Alltag, von dem ich als gläubiger Christ einiges mit ins Leben genommen habe.

Tags zuvor eroberte ich auf der Etappe nach Hautacam den 17. Platz in der Gesamtwertung und verteidigte diesen auf dem 12. Teilstück nach Luz-Ardiden. Unvergessen ist mir auch der phänomenal lange und erfolgreiche Ausreißversuch von Eros Poli über den Mont Ventoux auf der 15. Etappe von Montpellier nach Carpentras. Es deutete sich an, dass dieser Tag ein Desaster für uns werden würde. Jens Heppner stürzte und schlug mit dem Kopf auf die Straße, Uwe Raab hatte mit den Folgen eines Hitzschlags zu kämpfen, und wir brauchten alles, um die beiden durchzubringen. Ich selbst kam auf Platz 13 an. Das gesamte Feld war durch die Hitze angeschlagen. Viele gaben in diesen Tagen auf, darunter mit Claudio Chiappucci und Tony Rominger auch zwei der Mitfavoriten.

Etwas für die Ewigkeit

Anfahrt auf L'Alpe d'Huez: 13 Mann waren früh ausgerissen, darunter ich. Ich war erleichtert, dabei zu sein. Ich wollte mich zeigen und mich im Klassement weiter nach vorne schieben. Ich hatte in dem schweren Gelände gute Beine und einen klaren Kopf. Miguel Induráin fuhr im Gelben Trikot, sein Team Banesto machte keinerlei Anstalten, das Loch zur Spitze zuzufahren.

Die Gruppe rollt unentschlossen in den Berg. Schon in der ersten Kehre attackiere ich, die anderen halten dagegen. Da bläst Roberto Conti zum Gegenangriff. Machtlos spüre ich, dass ich mich übernommen habe. Ich muss ihn ziehen lassen, falle auf Platz sechs zurück und hoffe auf das einzige kurze Flachstück, um wenigstens etwas regene-

rieren zu können. Menschen über Menschen, eine Mauer rechts, eine Mauer links. Und es wird immer enger, Hitze und Lärm drücken auf die Birne.

Conti ist weg, Buenahora ist weg. Ich erwische das Hinterrad von Alberto Elli und bleibe dran. Letzter Kilometer. Keiner gibt auch nur einen Millimeter nach, keiner kann den anderen abhängen. Wir lauern, wir treten, wir fighten. Wie um den Etappensieg. Der ist schon an Conti vergeben, aber auf dem Podium ist noch ein Platz frei. Den will ich.

Letzte Kurve, 53/13. Wir rackern schwer, kippen fast um. Udo, jetzt nicht aufgeben. Nein, nein, nein. Zeig's ihm. Aber Alberto hält dagegen, voll dagegen. Jetzt nicht aufgeben. Wir sprinten nebeneinander, 50, 40, 30 Meter. Noch zehn, Junge zieh. Da lässt Elli locker und schreit: »Cazzo!«

Mensch, Dritter in L'Alpe d'Huez, das ist ein Ding. Etwas für die Ewigkeit.

Wie ein Ritterschlag

Die Kollegen mussten am Abend lachen, als wir uns gemeinsam das Duell Bölts-Elli im Fernsehen ansahen: Wie kann man nur solch eine Übersetzung fahren, ulkten sie. Mir schmerzen noch heute die Beine, wenn ich an diesen letzten Kilometer denke.

Die Flucht hatte 190 Kilometer gedauert, ich war auf den zwölften Platz im Gesamtklassement nach vorne gefahren und hatte Walter Godefroot in den Zustand der Glückseligkeit versetzt. Aber die Chose ging weiter. Am nächsten Tag auf dem Weg nach Val Thorens glaubte ich nicht daran, diesen Platz halten zu können. Es hieß nur: Sieh zu, dass du einigermaßen über die Runden kommst. Ich war kaputt, am Ende, ausgelaugt, kam dennoch als Zehnter ins Ziel und machte sogar einen Sprung auf den neunten Platz der Gesamtwertung. Für die letzten vier Tage hatte ich nur noch einen Konkurrenten im Kampf um einen Platz unter den ersten Zehn: Wladimir Pulnikow, der im Jahr darauf in unser Team wechselte.

Vor dem Bergzeitfahren von Cluses nach Avoriaz, das der überragende Piotr Ugrumow gewann, machte ich mir fast in die Hose. Als Neunter war ich naturgemäß einer der letzten Starter, musste vor lauter Nervosität ein paar Mal das Dixi-Toilettenhäuschen aufsuchen. Als ich das dritte Mal herauskam, stand Walter Godefroot zufällig im Gespräch zusammen mit Eddy Merckx, dessen Rahmen wir fuhren.

»Udo, gut gefahren bis jetzt. Ich drücke dir die Daumen. Alles Gute«, sagte Merckx und klopfte mir auf die Schulter. Der große Eddy Merckx wünschte mir persönlich Glück. Wow! Das war wie ein Ritterschlag! Godefroot meinte nur, es wäre nicht schlecht, wenn ich unter den besten Zehn bleiben könnte.

Pulnikow belegte in Avoriaz mit 4:26 Minuten Rückstand auf Ugrumow den siebten Platz. Ich selbst kam 7:22 Minuten hinter dem Sieger auf Rang 26 und behielt genau neun Sekunden auf Pulnikow. Ein Sekundenpoker also. Bis auf den letzten Meter auf den Champs Élysées ließ ich Pulnikow nicht mehr aus den Augen. Die Rechnung ging auf.

Von außen sieht man gewöhnlich den ganzen Stress nicht, den die Tour einem Rennfahrer abverlangt. Die körperlichen Anstrengungen auf den damals 270, 280 Kilometer langen Etappen. Das Herumreisen, das Leben aus dem Koffer, das Schlafen in fremden und teilweise schlechten Betten. Aber eben auch solche vermeintlichen Kleinigkeiten wie den Kampf um den neunten Platz.

Auf den Champs Élysées fühlte ich mich innerlich aufgewühlt, ziemlich müde, erleichtert und stolz. Zufrieden mit der Leistung, in Paris angekommen zu sein, und tierisch stolz auf das Ergebnis. Mit einem Mal fiel auch der Kopfstress, der enorme Druck, bestehen zu wollen, von mir ab. Ich wollte nur noch heim. Über drei Wochen im Juli in Frankreich mit den immer gleichen Leuten waren genug.

Wieder gab es einen bombastischen Empfang in Heltersberg, danach versuchte ich eine Woche lang, die Hitze zu meiden und den

Schatten zu suchen. Ich trainierte nicht viel und wollte zu mir selbst finden. Aber es kam alles ganz anders. Ich fuhr fast alle Weltcup-Rennen, wurde 25. in San Sebastián, 13. in Zürich und 16. in Leeds.

Den Ehrgeiz auf die Spitze getrieben

Nach meiner grandiosen Tour galt ich in Deutschland als Hoffnungsträger für die Weltmeisterschaft 1994 auf Sizilien. Überall in den Gazetten, auch in den Heimatzeitungen, wurde ich, der Neunte der Frankreich-Rundfahrt, als Mitfavorit gehandelt. Sogar auf den Titelseiten. Nach Sizilien fuhr ein voller Bus erwartungsfroher Fans aus der Heimat. Das bereitete mir schlaflose Nächte, meine Unbekümmertheit war verflogen: Du musst gut sein, du musst denen etwas zeigen, wenn sie schon den langen Weg auf sich nehmen. Du kannst sie nicht enttäuschen. Quälende Gedanken im Hotelbett.

Auch dem Team Telekom hätte ein Erfolg in Agrigento gut getan. Noch im April hatte das weitere Engagement des Sponsors auf der Kippe gestanden, erst Olaf Ludwig hatte die Mannschaft mit seinem Sieg am Henninger Turm mehr oder weniger gerettet. Doch im WM-Rennen konnte ich dem Druck, zumal als Kapitän der deutschen Equipe, nicht standhalten und beendete die Weltmeisterschaft auf Platz 18.

Im Nachhinein musste ich erkennen, dass es besser gewesen wäre, die Saison nach der Tour abzubrechen, so wie das viele machten. Zumindest aber hätte ich drei Wochen aussetzen müssen, um abzuschalten und neue Kräfte zu tanken. Aber nein, selbst nach der WM flog ich erneut nach Australien und setzte einen zweiten Fehler obendrauf. Daran änderte auch nichts, dass ich dort bei der Herald Sun Tour zwei Etappen gewann und Christian Henn die Gesamtwertung. Ich wollte einfach zu viel. Sogar im Dezember trainierte ich 15 Einheiten im Regen auf dem Zeitfahrrad. Es war ein Testlauf, bei dem knapp 3.000 Kilometer zusammenkamen. Und plötzlich hatte die neue Saison schon wieder begonnen, obwohl ich zur alten überhaupt noch keinen Abstand gewonnen hatte.

Ich hatte mich von der Sportlichen Leitung und den Medien zu sehr unter Druck setzen lassen, die Grenzen meiner eigenen Erwartungshaltung überschritten und den Ehrgeiz auf die Spitze getrieben. Es ist problematisch, eine im Sommer nach einer tollen Tour de France entstandene Euphorie in die neue Saison hinüberzuretten, ohne darüber intensiv nachzudenken. Genau das hatte ich im Winter 1994/95 versäumt. Ich stand vor einer ganz schwierigen Phase in meiner Karriere.

Ein Kapitän der Wasserträger

Ich war am Scheideweg meiner Laufbahn als Radprofi angekommen. Hinter mir lagen die sehr guten Jahre 1992, '93 und '94. Drei Jahre mit Etappensiegen beim Giro d'Italia und der Baskenland-Rundfahrt, dem dritten Platz in L'Alpe d'Huez, Platz neun im Gesamtklassement der Tour de France und der zeitweiligen Kapitänsrolle in verschiedenen Rennen. Entsprechend erwartungsfroh und ehrgeizig ging ich in die Saison 1995. Und auch Teamchef Walter Godefroot setzte auf mich und meine Fähigkeiten, auf meinen Kampfgeist und meine Härte in den Bergen.

Aber die Realität sah bald anders aus. Paris–Nizza fuhr ich gerade noch akzeptabel, dann rächte es sich, dass ich völlig übertrainiert aus dem Winter gekommen war. Ich schleppte mich nur noch von Rennen zu Rennen, fuhr den Giro d'Italia nicht gut, und auch in der Tour de France mit der gemeinsamen Mannschaft aus sechs Telekom-Fahrern und drei Fahrern von ZG Mobili erfüllte ich die Ansprüche nicht. Weder meine eigenen noch die der anderen.

Ich musste erkennen, dass ich nicht für eine Führungsrolle geschaffen war und mit dem ganz großen Druck nicht umgehen konnte. Ich war eben kein konstanter Siegfahrer, fertig. Ich wollte auch nichts mit Gewalt erzwingen. Um in einer großen Rundfahrt ganz nach vorn zu kommen, hätte ich zum Beispiel ein richtig guter Zeitfahrer werden müssen. Aber ich spürte, dass ich nicht Winter für Winter mit der Zeitfahrmaschine trainieren gehen wollte, wie ich das gerade ausprobiert hatte. Ich war an meine Leistungsgrenzen gestoßen und habe das schmerzlich vor Augen geführt bekommen. Und vielleicht war das im Nachhinein betrachtet eine meiner größten Leistungen: 1995 sah ich ein, was ich konnte und was nicht, wofür meine Fähigkeiten reichten und wofür nicht.

Mir war in meinen Schüler- und Jugendjahren oft gesagt worden, ich sei zu dick und bringe die Voraussetzungen für einen Ausdauersport nicht mit. Heute weiß ich, wie entscheidend es war, damals dagegengehalten zu haben. Ich hatte mich aufgebäumt und mich gegen eine gängige Meinung gewehrt. Ich hatte es einfach besser gewusst.

Als mir aber 1995 über die Medien sozusagen durch die Blume immer wieder mitgeteilt wurde, dass ich enttäuscht hätte und nicht gut genug wäre, um ganz nach vorne zu kommen, wusste ich, dass das stimmte. Mit dieser Kritik musste und konnte ich leben. Sie war berechtigt. Die richtigen Schlüsse daraus zu ziehen, war allein meine Sache. So etwas nimmt einem auch keiner ab.

Der Jugendtraum, einmal bei einer großen Rundfahrt, vielleicht sogar bei der Tour de France, auf dem Treppchen zu stehen, war in weite Ferne gerückt. Aber zum Greifen nah war am Ende dieser völlig verkorksten Saison die Chance, Mitglied eines Teams zu sein, das einen potenziellen Tour-de-France-Sieger stellte. Denn Walter Godefroot hatte Bjarne Riis verpflichtet, der im vergangenen Juli aufs Podium gefahren war und Ambitionen auf den Triumph in Frankreich anmeldete. Und in der Hinterhand hatte der Teamchef noch einen viel versprechenden Jungprofi namens Jan Ullrich, den Amateurweltmeister von Oslo 1993.

So fand ich zu einer völlig neuen Aufgabe, mit der ich mich umgehend hundertprozentig identifizieren konnte: Ich übernahm die Rolle des Helfers, des Wasserträgers, des Domestiken, wie immer man im

Radsport die Adjutanten der Mannschaftskapitäne bezeichnen will. Vielleicht war ich mehr als nur ein Wasserträger, vielleicht war ich so etwas wie der Kapitän der Wasserträger.

Als mein Teamchef und ich gegen Ende dieser Saison zusammensaßen, um über die kommende zu beraten, erzählte Godefroot, dass Bjarne Riis gern Gerard Rué von Castorama mitbringen würde, den einstigen Helfer von Miguel Induráin.

»Walter, der Rué ist bestimmt ein guter Rennfahrer«, entgegnete ich, »aber was der kann, das kann ich auch, da bin ich mir sicher.«

Godefroot imponierte diese mutige, selbstbewusste Antwort, und er bestärkte mich: »Ja, Udo, das glaube ich.« Er vertraute mir und setzte sich über Bjarnes Wunsch hinweg. Gestärkt nahm ich meinen neuen Job an. Als Wasserträger, der im Dienst der Mannschaft fuhr. Als einer unter vielen, die für ihren Kapitän arbeiteten, ihn akzeptierten und ihm in gewisser Weise auch nahe standen.

In den kommenden Jahren würde ich erkennen und beweisen, dass Teamfähigkeit eine meiner großen Stärken war. Und ich lernte, dass der Helferjob mit der Anerkennung steht und fällt. Wem diese versagt bleibt, ist nicht lange ein guter Helfer. Walter Godefroot und Rudy Pevenage, die Verantwortlichen im Team Telekom, sollten sich diesbezüglich als zwei wichtige Männer in meiner Karriere erweisen, die ihren Job hervorragend ausübten und mir vertrauten. Sie verstanden es, die im Fernsehen oft unsichtbaren Helferdienste zu würdigen und zu honorieren - auch finanziell.

Meine Kapitäne wurden Bjarne Riis, Jan Ullrich und Erik Zabel. Leithammel, Siegfahrer, Vorbilder. Persönlichkeiten, die ebenfalls gefragt waren, ihren Helfern die verdiente Anerkennung für die geleistete Arbeit auszusprechen. Riis, Ullrich und Zabel konnten dies stets. Der eine mehr, der andere weniger, aber sie konnten es.

Ullrichs Dank kam herzlicher und inniger rüber, Riis gab sich distanzierter, Zabel hatte von beiden etwas.

TOP 12

DIE RENNFAHRER, DIE ICH AM MEISTEN BEWUNDERE

Laurent Fignon
Ein Mann, eine Meinung.

Giuseppe Guerini
Ein netter und stets freundlicher Kollege. Ein Arbeitstier mit Leib und Seele. Ein untypischer Italiener.

George Hincapie
Immer im Dienste seines Teams, nahm aber auch seine eigenen Chancen wahr. Überragende Rennübersicht. Sehr sympathisch.

Giuseppe Guerini bei der Tour de France 2005.

Miguel Induráin
Charisma, Aura, Fairness, Beliebtheit = Induráin.

Laurent Jalabert
Unglaublicher Siegeswille, 1000% Profi und trotzdem vierfacher Familienvater.

Sean Kelly

Nässe, Kälte, zu lang, zu schwer, zu steil, zu wenig Platz im Sprint - alles kein Thema für ihn.

Marino Lejarreta

Der Baske, der fast keine der großen Rundfahrten ausließ. Vuelta Top 10, Giro Top 10, Tour de France Top 10.

Thierry Marie

Immer lustig, immer freundlich. Mit 65 km/h im Flachen? Kein Problem.

Johan Museeuw

Egal, in welchem Licht er heute steht: ein Alleskönner. Weltmeister, Weltcupsieger. Immer voller Konzentration auf den Höhepunkt hin vorbereitet. Mit Höhen und Tiefen. Wie er nach seinem Kniescheibenbruch noch mal zurückkam, einfach klasse.

Georg Totschnig

Sympathisch, ehrlich, immer freundlich und zäh wie Leder, dieser Tiroler. Ihm verdanke ich meinen Sieg bei der Dauphiné Libéré 1997.

Jan Ullrich

Der prädestinierte Ausdauersportler, ein Jahrhunderttalent, und trotz allem immer Mensch geblieben.

Sean Yates

Der beste Abfahrer, den es je gab.

KAPITEL 5

RIISJAHRE

Ein Kapitän der Marke Armstrong

Es war ein Journalist, der mir Ende November 1995 beim Telekom-Teamtreffen im sauerländischen Elspe zusteckte, wie vollmundig Bjarne Riis soeben in einem Pressegespräch aufgetreten war. Er traue sich zu, die kommende Tour de France zu gewinnen, habe der Däne gesagt, den Walter Godefroot neu für unsere Mannschaft verpflichtet hatte. Ich musste erst einmal schlucken. Auch die anderen Teamkollegen tuschelten: Habt ihr gehört, Bjarne will die Tour gewinnen. Die meisten grinsten nur und meinten, er solle doch mit beiden Füßen auf dem Boden bleiben. Ein Sieg in Frankreich, gut und schön, aber es gebe da ja noch einen Herrn Induráin und ein paar andere, war der Tenor in der Mannschaft.

Ich hatte bis dahin wenig Kontakt zu Bjarne. Ich kannte ihn zwar und wusste von seinen Erfolgen, von seinem dritten Platz bei der Tour de France ein paar Monate zuvor, hatte aber keine Ahnung, wie er als Kollege auf einen zuging. Das erfuhr ich erst im Januar 1996 im gemeinsamen Trainingslager des Teams auf Mallorca. Jeden Tag gab er seine Erklärungen ab, wie das Leben eines vorbildlichen Radrennfahrers auszusehen habe. Im Vorbeigehen belehrte er seine neuen Mannschaftskollegen mit Tipps zur Ernährung. »Iss nicht so viel von dem« oder »Lass das doch mal weg« waren seine Worte.

Am Abend redeten wir immer über das Training des nächsten Tages. Seine konkreten und direkt geäußerten Vorstellungen beeindruckten mich. Aber ich war schockiert, als er eines Tages sagte, er könne zwar morgen mit uns mittrainieren, aber übermorgen, da werde er alleine unterwegs sein. Wir hatten bis dahin eigentlich immer nur an das Miteinander im Team geglaubt, an das Training als Gruppe. Doch keiner traute sich, etwas gegen den mächtigen Bjarne Riis zu sagen.

Als er in der zweiten Woche ankündigte, auf der Radrennbahn von Palma einige Aerodynamik- und Laufradtests zu unternehmen, dachten wir, er sei nun völlig fernab von Gut und Böse. Denn er wies an, es müsse ihn neben einem Mechaniker mit dem Lkw auch Uli Schoberer begleiten, der das Leistungsmess-System SRM entwickelt hatte. Bjarne zog die Tests durch, aus unserem Team jedoch war tatsächlich kein anderer Fahrer mitgegangen.

Andererseits begann es uns tief zu beeindrucken, wie intensiv er sich mit seinem Beruf befasste, wie akribisch er arbeitete, welche Gedanken er sich über Material, Ernährung oder Trainingsmöglichkeiten machte. Ehrfurchtsvoll spitzten wir die Ohren, wenn er uns seine Vorbereitung und seine Philosophie erläuterte.

Bisher war Walter Godefroot die Autoritätsperson gewesen, die im Team Telekom das alleinige Sagen hatte. Er führte die Mannschaft seit jeher nach seinen Vorstellungen, keiner konnte ihm reinreden, auch kein so erfahrener und respektierter Rennfahrer wie Olaf Ludwig. Ohne Wenn und Aber erklärte Godefroot, dass Verträge einzuhalten seien und jeder die Rennräder des Sponsors zu fahren habe. Jetzt aber kam Bjarne, brachte seine eigenen Vorstellungen ein und wollte sie auch durchsetzen. Sein Ziel sei es, die Tour zu gewinnen, dazu brauchten er und seine Helfer modernes Material. Von wegen Stahlrahmen! Es musste etwas Neues, etwas Innovatives her, auch in Sachen Kleidung, forderte Bjarne. Und als Godefroot murrte, dass dies nicht so einfach gehe, antwortete Riis kurz und bündig: »Doch, das geht!« Damit war für ihn das Thema vom Tisch.

Bei uns Fahrern hatte Bjarne auf diese Weise schnell einen Stein im Brett. Wir staunten, wie er sich als Neuzugang traute, auch mal gegen

Godefroot zu opponieren. Wie mutig er seinen Mund aufmachte und seine Meinung offen vortrug.

Riis bestritt die ersten Rennen im Telekom-Trikot mit einem außergewöhnlichen Selbstbewusstsein, wenn auch nicht sehr erfolgreich. Es gab Tage, an denen er vor dem Start ankündigte, gut drauf zu sein und auf eine Platzierung zu fahren. Deshalb forderte er, dass wir dieses oder jenes machten, dass wir an einem bestimmten Berg ein genau vorgegebenes Tempo fuhren.

Logisch, dass seine Ideen nicht immer umzusetzen waren und der gewünschte Erfolg mitunter ausblieb. Aber er hatte uns einen Weg gezeigt und eine konkrete Aufgabe gegeben. Und diese wollten wir so gut wie möglich erledigen.

Wenn es bei ihm nicht rund lief, war sich ein Bjarne Riis nicht zu schade, sich für andere im Team zu engagieren. Er war trotz seiner sehr genauen Vorstellungen auch kein Typ, der große Reden schwang. Bjarne brauchte nur wenige Worte der Erklärung. Er schaute immer nach vorne, nahm bei der Lagebesprechung im Wohnmobil den Streckenplan in die Hand, hielt ihn uns vor Augen, zeigte auf einen Punkt und sagte trocken: »An diesem Berg werden wir heute das Rennen richtig schwer machen und die Konkurrenz testen.«

Das war einer seiner typischen Sprüche. Nie sagte er etwas spontan oder unüberlegt, stets dachte er lange über seine Worte nach. Auch die Aussage über seine Siegambitionen bei der Tour war nicht einfach so gefallen. Er hatte alles genau analysiert und wusste, was möglich war und was nicht, was er wollte und was er konnte.

Weil Bjarne nicht als Kumpeltyp auftrat, war es schwer, ein Freundschaftsverhältnis mit ihm aufzubauen. Ein solches pflegte er allenfalls zu seinem dänischen Landsmann Brian Holm, den er aus seiner Jugendzeit kannte.

Längst war Bjarne zum polyglotten Weltmann gereift. Zum Europäer, der in Luxemburg wohnte und der, als er zu uns kam, schon fließend Deutsch sprach, ebenso wie Französisch und Italienisch, nachdem er für Teams in Frankreich und Italien gefahren war. Im Peloton genoss er ein hohes Ansehen, er war eine Persönlichkeit, ja ein Chef.

Genau solch einen Spitzenfahrer hatte Walter Godefroot gesucht. Einen Mann für die *Top Five* bei der Tour, am besten für das Podium, auf dem Riis schon einmal gestanden hatte. Denn der Teamchef wusste, wie sehr das Ansehen seiner Mannschaft von einem Erfolg bei der Frankreich-Rundfahrt abhing. Die »Werbing«, ja, er sagte »Werbing«, sie stehe und falle mit der Tour. Den damals 22 Jahre alten Jan Ullrich hatte er zu diesem Zeitpunkt zwar schon unter Vertrag genommen, doch noch konnte keiner so recht einschätzen, wie sich Jan entwickeln würde, welchen Motor er wirklich fuhr.

Riis wurde als neuer starker Mann zum Glücksfall für das Team. Insbesondere in Sachen Technik und Vorbereitung ebnete er uns den Weg zum Erfolg. Er brachte uns auch von der Doppelschiene ab, im Mai den Giro d'Italia und im Juli die Tour de France zu bestreiten. Mit dem Hinweis auf das immer umfangreichere Frühjahrsprogramm sagte er: »Wenn du bei der Tour richtig frisch sein willst, kannst du vorher nicht den Giro fahren.« Stattdessen suchte er für seine Helfer drei andere Vorbereitungs-Rundfahrten aus: Midi Libre, Dauphiné Libéré und Tour de Suisse.

Bei Paris–Nizza im März forderte er mich auf, es zunächst ruhig angehen zu lassen, keine Bäume ausreißen zu wollen. »Das Jahr ist noch so lang. Wir wollen bei der Tour auf den Punkt fit sein, nicht schon jetzt«, meinte er, und statt nach Italien zum Giro fuhr ich mit ihm zu den kürzeren Rundfahrten nach Frankreich. Mit enorm viel Spaß übrigens und richtig guten Auftritten auf den Etappen.

Je näher die Tour heranrückte, desto mehr leistete Bjarne bei Teamkollegen wie Jens Heppner, Christian Henn, Rolf Aldag, Brian Holm und mir Überzeugungsarbeit und flößte uns Selbstbewusstsein ein: »Wir haben eine stärkere Mannschaft als Banesto.« Das war immerhin das Team, das Miguel Induráin bei fünf Tour-de-France-Siegen tatkräftig unterstützt hatte. Wenn man einen solchen Satz immer und immer wieder hört, glaubt man irgendwann daran. Dann traut man sich auch zu, bei einer Banesto-Attacke dagegenzuhalten. Dann bekommt man Flügel, wenn die Spanier ambitioniert in einen Berg hineinfahren, weil man möglichst lange an der Seite seines Kapitäns bleiben will.

Bei Bjarne musste sich fast alles um ihn drehen. Er trat als ein Kapitän der Marke Armstrong auf, mit diktatorischem Führungsstil. Er griff auf einen persönlichen Mechaniker zurück, er hatte seinen eigenen Akupunkteur dabei, der auch den anderen schon mal eine Nadel ins Ohr setzte. Alles war auf den Erfolg ausgerichtet. Um es ganz deutlich zu sagen: Riis brachte uns entscheidend weiter. Uns als Team und auch Jan Ullrich als Siegfahrer.

»Maillot Jaune virtuell Bolts«

Als wir am 29. Juni in 's-Hertogenbosch am Start zur Tour de France 1996 standen, wussten wir, dass Bjarne in den kommenden drei Wochen stark auftreten würde. Aber wir ahnten nicht, dass er einfach hingehen und das Ding wie angekündigt gewinnen könnte. Und das auch noch ohne Mario Kummer, den wir schon auf der ersten Etappe nach einem Sturz wegen eines Schlüsselbeinbruchs verloren.

Auf der siebten Etappe von Chambéry nach Les Arcs blies Bjarne Riis zur Attacke. Banesto war am Ackern, als Bjarne an meine Seite kam: »Jetzt geh' mal einer von euch attackieren, dass die mal sehen, was Sache ist. Udo, mach du das.«

Wir standen in der Gesamtwertung alle noch recht gut da. Ich sagte mir, okay, jetzt übernehme ich halt das Kommando. Mit Alberto Elli vom Team MG machte ich mich auf den Weg. Wieder mal mit Elli, der 1999 zu uns wechseln sollte. Aber im Anstieg zum Cormet de Roselend musste der groß gewachsene Italiener mich ziehen lassen. Ich überquerte den Pass in 1.968 Metern Höhe alleine, das Fernsehen blendete damals ein: »*MAILLOT JAUNE VIRTUELL BOLTS*«. Ich lag also vorübergehend in Führung bei der Tour de France – zum ersten und einzigen Mal in meiner Karriere.

Nach langer Alleinfahrt war ich müde geworden. Doch genau in jener Phase, in der die jagende Meute mich wieder einholte, geschah das Unerwartete: Induráin ging aus der Gruppe um Riis »fliegen«. Damit war sein Schicksal besiegelt, an diesem Tag verlor er die Tour. Induráin war viel zu warm angezogen und wurde von einem Hungerast gequält. Jener Induráin, der mit seiner Aura über allen stand, auch über Bjarne Riis, war plötzlich ein Verlierer. Das war sehr gewöhnungsbedürftig. Er wurde am Ende Elfter mit 14:14 Minuten Rückstand.

Die Etappe nach Les Arcs gewann Luc Leblanc vor Tony Rominger, ins Gelbe Trikot fuhr Jewgeni Berzin, der am Tag darauf auch das Einzelzeitfahren von Bourg-Saint-Maurice nach Val d'Isere gewann. Bjarne eroberte die Führung dann auf dem neunten Teilstück nach Sestriere, auf einer von ursprünglich 189 auf ganze 46 Kilometer verkürzten Etappe. Am Iseran und am Galibier hatte ein kräftiger Schneesturm getobt, die Pässe schienen unüberwindbar. Was war Bjarne da sauer, weil er doch genau an diesem Tag angreifen wollte. Aber er ließ sich nicht erschüttern und nutzte den Schlussanstieg nach Sestriere, um ins Gelbe Trikot zu fahren. Auf der 17. Etappe machte Riis die Sache rund. Hinauf nach Lourdes-Hautacam griff er noch einmal an, schlug Richard Virenque und untermauerte seine Führung. Am Tag darauf belegte er in Pamplona Platz zwei hinter Laurent Dufaux.

Möglicherweise war diese Demonstration der Stärke ein wenig zu viel des Guten. Er wirkte nach der Verteidigung des Gelben Trikots in den Pyrenäen und in der letzten schweren Woche angeschlagen. Bjarne war an seinem Limit angekommen. Beim Abschlusszeitfahren über 63,5 Kilometer von Bordeaux nach Saint-Émilion erlebte ich einen außergewöhnlich nervösen Kapitän, der ja ein guter, aber kein konstanter Zeitfahrer war. Schon beim Warmfahren machte er sich seinen Rennanzug kaputt, der nur notdürftig mit Sicherheitsnadeln geflickt werden konnte, was nicht gerade zum Selbstvertrauen beitrug.

Die Mannschaft verfolgte das Zeitfahren am Fernsehgerät. Bjarne sah nicht schlecht aus. Auf den letzten eineinhalb Kilometern aber, auf einer breiten Straße mit kräftigem Gegenwind, bekam er seine liebe Müh' und Not. Vielleicht hatte er zu wenig gegessen und getrunken, ich weiß es nicht. Aber er kämpfte und brachte das Ding gerade so nach Hause. Wäre das Zeitfahren ein paar Kilometer länger gewesen, hätte er die Tour noch verloren – und zwar gegen seinen eigenen Teamkollegen Jan Ullrich. Der Debütant nämlich entschied den Kampf gegen die Uhr in überzeugender Manier vor den beiden Spaniern Induráin und Olano für sich und rückte Bjarne bis auf 1:41 Minute auf den Pelz. Das war nicht viel nach drei Wochen, aber es waren immer noch Welten im Vergleich zur Dramaturgie von 1989, als Greg LeMond und Laurent Fignon durch läppische acht Sekunden getrennt waren.

Walter Godefroot und Telekom waren an ihrem lange verfolgten Ziel angekommen und für ihren Weitblick und ihr Durchhaltevermögen belohnt worden: ein Sieg bei der Tour, ein unglaublicher Doppelsieg sogar. Der grandiose Herrscher dieser Rundfahrt aber war Bjarne Riis. Je länger die Tour dauerte, je souveräner er auftrat, desto mehr stieg er in meinem Ansehen. Er zeigte, was möglich ist, wenn man an sich glaubt, wenn man Talent mit Selbstbewusstsein paart. Nur Lance Armstrong ist mir in Erinnerung, der mit ähnlicher Überzeugungskraft den einen oder anderen Sieg angekündigt hatte.

In seinem Schatten aber strahlte ein neuer Stern am Radsporthimmel. Was hatte dieser junge Jan Ullrich nach drei Wochen noch für ein Potenzial in den Beinen. Und wie unbekümmert er drauflosfuhr, gerade mal schnell die Mütze zurechtgerückt, während Bjarne mit einem Aero-Helm aus der Hightech-Schmiede startete. Man hätte Ullrich den Sattel einen Zentimeter höher oder tiefer stellen können, auch das hätte ihn nicht gestört. Er war getrieben vom Ehrgeiz, dieses Zeitfahren nach Saint-Émilion gewinnen zu wollen. Seine Ambitionen auf den Gesamtsieg hatte er noch hintangestellt.

»Loch zufahren!«

Das Verhältnis zwischen Bjarne und mir war von gegenseitigem Respekt geprägt. Er hatte mich als wichtigen Helfer anerkannt und gelobt, im Gegenzug schätzte ich ihn als Kapitän mit einer starken und souveränen Meinung, die er überzeugend nach außen vertrat. Aber zum Ende dieser Tour bekam unsere Beziehung einen Knacks, und zwar auf der drittletzten Etappe von Hendaye nach Bordeaux. Tags zuvor hatte Bart Voskamp unseren gemeinsamen Teamkollegen Christian Henn im Etappenziel knapp besiegt. Jetzt hätte ich im Gesamtklassement erneut einen Sprung vom 14. Platz unter die ersten Zehn machen können.

Es war eine typische Situation für die dritte Woche, in der Ausreißer oft einen Vorsprung von zehn Minuten nehmen und bis ins Ziel halten. Ich war mit einer Fluchtgruppe um Andrej Tschmil und Rolf Sørensen unterwegs und hatte als Bestplatzierter in der Gesamtwertung großes Interesse daran, dass diese Gruppe lief. Eine Minute Vorsprung wurde gemeldet, aber er wurde einfach nicht größer. Wir fuhren voll und fragten uns, wer denn im Feld dagegenhielt. Tschmil und Sørensen schüttelten den Kopf, bis aus dem Führungsfahrzeug berichtet wurde, dass ausgerechnet das Team Telekom hinten Tempo machte. Mein eigener Rennstall arbeitete also gegen mich! Einer nach dem anderen aus meiner Fluchtgruppe kam zu mir und sagte, er verstehe die Welt nicht mehr. Was denn los sei, fragten sie. Auch Walter Godefroot wunderte sich über die Initiative seiner Fahrer. Zur Rede gestellt, antwortete Bjarne ihm: »Heute fährt keine Gruppe weg und schon gar keine, in der sich Rolf Sørensen befindet.«

Als ich davon erfuhr, wurde mir klar, dass ich das Opfer einer persönlichen Fehde geworden war. Sørensen war ebenfalls Däne und hatte ein paar Tage zuvor in Superbesse gewonnen, als Bjarne schon in Gelb fuhr. Alles Reden nutzte nichts. Vielmehr machte unser Kapitän die Seinen an. Als Rolf Aldag aufmuckte, er solle mich da vorne doch fahren lassen, schrie Bjarne zurück: »Nein, Loch zufahren. Macht, was geht.«

Die Jagd zwischen Spitze und Peloton dauerte 40 Kilometer. Dann hatte ich verloren. Die Etappe gewann letztlich Frédéric Moncassin im Massensprint vor Erik Zabel, der sich mit zwei Etappensiegen, einem zweiten und einem dritten Platz zum ersten Mal das Grüne Trikot sicherte. Ich blieb 14. und war bitter enttäuscht, dass die eigene Mannschaft Jagd auf mich gemacht hatte. Mit Bjarne sprach ich nie darüber. Mein Verhältnis zu ihm kühlte ab. Ich konnte ihn als Athlet akzeptieren, aber als Mensch hatte er für mich an Ansehen verloren.

Aufdringliches Geräusch in der Nacht

Bjarne Riis war fest davon überzeugt, auch die Tour 1997 gewinnen zu können. Er beanspruchte die Kapitänsrolle für sich und meinte diplomatisch, wir müssten erst mal sehen, wie das mit Himmelsstürmer Jan Ullrich funktioniere. Er spekulierte sogar noch auf die Führungsrolle, als wir anderen Teamgefährten längst gespürt hatten, dass sein Kampf gegen Jan aussichtslos geworden war.

Die Entscheidung fiel auf der neunten Etappe von Pau nach Loudenvielle, als Laurent Brochard vor Richard Virenque gewann und Riis mit Ullrich nicht mehr mithalten konnte. Der Franzose Brochard übrigens wurde einige Wochen später Weltmeister in San Sebastián aus einer Spitzengruppe heraus, in der ich als Vierter meine beste WM-Platzierung erreichte.

Auf dieser ersten Pyrenäenetappe, aber noch mehr am Tag darauf lieferte Jan Ullrich eine Demonstration der Stärke ab. Die ganze Welt überzeugte sich von seinem Talent und seinen unglaublichen Fähigkeiten. In Andorra-Arcalis, es war der 15. Juli 1997, schlüpfte Jan mit seinem Sieg vor Marco Pantani und Richard Virenque ins Gelbe Trikot.

Bjarne träumte zwar immer noch, es zurückerobern zu können, merkte aber sehr schnell, dass er mit den Spitzenleuten nicht mehr mithalten konnte. Nicht mit Ullrich, nicht mit Pantani oder Virenque. Erst dann legte er den Schalter im Kopf um, akzeptierte den neuen Star und verstand es blendend, sich als Helfer Ullrichs in Szene zu setzen. Es ist ihm hoch anzurechnen, dass er Jan mit sehr vielen wertvollen Tipps zum Material und mit mentaler Unterstützung zur Seite stand. Zu knabbern hatte er trotzdem daran, dem Kronprinzen im eigenen Team den Vortritt zu lassen. 1993 Fünfter, 1995 Dritter, 1996 Erster, 1997 Siebter – Bjarnes große Zeit bei der Tour war vorüber. Er hatte sie einmal gewonnen und damit eine tolle Laufbahn gekrönt. Wer kann das schon von sich sagen? So viele Rennfahrer sind das nicht.

Wie verrückt Bjarne war, wie er im stillen Kämmerlein versuchte, das Optimum möglich zu machen, zeigt eine Geschichte aus dem Hotel in Pau. Zabel hatte zwei Etappen, die siebte und die achte, hintereinander gewonnen, die Pyrenäen standen an. Christian Henn und ich erzählten noch eine Weile im Bett, konnten dann nicht einschlafen, weil uns das aufdringliche Geräusch eines Generators nervte. Wir standen auf und bemerkten, dass das Geräusch aus dem Zimmer nebenan kam. Wir schauten uns an. Den Radau macht ja einer von uns, staunten wir und gingen rein. Da trainierte Bjarne auf der Rolle mit Widerstand, um einen Berg zu simulieren, weil er aus den Tagen zuvor nur Flachetappen in den Beinen hatte.

Mit der gleichen Akribie und Konzentration auf das Wesentliche, mit einer belebenden Motivationskraft, führt er heute das Team CSC. Außer ihm gelingt es vielleicht noch Manolo Saiz, aus den Mitgliedern einer Mannschaft richtige Rennfahrer zu machen. Riis beschäftigt sich ganz intensiv mit jedem Einzelnen. Gibst du Bjarne einen Guten, macht er aus ihm einen Besseren. Siehe Ivan Basso, siehe Jens Voigt.

Zielstrebig auf einen Punkt hinzuarbeiten, das letzte Quäntchen herauszuholen, das waren und sind seine Stärken. Bjarne Riis fuhr damals schon mit Brian Holm vor der Tour in die Alpen und erkundete die Etappen. An so etwas hätten wir anderen nicht im Traum gedacht.

Ich bin fest davon überzeugt, dass Jan Ullrich ein Wechsel zu Bjarne Riis, der im Herbst 2002 wohl zur Diskussion gestanden hatte, gut getan hätte. Denn Bjarne hätte mit einem Rennfahrer, der sich über die Jahre verändert hatte und immer mehr seinen eigenen Kopf entwickelte, gut umgehen können. Ich denke, Ullrichs Wechsel zu CSC scheiterte am Geld.

Die Kamera auf dem Wohnmobil

Noch einmal machte Bjarne Riis bei einer Frankreich-Rundfahrt als Führungspersönlichkeit von sich reden. Es geschah bei der Skandal-Tour 1998, die in Dublin begann. An der französisch-belgischen Grenze war die hochbrisante Ladung von mehreren hundert Ampullen Epo und Anabolika aufgeflogen, die Willy Voet im Kofferraum eines Mannschaftsfahrzeugs mit sich führte. Voet war der Masseur des Festina-Teams, in dem die Mitfavoriten Richard Virenque und Alex Zülle, aber auch Weltmeister Laurent Brochard fuhren.

Danach war nichts mehr wie zuvor. Teamchef Bruno Roussel wurde festgenommen, die gesamte Festina-Mannschaft aus dem Rennen ausgeschlossen. Auch das TVM-Team geriet unter Verdacht, weshalb der niederländische Sprinter Jeroen Blijlevens kurz vor Ende der Tour ausstieg. Rudolfo Massi, der Mann im Bergtrikot, kam gar in Haft, nachdem man auch bei Big Mat diverse Medikamente gefunden hatte. Die Dopingkontrollen waren schärfer denn je. So musste beispielsweise Erik Zabel in den ersten zehn Tagen acht Mal zum Test.

Das Sportliche war bei der Tour 1998 völlig in den Hintergrund gedrängt. Wir Fahrer waren schweren Beschuldigungen und hohen Belastungen ausgesetzt. Ein ganz persönliches Erlebnis mag illustrieren, wie sehr wir auch von den Medien verfolgt wurden: Am Ruhetag der Tour waren wir in einem kleinen Ort in Südfrankreich einquartiert. Unsere Unterkunft war eines dieser alten, kleinen Stadthotels, irgendetwas mit *la gare* oder *la post* im Namen. Die Zimmer lagen im ersten Stock und waren für zwei Leute mit Gepäck sehr, sehr klein. An den Wänden hing eine dicke staubige Stofftapete, die schon beim Anblick Allergien und Depressionen auslöste. Um die Zimmer ein bisschen wohnlicher zu machen, schafften wir alles bewegliche Mobiliar auf die Gänge. Die anderen Teammitglieder hatten natürlich dieselbe Idee. Und so sah der Flur bald aus wie ein Lager in einem Antiquitätengeschäft. Überall Stühle, Schränke und Tische, man kam kaum noch durch.

Im Zimmer selbst herrschten um die 58 Grad. Als ich die Holzklappläden am Fenster aufmachte, um die Hitze etwas erträglicher zu gestalten, erblickte ich auf dem Parkplatz gegenüber in einer Entfernung von rund 15 Metern ein Wohnmobil, auf dessen Dach jemand mit einer fest installierten Kamera stand. Die Linse war direkt auf unsere Zimmer gerichtet.

Zu dieser Zeit waren wir unheimlich genervt, da uns zahllose Medienvertreter tagtäglich auf Schritt und Tritt verfolgten und es nur noch um das Thema Doping ging. *Spiegel TV*, *Monitor*, Boulevardpresse, alles war vertreten. Sie suchten in Restaurants, in denen wir aßen, die Nebentische auf, um etwas aufzuschnappen. Sie trieben sich auch in unseren Hotels auf den Gängen herum, observierten die Betreuer, wühlten in unseren Müllsäcken und wurden leider oft unsachlich, unhöflich und respektlos. Die Journalisten hingegen, die wir jahrelang kannten, behandelten uns und dieses Thema nach wie vor sachlich, fair und korrekt. Und so blieben sie auch in dieser schwierigen Phase unsere bevorzugten Gesprächspartner.

Noch am selben Abend nahm ich mir vor, der Observierung auf den Grund zu gehen. Nach der Massage und dem Abendessen schritt ich hinüber auf den Parkplatz, hin zu diesem Wohnmobil. Die Tür stand offen, und ich hörte, dass drinnen jemand herumhantierte. Ich rief »Hallo«, und es kam ein junger Mann an die Tür. Ich fragte ihn, ob er der Besitzer dieses Fahrzeugs sei. Er verneinte, sein Fernsehsender habe das Wohnmobil gemietet. Auf meine Frage, warum er die Kamera auf dem Dach auf unsere Zimmer gerichtet habe und was das solle, meinte er nur, er mache lediglich seinen Job, mehr auch nicht. Ich fragte nach dem Namen seines Chefs, doch er verweigerte die Antwort.

Ich war furchtbar sauer. Der Gedanke, den ganzen Abend, die ganze Nacht bei geschlossenen Klappläden im Zimmer zu schmoren, ließ die kalte Wut in mir aufsteigen. Ich sah mich bis in meine Privatsphäre hinein verfolgt, und das stank mir gewaltig. Rein sportlich hatte sich für uns ja überhaupt nichts verändert. Die Tour war längst noch nicht beendet, Jan Ullrich lag aussichtsreich im Rennen, bis er es auf dem Weg nach Les Deux-Alpes an Marco Pantani verlor.

The Show must go on

Aber es ging nicht nur um mich oder das Team Telekom. Es waren alle Fahrer betroffen – zum einen durch die Medienberichte, zum anderen durch die Polizeiaktionen. Nachdem schon die zwölfte Etappe mit einer Verspätung von über einer Stunde losgegangen war, wurde die 17. Etappe von Albertville nach Aix-les-Bains annulliert. Der Grund: Das Fahrerfeld opponierte gegen die rüden Methoden der Polizei bei Hoteldurchsuchungen. Laurent Jalabert und Luc Leblanc hatten erneut einen Streik angezettelt, weil sie sich von Medienberichten diskriminiert und als Verbrecher bloßgestellt fühlten. Jalabert stieg anschließend mit seinem Once-Team auf Weisung des Sponsors aus, auch Kelme packte ein. In Paris sollten nur 96 Fahrer ankommen.

Es machte sehr schnell die Runde, dass überall Polizeirazzien stattgefunden hatten. Die Hexenjagd konzentrierte sich jedoch auf Festina und TVM, bei uns oder bei Rabobank wurde definitiv kein Auto und auch kein Hotelzimmer durchsucht. Wir fühlten uns zumindest nicht von der Polizei belästigt.

Die meisten setzten sich protestierend und demonstrierend auf die Straße, an der Spitze des diskutierenden Pelotons wartete Tour-Direktor Jean-Marie Leblanc in seinem Wagen auf ein Einlenken der Rennfahrer. Denn für ihn gab es nur eines: *The Show must go on.*

Es war Bjarne Riis als Fahrersprecher und Vermittler, der im dänischen Meistertrikot zu Leblanc nach vorne rollte. Erst diskutierte er mit Leblanc, dann klapperte er jedes Team und dessen Sprecher ab. Seine Argumentation, wie sie auch Walter Godefroot nachvollziehen konnte, lautete: Die Tour muss weiter gehen. Wir müssen für die Zuschauer fahren. Das sind Fans des Radsports, die extra angereist sind und stunden- oder tagelang ausharren, um uns zu sehen. Jetzt aufzugeben, wäre ein falsches Signal. Alles andere muss hinterher geregelt werden. Später gab es Spekulationen, Bjarne Riis habe für seine Verhandlungstaktik und den positiven Ausgang Geld von der Société du Tour de France bekommen. Wir hatten keine Anzeichen dafür, und ich glaube das auch nicht.

Mit diesem Tag war Bjarne Riis' Karriere bei der Tour de France so gut wie beendet. 1999 brach er sich bei der Tour de Suisse den Ellenbogen und musste die Saison vorzeitig beenden.

Eine Baskenmütze zum 30. Geburtstag

Mit Bjarne Riis feierte nicht nur das Team Telekom seine größten Erfolge. In die Zeit mit ihm fielen auch die wichtigsten persönlichen Triumphe, die ich neben den Etappensiegen 1992 beim Giro und der Baskenland-Rundfahrt erringen konnte: 1996 gewann ich das Weltcuprennen in San Sebastián, im Jahr darauf den GP Gippingen, eine Etappe bei der Bicicleta Vasca und die Gesamtwertung der Dauphiné Libéré. Es waren allesamt besondere Erlebnisse, denn so sehr viel gewann ich in meiner Karriere ja nun wirklich nicht.

Am Start in San Sebastián dachte ich an alles, nur nicht an einen Sieg, dafür fühlte ich mich noch viel zu müde von der gerade zu Ende gegangenen Tour de France und auch ein bisschen lustlos. Es war ein richtig heißer Tag im Hochsommer: der 10. August 1996, mein 30. Geburtstag.

Ich zog ein Unterhemd unter das Trikot an, allein daran waren meine geringen Ambitionen abzulesen. Ich dachte nur: Mal sehen, wie weit ich heute komme. Wenn es nicht richtig läuft, fahre ich einfach zurück in die Stadt und lege mich an den Strand. Ich hab' ja Geburtstag, den kann man auch mal am Meer genießen.

Zugegeben, diese Nullbock-Einstellung passte natürlich überhaupt nicht zu mir, und – einmal auf dem Rad – kam es auch ganz anders. Ich fuhr in einer 14-köpfigen Spitzengruppe den Jaizkibel hoch, den letzten schweren Anstieg rund 30 Kilometer vor dem Ziel, der dieses Rennen häufig entscheidet. Erst auf der Abfahrt lief alles wieder zusammen. Bei einer neuen Attacke formierte sich eine sechs- oder siebenköpfige Ausreißergruppe, die sehr gut harmonierte und es bis auf die Zielgerade schaffte. Dort blies kräftiger Gegenwind. Zwei Konkurrenten bekamen Krämpfe und mussten abreißen lassen. Bei mir machte sich Unsicherheit breit, und ich dachte: Sprinte einfach mal los, vielleicht reicht es ja fürs Podium. Dann kam keiner mehr vorbei. Ich siegte vor Stefano Cattai und Massimo Podenzana.

Udo Bölts als Sieger beim GP Kanton Aargau in Gippingen 1997.

Für diese Kaltschnäuzigkeit erhielt ich eine der interessantesten Trophäen im Profiradsport: eine riesige Baskenmütze. Ein schönes Erinnerungsstück an eine Region, die mir mit ihrer reizvollen Landschaft und ihren

Menschen besonders ans Herz gewachsen ist. Mit der Familie mache ich im Urlaub immer wieder gern für zwei, drei Tage einen Abstecher ins Baskenland. Und bei den Rennen dort kennen die Zuschauer einfach alle Fahrer und feuern jeden Einzelnen an – das macht Laune und motiviert.

Den Abend verbrachten wir in der Altstadt von San Sebastián und genossen zur Feier des (Geburts-)Tages das reichhaltige Angebot an *Tapas*. Frans Van Looy verschob sogar seine Heimfahrt um eine Nacht.

Den Grand Prix Kanton Aargau in Gippingen sah Bjarne Riis im Mai 1997 als ernsthaften Test für die Tour de France an. Er gab uns Domestiken den Auftrag, das Rennen richtig schwer zu machen, am Berg zu attackieren und das Tempo hoch zu halten. Irgendwann zur Hälfte der Distanz wurde die Spitzengruppe immer kleiner. Dumm nur, dass Bjarne Riis keine Rolle mehr spielte. Hatten wir die ganze Arbeit vergeblich gemacht?

Auf der letzten Runde in Richtung Ziel analysierte ich gemeinsam mit Christian Henn einmal unsere Gruppe. In Dimitri Konyschew machten wir den eindeutig schnellsten Sprinter aus. Gegen ihn schien im Endspurt kein Kraut gewachsen, also mussten wir uns etwas anderes einfallen lassen. Tausend Meter vor dem Ziel – ich fuhr vorne rechts und hatte Christian am Hinterrad – rief dieser überraschend: »Auf Udo, fahr los, ich mach das bisschen für dich, ich lasse die Beine hängen.«

Ich kapierte sofort und trat an. Viel zu früh für einen Sprint, aber ich probierte es dennoch. Und Christian ließ tatsächlich ein paar Tritte aus. Ruckzuck hatte ich mit diesem Manöver fünfzig Meter Vorsprung herausgefahren, die mir reichten, um den Grand Prix Gippingen vor Andrej Tschmil und Dimitri Konyschew zu gewinnen.

Gestartet als Teamplayer mit einer ganz anderen Aufgabe, wussten wir Helfer uns zu helfen. Wir unterstützen uns gegenseitig, das war ein gutes Signal. Die Wasserträger, die ein ganzes Jahr lang miteinander reisten, aßen, übernachteten, trainierten und Rennen fuhren, hatten aus einer nicht vorhersehbaren Situation das Maximum herausgeholt und gezeigt, dass es für Siege nicht immer Kapitäne brauchte.

Ich muss Bjarne zugute halten, dass er mich zu jener Attacke animierte, die mir den Etappensieg zum Abschluss der Bicicleta Vasca 1997 bescherte. Ich war wohl doch zu sehr ein Zauderer, der sich in den entscheidenden Momenten zu wenig zutraute. Auch an diesem Tag hatte ich mich sehr gut gefühlt, aber ob ich den Vorstoß von allein gewagt hätte?

»Udo, du hast einen so guten Tritt, attackiere doch einfach mal. Vielleicht schaffst du es, durchzukommen«, sagte Bjarne zu mir.

»Meinst du? Aber es ist doch noch so weit, dann muss ich ja noch zig Kilometer durch die Ebene fahren. Ich weiß nicht, wie der Wind steht, und bin mir nicht sicher, ob ich das durchstehe.«

Und er antwortete ganz bestimmt: »Wer nicht wagt, der nicht gewinnt. Du musst das mal probieren und dann siehst du schon, ob du das kannst.«

Wir befanden uns im Anstieg hinauf zum Alto de Arrate. Dort auf der Passhöhe lag auch das Etappenziel, nur mussten wir zuvor eine weitere Runde absolvieren. Nach der Abfahrt waren es noch 30 Kilometer bis zum Ziel. Ich attackierte, sie ließen mich fahren, es kam eine lange Gerade, ich schaute zurück. An der Spitze der Verfolger waren nur ein paar helle Trikots von Banesto zu sehen, der Vorsprung betrug rund eine Minute. Dann kam der Schlussanstieg, und ich merkte, dass ich nicht mehr so frisch war.

»Das sieht gut aus«, sagte aber Frans Van Looy, der nach vorne gefahren kam: »Die Banestos machen nichts mehr.«

Ich trat, was ich konnte, mühte mich den Berg hoch. Es waren vielleicht noch 1.200 Meter, da hörte ich die ersten Autos hupen und wusste, dass sie näher kamen. Aber nun war ich mir auch schon sicher, dass ich diese Etappe gewonnen hatte.

Trotz der beiden frischen Erfolge in der Schweiz und im Baskenland verschwendete ich im Mai 1997 vor der Dauphiné Libéré keinen Gedanken an einen möglichen Sieg. Doch dann zeigte ich am vierten Tag dieser Miniatur-Ausgabe der Tour de France ein unerwartet starkes Zeitfahren über fast 50 Kilometer. Es geschah quasi aus einer Wette mit Kai Hundertmarck heraus, der noch beim Warmfahren frotzelte: »Du hast ja den Lenker vorne viel zu hoch.«

»Selbst damit bin ich heute eine Minute schneller als du«, entgegnete ich ihm.

»Nie im Leben.«

»100 Prozent.«

Die Wette lief. Es ging um einen kleinen Geldbetrag.

Wir starteten im Zwei-Minuten-Abstand. Plötzlich sah ich Rik Verbrugghe vor mir, wahrlich kein schlechter Zeitfahrer. Die Motivation wuchs, ich kam dicht an ihn heran, und Frans Van Looy verkündete im Ziel stolz: »Udo, hinter Ekimow die zweitbeste Zeit.« Das kann nicht sein, dachte ich. Aber es stimmte. Nur noch Abraham Olano und Roland Meier fuhren später schneller, ich belegte den vierten Platz. Die Wette gegen Kai hatte ich gewonnen.

Dann folgte die erste Hochgebirgsetappe. Ekimow war zurückgefallen, plötzlich musste auch Olano abreißen lassen, und ich realisierte: Jetzt Udo, jetzt bist du im Gelben Trikot. Olano schlich sich wieder heran, verlor an einem Steilstück bei Grenoble wieder ein paar Sekunden, kam wieder heran, verwies mich um eine Sekunde auf den zweiten Platz und ging im Trikot des Spitzenreiters auf die letzte Bergetappe.

Um mich herum gruppieren sich wachen Auges ein paar Banesto-Fahrer. Ihr Kapitän Olano schnauft auffallend schwer. Zu Totschnig an meiner Seite sage ich: »Georg, jetzt fahr so schnell, dass die fliegen gehen.«

Er erhöht die Trittfrequenz. Zuerst müssen seine Helfer abreißen lassen, dann Olano.

»Georg, jetzt zieh noch ein Stück, danach übernehme ich selbst.«

Kuppe, Abfahrt, Rollsplitt. Au Backe, auch das noch. Schlimmer kann es nicht kommen. Rechnerisch bin ich zwar im Gelben Trikot. Aber das Risiko! Wie hoch ist das Risiko? Wenn ich jetzt stürze, bin ich die große Lachnummer. Und Olano wird voll fahren, der kann das, der ist ein Riesenabfahrer.

Ich steuere äußerst vorsichtig. Van Looys Fahrzeug wird aus der Kolonne herausgewunken, er kommt aber noch einmal herangebraust. »Olano ist gestürzt«, schreit er: »Auf dem Grünstreifen. Er sitzt aber schon wieder auf dem Rad.«

Es beeindruckt mich kein bisschen. Ich schließe zur vorderen Ausreißergruppe auf. Es sind vier Mann mit Anführer Andrej Teteriuk. Mein Vorsprung auf Olano beträgt über eine Minute. Es ist keine technische Abfahrt, man muss kräftig treten. Jetzt holt Olano nicht mehr auf, da bin ich mir sicher.

Keiner will führen. Es geht noch mal ein Stückchen hoch. Nur Teteriuk sprintet auf der Kuppe vorbei und haut auf der Abfahrt hinunter ins Ziel ab. Ich bin müde und sauer gleichermaßen. Aber es heißt treten, treten, treten. Auf einem ganz langen geraden Stück, mit dem Elfer- oder dem Zwölfer-Ritzel. Es geht um den Sieg!

Teteriuk ist durch. Dann fahre ich als Fünfter über den Zielstrich, steige aufgeregt vom Rad. Kameras um mich herum. Warten auf Olano. 20, 25, 30 Sekunden. Dann 40. Es kommt kein Olano. 50 Sekunden.

Jetzt, jetzt habe ich die Dauphiné gewonnen. Die Dauphiné!

Schade ist, dass ich nur ein einziges Gelbes Trikot erhielt, ganz am Schluss, bei der letzten Siegerehrung. Ich hätte gerne das eine oder andere verschenkt. An einen meiner Helfer zum Beispiel, am liebsten an Georg Totschnig, dem ich den Erfolg zu verdanken hatte.

KAPITEL 6

ZABELJAHRE

Alle Jahre wieder: Geburtstag bei der Tour

Der vierte Platz bei den Olympischen Spielen 1992 in Barcelona war für Walter Godefroot Grund genug, den blutjungen, wissbegierigen und erfolgshungrigen Erik Zabel umgehend für das Team Telekom zu verpflichten. Wen sonst unter den deutschen Nachwuchsfahrern, wenn nicht ihn?

Doch kein Mensch konnte damals ahnen, mit welcher Energie und welchem Trainingseifer sich dieser Erik Zabel zum weltweiten Superstar der neunziger Jahre und darüber hinaus hocharbeiten würde. Zum Sprinter, der nicht nur in Endspurts zu glänzen weiß, sondern auch über die Berge kommt. Zum superschnellen und wagemutigen Rennfahrer. Zum Allrounder mit kleinen Defiziten im Zeitfahren, der auch Ausnahmequalitäten als Führungspersönlichkeit beweist.

Ich lernte Erik Zabel beim Wintertreff der Mannschaft im November 1992 kennen. Und spätestens zum Saisonbeginn 1993 merkte ich: Da war einer zur Truppe gestoßen, der die Wege und die Regeln im Profigeschäft von der Pike auf lernen wollte und sich bedingungslos in den Dienst der Mannschaft stellte.

Dem Team etwas geben, um vom Team etwas zu bekommen, diese Maxime schien er anzustreben. Möglichst schnell wollte er aber auch das Erbe seines Vorbilds Olaf Ludwig antreten. Zabel war ein Ehrgeizling, der sich hohe Ziele steckte, sie ganz konsequent verfolgte und erfolgreich umsetzte.

In der Mannschaft für die Tour de France 1993 fand er noch keinen Platz. Sein Debüt in Frankreich gab er 1994, als er dort, wie all die Jahre später auch, am 7. Juli seinen Geburtstag feierte. 24 war er geworden und leistete gleich auf Anhieb als Sprintanfahrer und -vorbereiter für Olaf Ludwig wertvolle Arbeit.

Ludwig hatte 1990 in Besançon, 1992 in Paris und dann 1993 in Montpellier zum ersten Mal für das Team Telekom bereits drei Tour-Etappen gewonnen. 1994 hätte er nur allzu gerne einen weiteren Sieg folgen lassen. Es reichte aber nur zu drei zweiten Plätzen. Damit war Ludwigs Karriere bei der Tour de France zwar noch nicht ganz beendet, aber die von Zabel hatte begonnen – auch wenn Magenprobleme dem Debütanten so sehr zusetzten, dass er das Ziel in Paris nicht erreichte. Das ärgerte ihn sehr. Es sollte nie wieder vorkommen.

Die Tour de France 1995 zählte für das Team Telekom zu den schwierigsten überhaupt. Mit Müh' und Not und auf den letzten Drücker konnte Walter Godefroot bei Tour-Direktor Jean-Marie Leblanc und der Société du Tour de France überhaupt einen Start durchsetzen. Und das auch nur als Teil einer gemischten Mannschaft. Es war gewiss eine Kompromisslösung, aber es war besser als gar nichts. Zum Team gehörten neben Olaf Ludwig bei seiner letzten Teilnahme, Rolf Aldag, Jens Heppner, Erik Zabel, Wladimir Pulnikow und mir die drei Profis Nelson Rodriguez, Andrea Ferrigato und Stefano Colagè von ZG Mobili.

Der Sponsor Telekom war sich zu diesem Zeitpunkt immer noch nicht sicher, ob er sein Engagement im Radsport wie bisher fortsetzen sollte. Und dann sprang Erik Zabel in die Bresche und bescherte uns in dieser Phase der Unsicherheit gleich zwei Tageserfolge. Er gewann – just an seinem 25. Geburtstag – die sechste Etappe in Charleroi und später die 17. Etappe in Bordeaux. Das rechtfertigte im Nachhinein seine Berufung. Aber hatte er jemals zur Debatte gestanden? Nein, denn er war das ganze Jahr über schon überragend stark gefahren. So stark, dass man blind auf ihn als Sprinter setzen konnte.

Baskischer Weinbrand in der Kühlbox

Vor dem Jubeltag des Telekom-Teams in Bordeaux hatte sich ein dunkler Schatten über den gesamten Tross der Tour de France gelegt. Fabio Casartelli, der italienische Olympiasieger von 1992, war bei einem Sturz am Portet d'Aspet tödlich verunglückt. So wie an diesem Tag die Siegerehrung für Richard Virenque abgehalten wurde, so lief auch die Tour de France weiter – am Tag nach dem Todessturz jedoch in Trauerstimmung und unter den Regeln der Neutralisation. Attacken gab es auf dem 229 Kilometer langen Teilstück von Tarbes durch die Pyrenäen nach Pau nicht. Casartellis Motorola-Equipe rollte geschlossen über die Ziellinie, als Erster der Italiener Andrea Peron, Casartellis bester Freund. Welch eine Symbolik.

Anstrengend war die Etappe dennoch, denn die extreme Hitze zehrte auf den drei Pässen der höchsten Kategorie an den Kräften.

Die erste Passstraße. Geduldig wartende Zuschauer spenden Applaus, gemächliches Tempo. Je höher wir kommen, desto mehr scheint die Hitze in den Körper einzudringen und ihn auszulaugen. Wer außen im Feld fährt, nutzt jede Möglichkeit, um ein Wasser oder eine Büchse Cola zu erwischen. Keiner verschwendet einen Gedanken an die Ammenmärchen, die davor warnen, Getränke von fremden Leuten anzunehmen. Mensch, wenn man doch keine andere Wahl hat!

Die Zuschauer sind doch keine Verbrecher, die uns einen K.-o.-Trunk mixen. Aber in all den Jahren würde ich einen Lance Armstrong nie ein Getränk annehmen sehen, und auch ein Miguel Induráin hat höchstens mal ein Wasser über seinem Kopf ausgeleert.

Die Kollegen, die nicht so gute Beine haben, fahren notgedrungen innen und rollen nur mit, gehen aber auch leer aus. Rolf Aldag zählt an diesem Tag zu den Durstigen. Ich spüre, wie er Probleme bekommt, schütte ihm immer mal wieder Wasser in den Nacken und schiebe ihn auch ein paar Mal.

In der Etappenvorbereitung haben alle die Hitze und die Anstrengung an diesem neutralisierten Tag unterschätzt und zu wenig Getränke gerichtet. In den Kühlboxen in unserem Begleitfahrzeug herrscht Ebbe. Ein paar Colas noch, die man aber irgendwann nicht mehr schmecken will. Wir lechzen nach kühlem Wasser.

Not macht erfinderisch. Mir kommt die Idee, anzuhalten und mich selbst zu bedienen. Aber nicht an einem Dorfbrunnen, den finde ich unter all den vielen Menschen ja gar nicht, nein, direkt an irgendeiner Kühlbox. Ich bremse scharf, verlange von einem wildfremden Menschen etwas zu trinken: »Bebidas!«

Aber er und auch die anderen um in herum starren mich ratlos an. Ich fackele nicht lange, reiße aus lauter Verzweiflung gierig den Deckel der nächstbesten Kühlbox auf und will mir eine oder zwei Flaschen Wasser greifen.

Aber das Angebot überrascht und enttäuscht mich zugleich. Verflucht, da sind ja nur eine Flasche Weinbrand und ein paar Tafeln Schokolade drin, was soll ich damit? Sicher gute Qualität. Aber eben nichts für mich und für Rolf. Jedenfalls nicht in diesem Moment.

In aller Eile luchse ich einem anderen Zuschauer doch noch eine gekühlte Dose ab, eile dem langsamen Feld hinterher und schiebe sie Rolf zu. Er nimmt sie dankend, stürzt das frische Getränk hinunter. Es war doch wieder Cola.

Helferdienste für einen Helfer an einem ganz, ganz harten Tag. Es war der vielleicht heißeste in meinen Tour-Jahren und durch das schreckliche Ereignis am Tag davor gewiss auch einer der nachdenklichsten.

Die Jahre in Grün

Dass Bjarne Riis 1996 das Kommando in der Tour-Mannschaft übernommen hatte und Jan Ullrich als Kronprinz zur Stelle war, gab Erik Zabel einen Kick. An diesem Duo orientierte er sich. Er wollte ebenbürtig sein, er wollte ähnliche Erfolge, und er erreichte sie auch. Während Riis das Gelbe Trikot eroberte und es bis nach Paris trug und Ullrich mit seinem Sieg im Zeitfahren von Saint-Émilion am vorletzten Tag und seinem zweiten Gesamtplatz auftrumpfte, schlüpfte ein siegeshungriger Erik Zabel ins *Maillot Vert*, ins Grüne Trikot. Und das mit einer erstaunlichen Souveränität. Seine Bilanz: Etappensiege in Nogent-sur-Oise und in Gap, zweite Plätze in Aix-les-Bains und Bordeaux, ein dritter Platz in Besançon. Zabels »grüne Jahre« hatten begonnen.

Dieses begehrte Trikot immer und immer wieder zu gewinnen, war ihm Motivation und, da er es tatsächlich schaffte, Genugtuung zugleich. Es ging ihm auch immer darum, der Omnipräsenz des Jan Ullrich, der bei Erfolgen wie bei Misserfolgen in der Gunst der Medien die Nase vorne zu haben schien, Paroli zu bieten. Möglicherweise sah sich Erik vom Neid auf Jans Popularität angetrieben. Er wollte und konnte nicht einfach so zurückstehen.

Die beiden waren angenehme Kollegen, die bei einem Mannschaftstreffen auch mal ein Gläschen zusammen tranken. Freunde aber wurden sie nie. Dafür waren sie sportlich wie menschlich zu unterschiedliche Typen mit ausgeprägt starken Charakteren. Es war das Verdienst von Walter Godefroot, dass es mit den beiden in einer Mannschaft gut ging, dass sie ihr Arbeitsverhältnis zu pflegen wussten. Dank der Autorität des Teamchefs konnte jeder seinen eigenen Weg verfolgen, und die beiden lernten, respektvoll miteinander umzugehen.

Godefroot verglich sie selten, weil das gar keinen Sinn gemacht hätte, aber er sagte immer: »Mit dem Ehrgeiz von Zabel hätte Ullrich schon ein paar Mal die Tour gewonnen.« Ullrich gewann einmal die Tour, Zabel nie. Aber einen so imageträchtigen Titel wie den des Sportlers des Jahres in Deutschland heimste nicht nur Jan Ullrich 1997 und 2003 ein, sondern auch Erik Zabel 2001.

Als Teamkollege zog ich zehn Jahre lang den Hut vor Erik, der jede Saison komplett durchfuhr und in jedem Rennen alles gab. Er war

Radprofi vom 1. Dezember bis zum 31. Oktober, und selbst in seinem Urlaubsmonat November dürfte er wie ein Profi gelebt haben. Ich gehörte wahrlich nicht zu jenen, die sich auf die faule Haut legten. Aber trotz allen Ehrgeizes war ich nie so besessen vom Job und so verrückt nach Erfolgen wie Erik, dem vielleicht ein Laurent Jalabert in der Einstellung zum Beruf am nächsten kam. Bei mir stand die Freude an der Arbeit im Vordergrund, immer auch begleitet von der realistischen Einschätzung, eben ein Wasserträger zu sein. Zabel aber war der reine Siegfahrer, einer mit dem Killerinstinkt.

Ich bewunderte seinen Trainingseifer, mit dem er mich in den Schatten stellte. Schon im Januar wollte er so oft wie möglich 200 Kilometer am Tag trainieren. Erik fuhr im Trainingslager auf Mallorca am Hotel früher los und kam später zurück als all die anderen. Er machte es, weil er fest davon überzeugt war, dass ihn das noch weiter nach vorne brachte. Aus diesem Trainingseifer und einer überaus seriösen Lebensweise schnitzte er sich die Karriere, die in der Welt des Radsports Begeisterung auslöste und viele Fans in Deutschland glücklich und stolz machte. Übrigens, einen schlechten Erik Zabel sah ich nie.

Teamkollegen auch bei der Tour 2002: Udo Bölts und Erik Zabel.

Er war immer da, und er wollte immer siegen. Es gab Tage, da mussten wir 100 oder 120 Kilometer von vorne fahren. Weil Erik das so wollte, aber auch weil uns das fast sichere Gefühl beflügelte, dass Erik den Erfolg ernten würde. Er war eine Bank und siegte auf Ansage. Das war positiv für die Durchschlagskraft und für das Image des Teams, aber auch das Preisgeld stimmte.

Zur Teamleitung pflegte Erik Zabel ein offenes Verhältnis. Jeder wusste, was er am anderen hatte. 13 Jahre beim Team Telekom sprechen eine deutliche Sprache. Hätte er es dort so lange ausgehalten, wenn er sich nicht wohl gefühlt hätte? Wohl kaum. Aber auch er suchte, genau wie ich, nach all den Jahren bei Telekom schließlich doch noch einmal die Herausforderung bei einer anderen Mannschaft. Für die Saison 2006 hat er beim neuen Team Milram unterschrieben. Mag der Wechsel bringen, was er sich selbst erhofft!

Zoff mit Zabel

Erik hat einen eigenwilligen und durchaus launischen Charakter. Wenn er nicht gewann, übertrug sich sein ungehaltener Frust manches Mal auf die Mannschaft. Wie das so sein kann bei Gewinnertypen, die immer das Maximale wollen und die dann enttäuscht sind, wenn es nicht hinhaut.

Der Zweite ist immer der erste Verlierer. Vielleicht stammt dieser Satz ja wirklich von Erik, ich weiß es nicht. Er sagte ihn jedenfalls oft, und er trifft seine Einstellung exakt. Hagelte es zu allem Unglück auch noch Kritik von der Presse, schlug er am nächsten Tag gnadenlos zu. Denn zur Niederlage, die ihn selbst am meisten wurmte, kam Zorn hinzu.

Oft war er nach den Rennen in sich gekehrt, sprach mit niemandem, zog sich um, packte seine Sachen, stauchte vielleicht mal den Masseur zusammen. Er bedankte sich bei der Mannschaft für die getane Arbeit nicht gleich, sondern erst beim Abendessen. Plötzlich aber war er wie ausgewechselt. Wer ihn lange genug kannte, konnte damit umgehen. Ich nahm ihn so, wie er war. Wir respektierten uns gegenseitig.

Nur ein einziges Mal hatten wir beide Zoff. An einem Tag im Mai 2000, nach der dritten Etappe der Deutschland-Tour über den Kandel nach Bad Dürrheim. Die Fakten: Ich kam mit Michele Bartoli auf der Zielgeraden an und spurtete gegen den Italiener zum Sieg. Vier Sekunden dahinter lag Tobias Steinhauser vom Team Gerolsteiner, weitere zwei Sekunden zurück gewann Bert Grabsch den Spurt der Verfolger. Die Führung in der Gesamtwertung verpasste ich aber um eine Sekunde und musste meinem Teamkollegen Jens Heppner den Vortritt lassen.

Aber was ärgerte Zabel so sehr daran, dass er mit mir Streit anfangen musste? Die Attacke hatte ich alleine vorbereitet und initiiert und lange mit Pascal Herve in Front gelegen. Bartoli, Steinhauser und David Plaza schlossen erst auf den letzten 20 Kilometern zu mir auf. Aus taktischen Gründen durfte ich nun keine Führungsarbeit mehr leisten, denn Plaza und Steinhauser sollten vor dem Einzelzeitfahren in Herzogenaurach nicht zu viel Zeit auf meinen Teamkollegen Andreas Klöden gut machen. Ein paar Mal durchbrach ich Godefroots Order, hielt mich danach aber sehr zurück. David Plaza wurde am Berg abgehängt und fiel in die Gruppe mit Andreas Klöden zurück, gewann drei Tage später trotzdem das Zeitfahren und die gesamte Rundfahrt.

Am Abend jedenfalls geriet ich heftig unter Eriks Beschuss. »Wie kann man sich denn einen Bartoli zum Feind machen, indem man nichts führt und ihn dann auch noch absprintet?«, wütete er. Wir wurden richtig laut, schrieen uns an, bis Teamarzt Andreas Schmid dazwischen ging.

»Von dir muss ich mir gar nichts sagen lassen«, giftete ich zurück: »Ich habe das Rennen vorbereitet und es schwer gemacht. Ich bin auf Etappensieg gefahren, dann kam Bartoli von hinten. Nee, lieber Erik, so ein Ding lasse ich mir von niemandem nehmen. Wie oft hast du schon hinten drauf gelegen und andere Arbeiter abgesprintet?«

Danach war es aber auch schon wieder gut. Wir vertrugen uns wieder.

Ein einziges Mal erlebte ich es auch nur, wie er zur Mannschaft sagte: »Ihr wart heute ja so schlecht«, als wieder einmal ein auf ihn zugeschnittenes Finale nicht wie geplant gelaufen war. Die Regie über die letzten Etappenkilometer lag ja nur selten in Eriks Macht. Die Kommandos kamen über Funk aus dem Begleitfahrzeug, umsetzen mussten wir es. Vieles lief wie automatisiert ab, zum Beispiel wer wann und wo in der Reihe der Anfahrer zu arbeiten hatte. Zabel hatte dafür stets seine Leute, einen Rolf Aldag, einen Giovanni Lombardi, einen Gian Matteo Fagnini. Aber der noch so ausgetüftelte Plan ging halt auch mal daneben – es gab ja noch Gegner, die sich nicht alles so gefallen ließen, wie wir das wollten.

Die disziplinierte Lust eines Genießers

Erik hatte so seine netten kleinen Ticks. Er mag besonders gerne Süßes, wie ich schon bei unserem ersten gemeinsamen Trainingslager auf Mallorca merkte. Damals teilten wir zwei Wochen lang das Hotelzimmer, was danach nur noch ganz selten, vielleicht ein, zwei Tage pro Saison vorkam. Ansonsten waren Jan Schaffrath oder Rolf Aldag stets seine Vertrauten. So wie es in meinem Fall etwa Christian Henn oder Georg Totschnig waren. Ich wohnte aber oft auch mit den Ausländern im Team zusammen, mit Etienne De Wilde, Dean Woods oder Kevin Livingston.

Erik erwies sich als sehr angenehmer und ruhiger Zimmergenosse, der selten einen Fuß vor die Tür des Hotels setzte, sondern lieber auf seinem Bett lag und einen Fernsehfilm anschaute. Er telefonierte auch nur ganz selten, musste sich nicht groß mitteilen. Privates trug er sowieso nie nach draußen. Seine Handynummer kannten nur wenige Menschen. Entspannen vor und nach den Etappen, konzentrieren, Ruhe haben – das war ihm am wichtigsten.

Wir kamen gerade vom Training zurück, als ich ihm anbot, er könne als Erster duschen gehen. Erik aber wollte lieber gemütlich baden, ließ mir den Vortritt, setzte sich aufs Bett und las Radsportzeitungen. Die kaufte er sich immer, ganz gleich, wo und in welcher Sprache, ob spanische, italienische, französische Gazetten. Auch wenn er anfangs nicht viel verstand, blätterte er die Zeitungen durch, studierte die Ergebnisse und sah sich die Bilder genau an. Erik verschlang alles. Es gab und gibt wohl keinen Rennfahrer, der besser Bescheid über die Konkurrenten weiß als er. Auch das gehörte für ihn zur intensiven Vor- und Nachbereitung der Rennen.

Er saß noch auf dem Bett, als ich aus der Dusche kam, und zog die Schublade seines Nachttischs auf. Sie war prall gefüllt mit Gummibärchen und Schokolade. Erik bot mir davon an und nahm sich selbst etwas. Mir fiel auf, dass er sich nur ein kleines Stückchen Schokolade abbrach. Er stopfte nicht, er genoss. Dann ging er baden und anschließend ins Bett. Mich hat diese disziplinierte Lust, diese konsequente Ordnung einfach fasziniert.

Ein anderer Tick ist sein Faible für Fahrräder. Bestimmt 60 hat er daheim stehen. Er hat sich sogar eine große Halle angeschafft, um alle Räder und Accessoires unterbringen zu können. Ob Lenker, Sättel, Bücher, Trikots – Erik sammelt alles, zumindest alles, was mit seiner Radsportkarriere zu tun hat. Er investiert mit Leidenschaft in große und kleine Dinge. Da kam es schon mal vor, dass er bei Mechanikern anderer Rennställe nachfragte, ob er ihnen im Herbst ein bestimmtes Rad abkaufen könne. Oder dass er sich bei Decathlon in Frankreich spontan ein Titanrad zulegte, weil es ihm außerordentlich gut gefiel.

Montieren und reparieren kann der beharrliche Tüftler am Rad sowieso alles, was freilich viel Zeit kostet. Von seiner Frau Cordula, die auch als Managerin einen gleichermaßen großen wie guten Einfluss auf ihn ausübt, stammt ja der Satz: »Wenn er nur an mir so viel rumschrauben würde wie an den Rädern...«

KAPITEL 7

ULLRICHJAHRE

Dieser Sitz, dieser Tritt, diese Freude

Die Nachricht, die im August 1993 aus Oslo kam, verbreitete sich wie ein Lauffeuer. Ein Deutscher ist Weltmeister der Radamateure. Jan Ullrich, ein ganz junger Bursche, gerade einmal 19 Jahre jung. Ich ließ mir sagen, dass er ein paar Wochen zuvor im südpfälzischen Rhodt unter der Rietburg sein erstes Bundesligarennen gewonnen hatte – vielleicht 20 Kilometer Luftlinie von meiner Haustür entfernt. Einen Tag nach Jans WM-Sieg holte sich Lance Armstrong den Titel der Radprofis vor Miguel Induráin und Olaf Ludwig, und ich saß verletzt zu Hause und kurierte meine Bauchverletzung vom schlimmen Sturz in Belgien aus.

Ein Jahr später waren Jan und ich Mitglied der WM-Nationalmannschaft auf Sizilien. Weil ich mich aber ausschließlich auf das Straßenrennen in Agrigento vorbereitete, begegneten wir uns nicht. Jan gewann unter der Betreuung von Peter Weibel in Catania die Bronzemedaille im Zeitfahren. Auch beim Mannschaftstreffen im November 1994, als der mit einem Vorvertrag ausgestattete Neuling das erste Mal im Kreis der Mannschaft auftauchte, hatten wir bei all dem Trubel keine Gelegenheit, uns miteinander bekannt zu machen. Dazu kam es erst im Januar 1995.

Ein lockerer, völlig unbekümmerter Typ. Ohne Berührungsängste. Kein bisschen schüchtern. Das war der Jan Ullrich, wie ich ihn beim Trainingslager auf Mallorca kennen lernte. Er war im Trainingsanzug angereist. Mit dem Schriftzug »Team Telekom« drauf. Er hätte ja auch, wie all die anderen, in Zivil fliegen können. Aber darüber machte er sich keine Gedanken. Für ihn war es selbstverständlich, in Sportklamotten zu reisen. Er lebte in seiner Welt, und die hieß Radsport. Er war Sportler durch und durch, Tag und Nacht. Er identifizierte sich mit dem Team vom ersten Tag an. Er wollte Rad fahren. Sonst nichts.

Gleich zu Beginn des Trainingslagers, wir wohnten im Hotel *San Diego* in El Arenal, sagten wir zu dem 21-Jährigen, er müsse mal die Schuhplatten an den Rennschuhen wechseln. Die seien ja total abgelaufen. Jeder andere Rennfahrer hätte sich einen Schraubenzieher genommen, die alten Platten runter- und die neuen draufgeschraubt. Aber Jan interessierte dies gar nicht. Erst als eine Platte am Ende des Trainingslagers kaputtging, machte er sich an die Arbeit. Er erwischte eine falsche und merkte gar nicht, dass er nun auf der einen Seite eine bewegliche und auf der anderen Seite eine unbewegliche Platte unter den Schuhen hatte. Ein Unding eigentlich. Aber für den unbekümmerten Jan Ullrich war das nebensächlich. Er scherte sich auch nicht darum, welche Übersetzung er montiert hatte und ob sein Rad sauber oder dreckig war. Jan wollte nichts als Rad fahren.

Er passte sich problemlos der Gruppe an, rollte ohne Schwierigkeiten bei uns mit, machte nichts Eigenes, wurde schnell integriert. Ich sah auf den ersten Blick, dass dieser Mann und sein Rennrad zusammengehörten. Dieser Sitz! Dieser Tritt! Diese Lust und diese Freude, Rad zu fahren! Der Mensch und Kollege Jan Ullrich hatte mit seiner Unbekümmertheit und seiner Lockerheit umgehend meine volle Sympathie gewonnen. Ich spürte auch seine Euphorie und Strebsamkeit. Er wollte etwas erreichen, und das imponierte mir.

Seine erste Saison verlief unspektakulär, sein erstes Profirennen, die Katalanische Woche, war zugleich unser erster gemeinsamer Wettkampf. Die Spanien-Rundfahrt musste er aufgeben, die Tour de France 1995 fuhr er noch nicht mit, arbeitete aber in diesem Sommer sehr seriös und voller Tatendrang weiter.

Im Dezember zeigte er sich auf Fuerteventura vom Radfahren und vom sportlichen Kräftemessen im Allgemeinen wie besessen. Auch unser regelmäßiges Spiel, wer es am längsten in der Sauna aushielt, gewann natürlich er. Während die anderen nach 20 Minuten aus der Sauna heraustorkelten, blieb Jan seelenruhig eine ganze Stunde mit geschlossenen Augen drinnen liegen. Wenn es sein musste, auch noch ganz oben. Aber nicht nur in dieser Disziplin zeigte sich seine außergewöhnliche Konstitution, die mich immer wieder aufs Neue zu überraschen wusste.

In diesem Winter war es längst kein Geheimnis mehr, dass Jan die kommende Tour de France spannend machen könnte, wenn er denn starten würde. Seine Form wies er in kürzeren Etappenrennen nach. Vor allem bei Midi Libre und der Baskenland-Rundfahrt fuhr er sehr stark. Dass ihm in dieser Phase noch keine Siege gelangen, hatte auch sein Gutes. So realisierte jeder im Team, dass man auch vom jungen Ullrich keine Überdinge erwarten durfte.

Nicht nur die außerordentliche Physis war Jans Stärke, er hatte auch ein blendendes Auge für die besondere Situation. Er wusste stets, wo sein Platz im Feld zu sein hatte, nämlich im vorderen Drittel des Pelotons. Jan Ullrich war und ist ein Instinktrennfahrer, der sich allenfalls mal auf den letzten fünf Kilometern aus der Spitze des Feldes heraushielt, wenn es dort allzu hektisch wurde.

Rudy Pevenage hatte von Beginn an einen guten Draht zu Ullrich, und er wusste nur zu gut, welche Rennen auf ihn zugeschnitten waren, um ihn ja nicht zu verheizen. Der Aufbau im Frühjahr 1996 war mit Blick auf die Tour sorgfältig gewählt.

Ullrich gefiel bei der Tour de Suisse außerordentlich gut, seine Form wurde von Tag zu Tag besser, auf dem längsten Tagesabschnitt belegte er Platz zwei. Hinter mir. In einer Spitzengruppe mit rund einem halben Dutzend Fahrern hatten wir taktische Spielereien geübt und abwechselnd angegriffen. Meine Attacke war letztlich die erfolgreiche gewesen.

Kurz darauf beherrschte Jan Ullrich die Deutschen Meisterschaften in Metzingen nach Belieben, tastete aber die Hierarchien im Team noch nicht an und ließ Christian Henn den Vortritt. Damit hatte er sich doch noch den lange unsicheren Platz in der Tour-Mannschaft ergattert: Walter Godefroot musste Bjarne Riis' dänischen Landsmann Peter Meinert-Nielsen wieder ausladen.

Die Diskussionen über Jans Rennprogramm nahmen dennoch kein Ende. Das Hickhack um seinen Start bei den Olympischen Spielen in Atlanta geriet zum peinlichen Sommertheater. Ich kann bis heute noch nicht nachvollziehen, weshalb der Bund Deutscher Radfahrer auf ihn verzichtet und eine sichere Medaille verschenkt hat. Hintergrund waren Differenzen zwischen Bundestrainer Peter Weibel und dem Team Telekom. Obwohl Weibel mit Ullrich als Weltmeister in Oslo und WM-Dritten in Catania beste Erfahrungen gemacht hatte, ließ er ihn zu Hause. Es starteten Olaf Ludwig, Erik Zabel, Rolf Aldag sowie die beiden Zeitfahrer Michael Rich und Uwe Peschel, allerdings ohne zählbare Erfolge. Auch die Weltmeisterschaft in Lugano fand zum Saisonende ohne ihn statt.

Die Tour de France war also für den 22 Jahre alten Jan Ullrich der einzige Höhepunkt im Sommer 1996. Er kam nach Frankreich, um zu lernen und sich mit einem bedingungslosen Einsatz für Bjarne Riis und das Team aufzuopfern. Jan betonte immer wieder, dass er mit der Helferrolle zufrieden war, und er meinte das auch so. Als bestes Beispiel mag jene Etappe nach Pamplona dienen, die an Miguel Induráins 32. Geburtstag in dessen Heimat Navarra direkt an der Haustür seiner Eltern vorbeiführte. Am Port de Larrau, dem letzten Berg, fuhr Jan souverän an der Spitze der Gruppe um Riis, die ich kurz vor der Passhöhe ziehen lassen musste. Ich habe ganz selten einen solch überlegenen und selbstsicheren Domestiken gesehen, am ehesten noch später Roberto Heras als Armstrong-Adjutant.

Bjarne hatte Jan in dieser Tour, die mit dem Doppelsieg des Team Telekom endete, viel zu verdanken. Dass er das Zeitfahren in Saint-

Émilion am vorletzten Tag und fast sogar noch die Rundfahrt gewann, sprach für Jans Extraklasse.

»Soll ich losfahren?«

Nach der Saison ist vor der Saison. Die Positionen im Team veränderten sich über den Winter 96/97 nicht. Bjarne Riis blieb der Kapitän des Team Telekom. Er äußerte laut, er habe die Tour wie angekündigt einmal gewonnen und sei bereit für einen zweiten Sieg. Jan Ullrich bestätigte ebenso vernehmlich, dass er Riis als Kapitän akzeptiere und sich selbst als dessen wertvollsten Helfer betrachte. Alle Diskussionen erstickte Jan im Keim.

Riis dagegen unterstrich seine Tour-Ambitionen recht früh in der Saison mit dem Sieg beim Amstel Gold Race, einem Weltcup-Rennen in den Niederlanden. Jens Heppner, Christian Henn, Rolf Aldag und ich blieben dennoch der Auffassung, dass Jan ihm den Tour-Sieg streitig machen könnte. Denn Ullrich war Riis im Hochgebirge ebenbürtig und im Zeitfahren einfach besser.

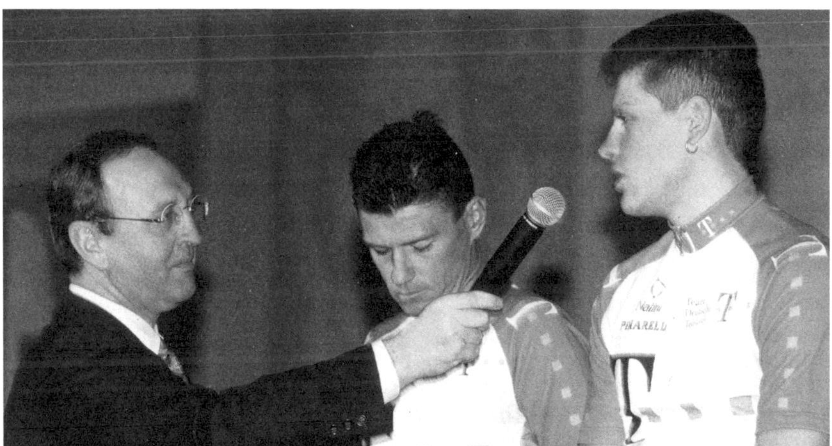

Bei der Telekom-Teampräsentation 1997: Walter Godefroot, Udo Bölts und Jan Ullrich.

Erneut fuhr Jan im Frühjahr nur ausgewählte Rennen, die ihm lagen und die exakt in seine Vorbereitung passten. In diesem Punkt konnte er Rudy Pevenage blind vertrauen. Unmittelbar im Vorfeld der Tour unterstrich er dann seine aufsteigende Form nachdrücklich: Nach einem Etappensieg und dem dritten Gesamtplatz bei der Tour de Suisse holte sich Jan auf einem nicht allzu schweren Kurs in Rheinbach bei Bonn seine erste Deutsche Meisterschaft. Und als er dann den Prolog der Tour de France in Rouen als Zweiter hinter Chris Boardman und vor Abraham Olano beendete, sagte Jens Heppner mir unter vier Augen: »Der Jan ist so gut drauf, er wird diese Tour gewinnen. Bjarne hat keine Chance.« Ein deutliches Signal – Heppner war Ullrichs engster Vertrauter.

So schlitterten wir Helfer in eine schwierige Situation, in der wir uns keineswegs wohl fühlten. Ein offizieller Kapitän, ein heimlicher Kapitän und ein Sprinter mit großen Ambitionen, wie sollten wir uns da neutral verhalten? Wie wird das funktionieren? Ein verdammt komplizierter Job. Der völlig unbedarfte und anspruchslose Jan Ullrich versuchte immer wieder, die Situation zu entschärfen. Ihm fehle doch die Erfahrung zum Sieg, er habe noch so viel Zeit, die Nummer eins zu werden, sagte er fröhlich. Das war keine falsche Bescheidenheit. Jan redete auch nicht nur so daher, er dachte definitiv so.

Aber schon auf der ersten Etappe zog in die Mannschaft ein wenig Unruhe ein, die in der ersten Woche nur durch die drei Tagessiege Erik Zabels übertüncht wurde. Elf Kilometer vor dem Etappenziel in Forges-les-Eaux war Bjarne Riis in einen Massensturz verwickelt. Welch ein Anfängerfehler. Er hatte mal wieder im hinteren Teil des Feldes herumgebummelt, während vorne die Post abging. Was tun, fragten wir Helfer uns: Sollten wir weiterfahren? Oder sollten wir auf Bjarne warten und Jan alleine lassen? Aber was wäre, wenn der dann einen Defekt hätte? Wir sahen uns knallhart auf die Probe gestellt.

Ich funkte Walter Godefroot an, der aber gerade damit beschäftigt war, das Material der in den Sturz verwickelten Fahrer zu entwirren und den leicht blessierten Bjarne wieder auf ein funktionstüchtiges Rad zu setzen. Stattdessen meldete sich der SPD-Politiker Rudolf Scharping, ein Hobbyradler und wohl gesonnener Freund der Mannschaft, der diese erste Etappe im Begleitfahrzeug mitgefahren war. Eine Hilfe war er uns nicht wirklich.

Heppner und ich entschieden aus dem Bauch heraus: Wir fuhren weiter. Denn der Rückstand von Riis war nicht mehr wettzumachen. Rolf Aldag und Christian Henn begleiteten ihn bis ins Ziel, das sie mit knapp einer Minute Rückstand erreichten. Heppner, Georg Totschnig und ich blieben an der Seite Ullrichs. Bjarne verstand unsere Entscheidung als einen kleinen Aufstand gegen ihn. Am Abend im Hotel versuchte er, mich zusammenzustauchen. Ich aber gab ihm nur zu verstehen, dass alles seine eigene Schuld gewesen war. So weit hinten fährt man einfach nicht, das hätte auch er beherzigen müssen, sagte ich ihm deutlich ins Gesicht. Viel schlimmer als dieser Konflikt waren für mich in dieser ersten Tour-Woche meine fünf Stürze. Bei einem zog ich mir schmerzhafte Knieprobleme zu.

Die Stunde der Wahrheit, die Entscheidung über den wahren Kapitän, vollzog sich in zwei Akten. In den Pyrenäen war die ausgetüftelte Hierarchie nur noch ein wertloser theoretischer Plan. Auf dem Teilstück von Pau nach Loudenvielle, das Laurent Brochard vor Richard Virenque und Marco Pantani gewann, zog der Helfer Ullrich seinen Kapitän Riis über den Tourmalet. Der eine spielerisch leicht im Tritt, der andere müde am Anschlag kämpfend. Riis konnte aus Ullrichs Schatten nicht mehr herausfahren.

Für die Schar der Helfer war klar: Das, was jetzt und hier passierte, war die teaminterne Wachablösung. Und am letzten Berg wurde sie vor aller Augen offenkundig. Jan ließ Bjarne sogar stehen, um keine Zeit auf Virenque und Pantani zu verlieren, die sich auf die Verfolgung von Brochard gemacht hatten. Er hätte an diesem Tag schon das Gelbe Trikot holen können, wenn er nicht so lange an Bjarnes Seite geblieben wäre. Nur 13 Sekunden fehlten ihm zu diesem Coup.

So nahm er es dem Franzosen Cedric Vasseur erst am Tag darauf zwischen Luchon und Andorra-Arcalis ab. Grünes Licht hatte es dafür am Abend zuvor im Hotel gegeben. Im kleinen Mannschaftskreis war vereinbart worden, dass Jan auf Bjarne keine Rücksicht nehmen müsse, wenn er erneut so gute Beine habe. Er hatte sie. Doch Jan, der Gentleman, die ehrliche Haut, dampfte nicht von sich aus einfach ab. Artig fragte er über Funk: »Soll ich losfahren?«

Erst als ihm Godefroot per Funk und Bjarne Riis, der wieder einen schlechten Tag erwischt hatte, von Angesicht zu Angesicht das Signal zum Angriff gegeben hatten, drückte Jan aufs Gas. Keiner konnte ihm folgen. Nicht Pantani und auch nicht Virenque. Riis verlor gar dreieinhalb Minuten. Noch immer lagen 1.700 Kilometer bis Paris vor uns. Doch schon jetzt stand Kronprinz Jan Ullrich vor dem Thron und forderte die Krönung. Es war ein kurzer schmerzloser Aufstieg vom Edeldomestiken zum unumstrittenen Kapitän im Team Telekom.

Ich litt an diesem zweiten Tag in den Pyrenäen als Folge meiner Stürze unter heftigen Schmerzen im Knie und konnte Jan nicht helfen. Zu meinem Glück stand zwei Tage später ein Ruhetag an: Wir flogen von Perpignan nach Saint-Étienne, und mein lettischer Masseur Aldis Cirulis hatte die Zeit, meinen Bluterguss im Knie mit einem russischen Laser bis hin zur Schmerzfreiheit zu behandeln. Das denkwürdige Zeitfahren in Saint-Étienne bestritt ich problemlos und wurde Neunzehnter.

Es bleibt unvergessen, wie Jan auf kupiertem Kurs zunächst den Berg mit seinem normalen Straßenrad hochraste, oben wie ausgemacht auf eine Zeitfahrmaschine umstieg und dann an den vor ihm gestarteten Richard Virenque heranflog. An diesem Tag, an dem sich die beiden bis zur Ziellinie duellierten, aber Jan eben drei Minuten gut gemacht hatte, untermauerte er aufs Neue seine Ambitionen auf den Tour-Sieg. Bei den drei Alpenetappen mit Zielen in L'Alpe d'Huez, Courchevel und Morzine begnügte er sich mit zwei zweiten und einem dritten Platz. Er bewies gute Beine sowie ein wachsames Auge und ließ jedem seiner Konkurrenten einen Hauch von Demütigung zuteil werden.

Das Geschäft mit den Rennmützen

Noch 20 Kilometer bis Bourg d'Oisans. 20 schnelle Kilometer bis zum Anfang der Serpentinen hinauf nach L'Alpe d'Huez, die Kopf und Beinen alles abverlangen. Mercatone Uno und das Team Telekom reihen sich an der Spitze des Pelotons ein. Wieder einmal. Sie wollen das Rennen schnell und schwer machen.

Die eine Mannschaft, die von Marco Pantani, weil sie die Etappe gewinnen will. Die unsrige, weil sie das Gelbe Trikot von Jan Ullrich zu verteidigen hat. Solche Pläne gehen nun mal am besten auf, wenn die Konkurrenten beschäftigt werden. Wenn die Gegner schon bis zur Einfahrt in den Berg dagegenhalten und Körner lassen müssen.

Alles muss stimmen mit dem Körper. Alles! Deshalb nimmt sich Jan Ullrich seinen Leibgardisten Jens Heppner ziemlich unauffällig zur Seite und beichtet ihm, er müsse mal. Jetzt und hier. »Heppe« bringt so etwas nicht aus dem Tritt. »Das erledigen wir doch am besten gleich«, sagt er, um Jan alle Sorgen zu nehmen: »Fahr mal rechts an die Seite, wir schieben dich mit zwei, drei Mann.«

Doch so einfach ist das nicht. »Nee, ich muss groß«, antwortet Jan bestimmt.

»Wie, groß? So richtig groß?«

»Ja.« Jan wird ganz ernst. Er hat wieder einmal gut gefrühstückt. Keine Spaghetti und kein Reis, das mag er nicht zum Frühstück, sondern wie immer Müsli. Vermutlich sogar drei Teller voll.

»Jan, in 20 Kilometern sind wir in Bourg d'Oisans«, klärt Jens ihn auf: »Dann geht's hoch.«

»Ich weiß. Aber...«

Weiter kommt Jan nicht, denn Jens hat die Lösung bereits parat: »Mach keine Worte, ich hole eine Rennmütze. Das geht, das habe ich schon mal probiert.« Er lässt sich unauffällig ans Teamauto zurückfallen, holt vier oder fünf Rennmützen ab.

Es sind noch 18 Kilometer. Bei hohem Tempo. Während Bjarne Riis und Brian Holm das Feld von der Spitze aus kontrollieren, gruppieren sich die anderen Sechs im hinteren Teil des Feldes um Jan herum und schieben ihn. Einer hält die Mütze. Und dann fängt Jan mit seinem Geschäft an und beendet es in Sekundenschnelle. Ein paar Konkurrenten murren zwar ob der scheinbar zu großen kollektiven Hilfe während einer vermeintlichen Pinkelpause. Ein paar andere trollen sich grinsend, weil sie den Braten gerochen haben – auch wenn eigentlich keinem zum Lachen zumute ist, so schnell wie da gefahren wird, direkt vor dem Anstieg nach L'Alpe d'Huez.

Die Rennmützen entsorgen wir nach allen Regeln des Anstandes. Unsere Nachfrage, ob es ihm nun gut gehe, beantwortet Jan kopfnickend. Er fühlt sich erleichtert. Wir übernehmen wieder das Kommando an der Spitze des Pelotons.

Es war der 19. Juli 1997, am Tag nach dem Zeitfahren in Saint-Étienne, das Jan Ullrich gewonnen hatte. Die Rechnung beider Mannschaften ging auf, Pantani siegte auf der Alpe, Ullrich verteidigte die Führung. Ich habe ein ähnlich dringendes Bedürfnis während eines Rennens nur selten erlebt. Ein Rennfahrer muss sich darüber in der Regel vor dem Start auch nicht groß Gedanken machen, weil der morgendliche Gang zur Toilette zum normalen Rhythmus zählt. Es gebietet sich jedoch, peinlich genau darauf zu achten. Wer von seinem Körper eine außergewöhnliche Leistung abrufen will, der muss richtig gegessen und richtig getrunken haben und rechtzeitig auf der Toilette gewesen sein. Gleichwohl ist kein Rennfahrer gegen Durchfall gefeit. Tony Rominger beispielsweise musste 1994 auf einer Etappe mehr als einmal ins Maisfeld abbiegen und dann sogar aussteigen.

Und die kleinen Geschäfte? Wie werden die erledigt? Sie gehören zum Einmaleins des Rennfahrers. Ein Radprofi muss gelernt haben, sich vom rollenden Rad aus zu erleichtern, wenn es schon nicht vor dem Start am »Pinkelpilz« in der technischen Zone oder in den Dixi-Häuschen auf irgendeinem Marktplatz geklappt hat. Natürlich besteht auch die Möglichkeit, in Absprache mit den Konkurrenten anzuhalten. Dann stoppt eben die entsprechende Gruppe, querbeet durch die Teams, lässt Wasser und holt in perfekter Mannschaftsarbeit den kleinen Rückstand wieder auf.

Aber 20 Kilometer vor Bourg d'Oisans anhalten, und das bei Tempo 44, nur weil der Träger des Gelben Trikots mal musste? Unmöglich. Jan Ullrich hatte nicht die Autorität eines Miguel Induráin, der in vergleichbaren Situationen nur seinen Fuß aus der Pedale nehmen musste, um dem Feld zu signalisieren: Hallo Leute, *Don Miguel* muss mal. Doch selbst ein Bjarne Riis wurde attackiert, als er dergleichen einmal im Jahr seines Tour-Sieges 1996 probierte. Ich glaube von Eros Poli.

»Quäl dich, du Sau!«

Jans Duelle mit dem französischen Nationalhelden Richard Virenque im rot gepunkteten Bergtrikot waren bis ins kleinste Detail sehenswert. Nicht zuletzt auch die Pinkepinke-Geste des Franzosen auf der 14. Etappe nach Courchevel. Als die beiden Kontrahenten den Schlussanstieg spektakulär Seite an Seite hinaufstürmten, hatte Virenque den Daumen gegen den Zeigefinger gerieben. Das war alles andere als für das Fernsehen gedacht und löste danach heftige Diskussionen über mögliche verkaufte Etappensiege aus. Der Franzose wird Ullrich Geld angeboten haben, das stimmt wohl. Aber ob er auch bezahlt hat? Ich habe davon nichts mitbekommen. Vielmehr glaube ich, dass Jan in seiner Naivität mit dieser Anfrage völlig überfordert gewesen ist. Er wird sie in dieser Situation gar nicht verstanden haben – er sprach ja auch kein Französisch. Jan überließ Virenque den Etappensieg in Courchevel mit einer fairen Geste und verteidigte sein gelbes Leibchen ebenso souverän wie auf der letzten

Alpenetappe, als er in Morzine hinter Pantani und Virenque den dritten Platz belegte.

Das Gelbe Trikot auf Ullrichs Schultern, es war ein schöner, ein befriedigender Anblick. Das Gelbe Trikot in den eigenen Reihen, das war ein durchaus erhebendes Gefühl. Aber auch ein hartes Brot für die Helfer. Denn die Mannschaft des Führenden steht ja immer in der Pflicht, diese Position mit allen Mitteln zu verteidigen. Sieben Tage ackerten wir schon für Jan. Und gar schon zweieinhalb Wochen für Erik Zabel, dessen Grünes Trikot es ebenfalls zu halten galt.

Zum Glück lagen die Alpen hinter uns, auch die Schweiz mit dem Etappenort Fribourg, und nur noch die Vogesen vor uns. Was sollte da noch passieren?

Noch vier Tage. Ein Donnerstag, der 24. Juli. Start in Colmar. 175,5 Kilometer bis Montbéliard.

Vom Start weg Unruhe. Direkt am ersten Berg laufen Attacken. Wir haben diesen Anstieg unterschätzt. Vielleicht die letzte klitzekleine Chance der Gegner. Es folgt der Grand Ballon mit dem Pass in 1.424 Metern Höhe, über den Francesco Casagrande als Erster drüberfährt. Dann der Ballon d'Alsace auf 1.060 Metern, wo sich der spätere Etappensieger Didier Rous die Bergpunkte sichert. Pässe mit klangvollen Namen.

Attacke also von Virenque, von wem denn sonst? Jiménez ist dabei, Olano, Pantani. Immer mehr Fahrer springen aus der Gruppe weg. Und wir? Wir sind angeschlagen, kaputt, am Ende. Teile des Teams sind eliminiert. Auch Bjarne Riis, der seit Tagen versucht, sich als Edelhelfer in Szene zu setzen, ist abgefallen, müde und ausgebrannt. Magenschmerzen und private Beziehungsprobleme plagen ihn.

All das erkennen die anderen. Einer nach dem anderen fährt aus der Gruppe um Jan und mir heraus. Ich habe den Chef am Hinterrad und rufe ihm zu: »Auf, was ist los? Das sind Leute aus der Gesamtwertung, die da weg gehen. Reiß dich zusammen!« Ich drehe mich um, schaue in sein schmerzverzerrtes Gesicht. Kein Laut von ihm, nichts. Er hängt mehr auf dem Rad, als dass er sitzt, und tritt so vor sich hin. Ich nehme Tempo auf, da brüllt er: »Nicht so schnell, nicht so schnell!« Ich fahre im Anstieg 16, vielleicht 17 km/h.

Natürlich weiß ich, was los ist. Eine leichte Bronchitis plagt Jan. Der Interview-Marathon zehrt an seinen Kräften und an seinen Nerven gleichermaßen. Er hat nicht mehr den Schlaf, den er bräuchte, weil es abends immer später wird. Nach der Fribourg-Etappe stürzten Verwandte, Freunde und Bekannte auf ihn ein. Im Hotel war die Hölle los. Es war unerträglich. Jan, der Mann im Gelben Trikot, will aber die Tour de France gewinnen. Und wir wollen das auch.

»Wie schnell?«, frage ich ihn gehetzt.

»Ja, gut so«, antwortet er schnaufend.

Wir fahren 16 km/h, aber die anderen fahren schneller. Virenque drückt mächtig aufs Tempo. Ich will ein km/h schneller fahren, ich könnte das auch, ich fühle mich gut.

»Nein, nein, 15 fahren«, plärrt er.

Okay, ich fahre 15 km/h, ziehe wieder leicht an, er protestiert erneut. Ein Rhythmuswechsel ist das Letzte, was er ertragen kann. Wie auf einem Tandem kurbeln wir den Berg hoch. Christophe Moreau, Massimo Podenzana und andere sind noch dabei, tun aber nichts für das Tempo. Wir sind fast oben auf dem Pass, die Geräuschkulisse wird immer lauter. Menschenjubel, Hubschraubergedröhne, Motorradgeknatter, Autogehupe.

Dann schreie ich ihn an, weil ich mir nicht mehr anders zu helfen weiß. Weil mich Panik packt, weil ich leide und mehr Angst um das Gelbe Trikot habe als er. Weil er physisch am Anschlag fährt und ich psychisch am Limit bin.

»Quäl dich, du Sau!«

Gut möglich, dass er das gar nicht gehört hat. Man verstand ja nicht mal sein eigenes Wort. Wir bretterten die Abfahrt hinunter, mit vollem Risiko, durch eine kleine Ortschaft mit einer Kopfsteinpflasterpassage, hinein in ein schmales Tal mit einer langen Geraden. Hinter einer Kuppe sah ich das gelbe Mavic-Auto, den neutralen Materialwagen, und da wusste ich, dass alles halb so schlimm war. Wir schlossen wieder auf – auch weil sich Virenques Fluchtgefährten nicht so mit ihm solidarisierten, wie er sich das gewünscht hatte. Jan blieb in der Führungsposition.

Am Abend kam er mit Rudy Pevenage auf mein Zimmer, umarmte mich und sagte Danke. Nicht nur einmal, sondern viel zu oft. Jan ist eben so ein Typ. Ich war versucht zu sagen: »Ulle, du hast dich doch schon tausend Mal bedankt!«

Gerade durch diese Herzlichkeit und Aufrichtigkeit ist er mir besonders ans Herz gewachsen. Er gab und gibt sich nicht so cool und abgebrüht wie ein Riis oder ein Zabel, der ja zornig werden konnte, wenn es einmal nicht nach seinen Vorstellungen gelaufen war. »Ulle« hätte in solchen Situationen immer die Schuld auch bei sich gesucht. Er teilte auch immer das fürstliche Preisgeld und ließ die gesamte Mannschaft auf diese Art vom Erfolg profitieren. Nicht wie Riis, der seine Prämie nach seinem Sieg im Jahr zuvor für sich behalten und damit ein ungeschriebenes Gesetz gebrochen hatte. Das tat schon sehr weh in einem Geschäft, in dem die Bezahlung von Kapitänen und Helfern sich so krass unterscheidet.

»Quäl dich, du Sau.« Dieser kernige Satz machte mich bekannter als alle meine Erfolge. Das muss ich leider so feststellen. Der Journalist Hartmut Scherzer war der Erste, der mich noch beim Ausrollen im Ziel fragte, was ich Ullrich denn zugerufen hatte. Ihm gegenüber meinte ich noch zurückhaltender: »Ich hab' ihm nur gesagt, er muss jetzt seinen Schweinehund bezwingen.« Dann liefen die Kameras. In die eine sagte ich: »Reiß dich zusammen, du Sau!«, in die andere: »Quäl dich, du Sau!«

Als ich merkte, wie rasend schnell diese vier Worte die Runde machten, war mir das mehr als peinlich. Immer mehr Leute sprachen mich darauf an, aber längst nicht alle mit jener Begeisterung, wie ich sie oft hörte: »Udo, ein toller Satz. Da steckt viel Wahrheit dahinter. Er motiviert auch mich.« Es gab auch viele kritische Stimmen, eine Verunglimpfung der Sprache und die Beleidigung eines angehenden Tour-Siegers wurden mir vorgeworfen. Andere fragten einfach nur: »Redet ihr immer so untereinander?«

Um es ganz deutlich zu sagen: In solchen Situationen der Hochspannung legt man doch seine Worte nicht auf die Goldwaage, sie fallen ganz spontan. Und sie fielen nicht zum ersten Mal. Dasselbe bekamen auch schon andere daheim auf den Trainingsfahrten zu hören. Heltersberg ist nicht Hamburg. In Heltersberg geht es auch schon mal rauer zu. Da drückt man sich eben ein bisschen anders aus.

Über das »Quäl dich« muss man gar nicht viele Worte verlieren. Hinter »Quäl dich« steckt ein Teil meiner Auffassung von intensivem Training und korrekter Karriereplanung. »Quäl dich« ist eben meine Philosophie, mein Erfolgsrezept. »Quäl dich«, das bin ich.

Und »Sau«? Na ja, mit »Sau« wollte ich »Ulle« gewiss nicht beleidigen, das ist doch Unsinn. Es war lediglich ein wenig Extra-Motivation. Es war der pure Versuch, das allerletzte Stückchen an Energie aus ihm herauszukitzeln.

Händeschüttler und Schulterklopfer

Auch auf der nächsten Etappe nach Dijon lief nicht alles nach Plan. Wieder gab es Attacken. Wir versuchten mitzuspringen, aber nur Christian Henn erwischte den entscheidenden Angriff. Der Vorsprung wuchs. Fünf, sieben, acht, gar zwölf Minuten! Wir hatten keine Mannschaft mehr, um zu reagieren. Bjarne hätte fast aufgegeben. Nur aus Frust stieg schließlich La Française des Jeux in die Verfolgung mit ein. Die Mannschaft des Ex-Telekom-Mannes Marc Madiot hatte selbst keinen Fahrer vorne dabei und nahm uns glücklicherweise die Arbeit ab.

Es zeigte sich, wie anstrengend und aufreibend die Aufgabe gewesen war, sich über drei Wochen hinweg für drei Kapitäne ins Zeug zu legen. Die Mannschaft hatte ihre Grenzen eindeutig überschritten. Ich sehnte mich nach Ruhe und Erholung. Für den bevorstehenden Triumphzug reichten die Kräfte eigentlich nicht mehr, schon gar nicht für Eriks Wunsch, auf den Champs Élysées die Schlussetappe zu gewinnen, was er als Zweiter im Spurt hinter Nicola Minali nur knapp verfehlte. Ein letztes Aufbäumen bis zur Erfüllung eines Traums. Jan gewann die Tour de France. Als erster Deutscher.

Natürlich war die Siegerehrung auch für uns als bestes Team in der Mannschaftswertung erhebend. Natürlich musste der große Empfang sein, zu dem die Telekom nach Paris eingeladen hatte und bei dem es Händeschüttler und Schulterklopfer gab, die man noch nie im Leben gesehen hatte. Keine Diskussion auch über das große Programm, das uns bis zur Feier in Bonn am nächsten Morgen auferlegt worden war. Und dass Heltersberg ein Dorffest vorbereitet hatte, das war Ehrensache, klar doch.

Aber für uns, für mich war es ungewohnt, im Mittelpunkt zu stehen. Ich wollte nur noch abschalten, daheim entspannen. Daheim bei Elke, die mit Helena schwanger war, und bei Freunden. Den Leuten war das alles nicht verständlich zu machen. Das Telefon klingelte durchgehend, der Briefkasten quoll über. Der eine wollte ein Trikot, der andere eine Unterschrift von Jan. Mir wurde das alles zu viel, und ich atmete durch, als ich nach ein paar Tagen dem Trubel zuhause entfliehen konnte, um Anfang August die Vuelta a Castilla-Leon in Spanien zu fahren. Den Kriteriumsmarathon, den Jan auf sich nahm, mied ich, und ich war froh darum, auch wenn ich bestimmt viel Geld verschenkt habe.

Erst mit ein bisschen Abstand realisierte ich, was wir geleistet hatten und dass auch die Mannschaft ihre Anerkennung dafür bekam. Stolz, Befriedigung, Erfüllung machte sich breit. Nie hatte ich den Zusammenhalt der Helfer im Team als so intensiv empfunden. Er war stärker noch als im Jahr zuvor, als Bjarne gewonnen hatte. Rolf Aldag, Jens Heppner, Christian Henn, Georg Totschnig, Giovanni Lombardi und ich, wir Sechs waren ein eingeschworener Haufen, in dem sich jeder für den anderen zerrissen hätte. Keiner war sich zu schade, die größte Drecksarbeit zu machen. Die Hingabe kam bei jedem Einzelnen von Herzen. Es war der 110-prozentige enthusiastische und nicht der 90-prozentige kalkulierte Einsatz, in dem einer für sich selbst etwas zurückhielt. Auch wir waren Sieger!

Es war die schönste Tour, die ich je als Helfer fuhr, das beeindruckendste Erlebnis als Wasserträger. Ich wurde als solcher bekannt und lebte auch ganz gut mit diesem Ruf. Der Radsport in Deutschland hatte mit Jan Ullrichs Erfolg in der öffentlichen Wahrnehmung einen Riesenschritt nach vorne getan. Und Jan sowieso. Er war jung und unverdorben. Aber offenbar realisierte er nicht recht, was damals passierte. Er könne nicht behaupten, dass er nun ein Star sei, soll er gesagt haben. Welch ein Irrtum! Er war ein Star!

Der Sieg kam zwar nicht unerwartet, auch nicht zu früh, aber für ihn und sein Umfeld in letzter Konsequenz doch überraschend. Er war nicht darauf vorbereitet. Schon damals wurde er von Wolfgang Strohband gemanagt. Der ließ ihn im Anschluss an die Tour viele bedeutungslose, aber lukrative Rennen um den Kirchturm fahren, das erste schon am Abend der Bonner Gratulationstour in Holland. Aber das war des Guten zu viel. Mit seiner Kriteriumsfahrerei und den Autogrammstunden verdiente er sicherlich gutes Geld, verdarb sich aber auch viel. Denn das ständige Herumreisen und die Menschenmengen, die ihn bedrängten, setzten ihm auch psychisch zu. Ich denke, Strohband hat den einen oder anderen Vertrag zu viel für Jan ausgehandelt.

Er und sein Umfeld hätten besser daran getan, dieser schleichenden Entwicklung frühzeitig entgegenzusteuern. Jan hätte seine Popularität und seine Stärke schon damals auch einmal bei Rennen ausspielen sollen, die einen Wert an sich hatten. So aber ließ er mehrfach die

Chance verstreichen, Straßen-Weltmeister zu werden. Auch als frischer Tour-Sieger fehlte er bei der WM in San Sebastián, wo ich den vierten Platz belegte. Erst bei seinem Olympiasieg 2000 in Sydney würde er eindrucksvoll demonstrieren, dass er es kann und wie es geht.

Abgeschnittene Ärmel

Trotz leichter Gewichtsprobleme im Winter und eines weniger gelungenen Starts in die Saison ging Jan mit guter Form in den Prolog der Tour de France 1998 in Dublin. So denkwürdig wie der Tag, an dem er im Jahr zuvor in den Vogesen erfolgreich um das Gelbe Trikot gekämpft hatte, so denkwürdig wurde jedoch auch der Tag, an dem er es nun trotz großen Aufbäumens am Col du Galibier verlor.

Wie immer gab es auch am Morgen dieser 15. Etappe am Mannschaftsbus eine Regenjacke von der Société du Tour de France für den Träger des Gelben Trikots. Weil das Wetter am Start in Grenoble noch okay war, schnitt Jan leichtsinnig die Ärmel dieser Jacke ab. Ein entscheidender Fehler. Denn der gefürchtete Schlechtwettereinbruch kam schneller als gedacht. In den Hoch-Savoyen hatte kräftiger Regen eingesetzt, die Temperaturen waren abgestürzt.

Schon als wir in den Galibier reinfuhren, fiel mir auf, dass Jans Trikottaschen leer waren. Keiner der Spitzenfahrer schleppte gern unnötiges Gepäck mit sich herum, Jan schon gar nicht. Aber er hatte in dieser Situation nicht mal mehr Extran dabei, diese flüssigen Kohlenhydrate, und das sollte sich rächen.

Ich fragte ihn, ob er etwas brauche, aber er lehnte ab. Er war austrainiert und hatte nicht viel auf den Rippen. Oh oh, hoffentlich zieht dieses fiese Wetter ihm jetzt nicht die letzte Energie aus dem Körper, dachte ich insgeheim, als es auch mich eigentlich sehr wetterfesten Fahrer zu frösteln begann: Hoffentlich wird ihm auf der Abfahrt nicht zu kalt.

Zu allem Unglück griff auch noch Marco Pantani im Anstieg erfolgreich an, womit man nach dessen Alleinfahrt zum Plateau de Beille vier Tage zuvor hatte rechnen müssen. Und es kam noch schlimmer. Keiner versorgte Jan oben an der Passhöhe mit Handschuhen. Grottenschlecht steuerte er den Berg hinunter, weil ihn kalte Hände plagten. Und nach der rasenden Abfahrt erwischte ihn hinter einem Tunnel auch noch die Defekthexe.

Das Desaster nahm seinen Lauf, als er am letzten Anstieg hinauf ins Etappenziel Les Deux-Alpes auch noch einen Hungerast bekam. Bjarne und ich hatten ihn am Galibier für kurze Zeit ziehen lassen müssen, aber in der Abfahrt gleich wieder zu ihm aufgeschlossen. Und nun mussten wir auf ihn warten. Wir hätten schneller gekonnt, aber er nicht mehr. Etwas Vergleichbares war mir nie passiert, nicht davor und nicht danach.

So wie Jan beim Defekt von der Panik übermannt worden war, so setzte sich jetzt Frust in ihm fest, als er immer wieder den Motorradfahrer mit der Tafel neben sich heranfahren sah, der ihm emotionslos den Rückstand auf Pantani mitteilte: drei Minuten, vier Minuten, fünf Minuten. Am Ende waren es über neun Minuten, die ihm der kleine Italiener abgenommen hatte. Ullrich rutschte auf Platz vier ab, er hatte die Tour de France verloren.

Mir fehlte der Mumm auf diesen schweren letzten Metern, auf denen uns die italienischen Fans nicht gerade anfeuerten und die französischen Zuschauer ausbuhten, anschrieen und demütigten. Der Grund war offensichtlich. Ihr Nationalheld Virenque war wegen der Festina-Affäre aus dem Rennen genommen worden, das hatten die Franzosen nicht verwunden. Ihre laute Wut galt den Ausländern, speziell uns Telekom-Fahrern. Dass sie nicht mit Regenschirmen nach uns warfen, war gerade alles.

Für mich bedeutete dies neben Jans Einbruch einen zweiten Schock. Die Radsportfans wussten doch gar nicht, wie verzweifelt er um das Gelbe Trikot gekämpft hatte. Man muss sich das mal vorstellen:

Da kämpft einer mit seinen beiden Domestiken um jeden Meter, um jede Sekunde, möchte dafür keinen Jubel, aber etwas Respekt, Anerkennung und Zuspruch. Stattdessen schlagen ihm Spott und Schmähungen entgegen. Das musste doch das Gemüt des nervenstärksten Athleten in den Keller reißen.

Zum Abendessen kam Jan wie ein Häufchen Elend angeschlichen, setzte sich zu uns an den Tisch und meinte: »Männer, es tut mir Leid, ich konnte es heute nicht besser.« In diesem Moment war er in meinem Ansehen drei Stufen nach oben geklettert. Wir alle waren sehr nachdenklich geworden.

Aber Jan erholte sich schneller als erwartet. Am Tag darauf hielt er mit Pantani am Col de la Madeleine mühelos mit, unten in Albertville rang er ihn im Kampf um den Etappensieg knapp nieder. Ein grandioser Sieg der Moral und der Widerstandsfähigkeit. Jan war zurückgekommen. Wie schon das erste Zeitfahren in Corrèze gewann er auch das zweite am vorletzten Tag in Le Creusot und verkürzte als Tour-Zweiter den Rückstand auf Triumphator Marco Pantani bis nach Paris auf 3:21 Minuten.

Schlampiges Genie auf dem Rad

Jan Ullrich war jetzt drei Mal die Tour de France gefahren, beendete sie 1996 als Zweiter, 1997 als Sieger und 1998 wieder als Zweiter. Ich fuhr immer an seiner Seite, gab immer ein Prozent mehr, als ich konnte. Auf jeder Etappe hätte ich mich lieber für ihn kaputt gefahren mit dem Risiko, am nächsten Tag nicht mehr antreten zu können, anstatt mir vorwerfen zu müssen, nicht genug getan zu haben. Er war mir das wert.

In den beiden Jahren zwischen seinen zweiten Plätzen hatte ich Jan besser kennen gelernt und glaubte zu wissen, dass ihm die unbedingte Besessenheit eines Erik Zabel abhanden gekommen war, die ich anfangs auch bei ihm gespürt hatte. Oder hatte er sie gar nicht gehabt?

Ihm fehlten die Entschlossenheit, die Zielstrebigkeit, der grenzenlose Wille und letztlich auch die Einsicht, für den Erfolg stetig, konsequent und hart arbeiten zu müssen. »Ja, ich will die Tour noch einmal gewinnen.« Diesen Satz hörten und lasen wir immer wieder. Aber verfolgte er dieses ehrgeizige Ziel wirklich mit allem, was in ihm steckte? Manchmal bezweifelte ich das – ich glaube, das letzte Quäntchen fehlte ihm.

Jan war dann am stärksten, wenn keiner mit ihm rechnete. Wie 1999 bei seinem bewundernswerten Sieg in der Vuelta a España, den nicht einmal die Mannschaft erwartet hatte. Es war phänomenal, wie er diesen Triumph ohne rechte Vorbereitung an sich riss. Die Tour de France hatte er nach seinem Sturz bei der Deutschland-Tour verletzt absagen müssen, mit nur vier Wochen Training war er in diese Spanien-Rundfahrt gegangen.

Ein weiteres Beispiel lieferte er kurz darauf bei den Weltmeisterschaften in Verona, als er das Zeitfahren gewann und Achter auf der Straße wurde. Oder bei diesem Husarenstreich in Sydney, als alle zuvor nur den Sprinter Zabel auf der Rechnung hatten. Doch spricht heute jemand vom Olympiasieger Ullrich? Nein, er fand dafür nicht die verdiente Anerkennung.

Jan hat so ziemlich alles gewonnen, was es zu gewinnen gibt. Tour, Vuelta, Zeitfahrweltmeisterschaften, Olympia-Gold. Aber die Tour eben »nur« einmal. Das war manchen zu wenig.

Jede Epoche brachte ihren Tour-de-France-Star heraus. Ob das Anquetil, Merckx, Hinault und Induráin waren oder auf ihre Weise durchaus auch Fignon und LeMond. Als legitimen Nachfolger des Fünffachsiegers Induráin hatte die Fachwelt Jan Ullrich auserkoren. Bis da 1999 einer, den keiner so richtig auf der Rechnung hatte, aus dem Nichts kam und sich bis 2005, bis zu seinem Rücktritt, als unschlagbar erwies: Lance Armstrong. Ich glaube, dass Jan nie eine echte Chance hatte, diesen asketischen Roboter zu besiegen. Jan fuhr immer so stark, wie er gerade war, doch Armstrong trumpfte immer um den letzten Tick besser auf.

In Ullrichs Umfeld wurde zu sehr auf seine Zeitfahrqualitäten gesetzt. Aber schon ein Tour-Prolog fängt mit Psychologie an. Wer gleich gegen seinen direkten Konkurrenten Sekunden verliert, muss stark im Kopf sein, um die Sache mit viel Selbstbewusstsein umbiegen zu können. Es gehört mehr dazu, als man von außen anzunehmen glaubt. Ebenso schwierig ist es, als amtierender Zeitfahrweltmeister, sozusagen als Über-Zeitfahrer, eine Niederlage wegzustecken, wie Jan sie in der Tour 2000 auf dem Weg von Freiburg nach Mulhouse gegen Armstrong erlitt.

Er hatte Probleme, damit umzugehen. Er redete zu wenig darüber, dachte viel zu viel nach und fraß manches in sich hinein. Hinzu kamen stets tröstende Worte nach dem Motto: Mach dir nichts draus, Jan, das kriegen wir wieder hin. Es fehlte einer, der mal konstruktiv kritisierte, wenn wirklich etwas schlecht abgelaufen war. Der Einzige, der sich das traute, war Walter Godefroot, dem offene Worte nun wahrlich zustanden. Doch der Teamchef musste seinerseits Kritik für seine Kritik einstecken. Denn Jans fürsorgliches Umfeld hatte Angst vor Niederlagen und versuchte zu sehr, diese schön zu reden. Nichts ist dagegen zu sagen, auch mal Positives aus Rückschlägen herauszufiltern, nur darf dies nicht auf Kosten einer realistischen Selbsteinschätzung gehen. Besser ist es doch, Situationen so hinzunehmen und zu analysieren, wie sie sind. Ein frühes Wachrütteln aus seinem engsten Kreis hätte Jans Karriere ganz sicher gut getan.

Es spielte auch eine Rolle, dass die zunehmend kritischen Stimmen von außen oft unsachlich, alles andere als konstruktiv und schon gar nicht der Sache dienlich waren. Wie kaum ein anderer erlebte Jan die Extreme jenes Wechselbades, in das die moderne Sportberichterstattung ihre Helden taucht: Als Sieger bist du alles, als Zweiter nichts. Dies übertrug sich auch auf die Mannschaft und jeden Einzelnen. Zugegeben, auch ich gehörte nicht zu seinen offensiven Kritikern, war viel zu sehr Freund und Bewunderer. Gut möglich, dass da auch eine Portion Ängstlichkeit mitspielte, plötzlich außen vor sein zu können.

Deshalb möchte ich mich nun auch nicht als Besserwisser aufspielen, denn im Nachhinein lassen sich Fehler immer viel einfacher finden und erklären. Viel schwerer ist es, in der Situation instinktiv und aus Überzeugung das Richtige zu tun. Obwohl ich nicht mehr mittendrin bin und zu Jans derzeitigem Leben und seiner aktuellen Form nur recht wenig sagen kann, werde ich noch sehr oft angerufen. Man möchte mir am liebsten immer wieder ein kritisches Wort entlocken. Ich sage dann, ich könne Ullrichs Strategie und Planung nicht objektiv beurteilen, ich sei einfach voreingenommen, schätze ihn viel zu sehr als eine große Persönlichkeit ohne Stargehabe.

Das hat auch mit Achtung und vor allem mit Dankbarkeit zu tun. Jan Ullrich ist in meinem Radsportleben eine ganz zentrale Figur. Ohne mein eigenes Zutun zu meiner gewissen Popularität schmälern zu wollen, kann ich sagen: So bekannt, wie ich jetzt bin, bin ich nur durch ihn. Wäre ich für Crédit Agricole oder eine andere ausländische Mannschaft gefahren, hätte doch kaum einer meine Siege bei der Dauphiné Libéré oder in San Sebastián wahrgenommen. Oder?

Mitunter naiv, stets natürlich - das ist der Jan Ullrich, den ich kennen und schätzen gelernt habe. Ein Rennfahrer und Kollege mit Höhen und Tiefen, der mit kaum 20 Jahren zum Superstar im deutschen Sport wurde, diese Rolle aber nicht wirklich spielen wollte. Er ist nicht der Mensch, der so funktioniert, wie andere das wollen. Jan ist ein Genie auf dem Rad, das sich einer gewissen unbedarften Schlampigkeit nie entledigen konnte. Wenn es darauf ankam, nahm er es nicht immer ernst. Er hatte aber nie ein Problem damit, seine Schwächen und Fehler offen einzugestehen. Auch das macht ihn seinen vielen Fans so sympathisch.

Jan Ullrich lebt sein Leben, und er genießt sein Leben. Das allerdings war und ist meiner Meinung nach zu wenig, um die Tour de France so oft zu gewinnen, wie es seinem Ausnahmetalent entsprochen hätte. Diesem Sitz, diesem Tritt, dieser Freude.

TOP 12

ZITATE ÜBER UDO BÖLTS

»Wenn Udo nicht Radprofi geworden wäre, dann hätte er bestimmt als erster Deutscher alle 14 Achttausender bezwungen.« ***Georg Totschnig***

»Die Bölts ist so stark, die geht nie kapütt.«
Walter Godefroot, Ex-Manager T-Mobile-Team

»Ich habe in meiner Karriere nie wieder einen Radprofi gesehen, der sich so quälen konnte wie Udo. Er hat sich seine vielen Erfolge hart erarbeitet und ist ein Kämpfer vor dem Herrn.« ***Jan Ullrich***

»Udo Bölts ist einer der charismatischsten Rennfahrer, die Deutschland hervorgebracht hat. Er fasziniert und begeistert – egal ob er Rad fährt oder ob man ihm zuhört. Er hat uns gezeigt, dass auch ein Helfer ein Star sein kann.«
Jörg Croseck, Geschäftsführer Marketing, Vertrieb und Personal bei der Gerolsteiner Brunnen GmbH & Co. KG

»Für Udo Bölts lege ich die Hand ins Feuer.«
Hartmut Scherzer, Sportjournalist

»Ich bin froh, dass mein Papa nicht mehr Rad fährt, weil er jetzt öfter zu Hause ist.« ***Sohn Jan (5)***

»Mein Papa ist der beste Papa auf der ganzen Welt.«
Tochter Helena (8)

»Udo ist ein Mann mit sehr viel Herz und ständig in Bewegung.« ***Ehefrau Elke***

»Udo ist der wettbewerbsorientierteste Mensch, den ich kenne. Keiner kann sich so quälen wie er, egal ob im Training, im Rennen, in der Sauna oder beim Hobby. Udo ist immer auf der Suche nach seinen Grenzen. Wir, seine Wegbegleiter und Freunde, konnten nur sehr selten mit ihm mithalten – was wir später immer bereut haben.« ***Erik Zabel***

»Wenn du mit Udo trainierst, dann musst du dich darauf einstellen, dass er erst nach Hause fährt, wenn du sagst: Ich kann nicht mehr.« ***Lothar Leder, Profi-Triathlet***

»Als Radfan ist mir der Udo als Kämpfer bekannt. Ich bewunderte stets seinen Willen und seine Fähigkeit, sich über die Schmerzgrenze hinaus zu quälen. Vor zwei Jahren durfte ich mit ihm L'Alpe d'Huez ›raufradeln‹, dabei lernte ich einen ruhigen, sympathischen und humorvollen Familienmenschen kennen. Vom ersten Augenblick an schließt man ihn ins Herz.« ***Hilde Gerg, Skirennläuferin***

»Udo Bölts an seiner Seite heißt, einen guten Freund mit höchster Verlässlichkeit im Sport und im Leben zu haben. Ein großer Sportler, der dennoch für andere zurücksteckt. Udo ist berechenbar, unverwüstlich, ein liebenswerter Dickschädel und fairer Kämpfer.«
Ron Sommer, ehemaliger Vorstandsvorsitzender der Deutschen Telekom AG

KAPITEL 8

WECHSELJAHRE

Abenteuer in drei Akten

Ich hatte Lothar Leder, einen der bekanntesten und erfolgreichsten Triathleten der Welt und bis heute einer meiner besten Sportsfreunde, im Dezember 1996 in Südafrika kennen gelernt. Im gemeinsamen Trainingslager mit Christian Henn weckte er in mir eine schier unstillbare Lust auf seine extrem harte Ausdauerdisziplin.

Rund drei Jahre später blitzte mir dieser verrückte Gedanke durch den Kopf, die Idee für ein einzigartiges Projekt: Wie wäre es, die Tour de France zu Ende zu fahren und gleich im Anschluss den Ironman auf Hawaii in Angriff zu nehmen? Ich entschied mich aus dem Bauch heraus, die Sache in einer nur vierwöchigen Vorbereitungszeit anzugehen.

Lothars internationale Kontakte reichten zunächst nicht ganz aus, um eine Wildcard für Hawaii zu bekommen. Aber Detlef Kühnel, der damalige Veranstalter des deutschen Ironman von Roth, brachte meine Bewerbung erfolgreich auf den Weg. Ich mailte meinen Steckbrief zur World Triathlon Corporation in die USA, zahlte meine Startgebühr von rund 370 Dollar und ließ mir die Reise von Hawaii Holidays Service als Sponsor bezahlen.

Zugegeben, die Vorbereitung verlief dilettantisch. Noch am 17. September 2000, knapp einen Monat vor meiner Bewährungsprobe als Triathlet, fuhr ich als 15. in der Gesamtwertung die Rheinland-Pfalz-Rundfahrt für das Team Telekom zu Ende. Tags darauf ging ich an einem Montagabend im gerade noch geöffneten Heltersberger Freibad erstmals zum Schwimmtraining. Ich legte immer rund zwei Kilometer zurück, an Technikschulungen hatte ich gar nicht gedacht.

Morgens versuchte ich, mein Lauftraining zu absolvieren. Aber mehr als 15 Kilometer war ich seit Tagen des Trainings à la Grete Waitz nie mehr gejoggt. Mein Vater fuhr mit dem Mountainbike neben mir her und korrigierte meine Lauftechnik. Erst quälte mich der Muskelkater, dann stoppten mich Schmerzen im linken Schienbein. Eine Knochenhautentzündung. So etwas kannte ich bis dahin nicht. Dr. Andreas Schmid in Freiburg warnte mich: »Du musst aufhören zu trainieren, Udo, das wird nur noch schlimmer. Flieg' einfach ohne Lauftraining nach Hawaii. Wenn es dort nicht klappt, dann gehst du einfach ins Ziel.«

Immerhin, mein Start stand nicht auf der Kippe. Genau neun Mal war ich laufen und nur sechs Mal schwimmen. Dann, eine Woche vor dem Wettkampf, flog ich mit meinem Bruder und Betreuer Hartmut sowie mit Christian Henn, der während des Ironman Lothar Leder coachte, nach Hawaii.

Lothar Leder und Udo Bölts bei der Rheinland-Pfalz-Rundfahrt 2000.

Dort angekommen, rannte ich keinen Meter. Ich scheute die Schmerzen. Und als ich das wilde Meer und weit draußen die Wendemarke sah, bekam ich einen solch großen Respekt vor dem Schwimmen, dass ich auch auf dieses Training schockiert verzichtete. Was mich dennoch antrieb, waren nur der Wille und ein ausgeprägtes Selbstbewusstsein: Wer neun Mal die Tour de France zu Ende gefahren ist, sagte ich mir, der packt auch diesen Ironman.

Ich schaffe mich am Strand fast in die erste Reihe vor. Neben und hinter mir stehen aufgeregte 1.600 Athleten. Der Startschuss. Nach ein paar Metern schwimmt das Gros der Konkurrenten über mich drüber oder an mir vorbei. Ich schlucke verdammt viel Wasser, finde aber meinen Rhythmus und bin viel zu schnell für mein Können unterwegs. Noch vor der Wendemarke lähmen mich Krämpfe. Genau wie prophezeit. Ich benutze die Beine nicht mehr. Als mein linkes Bein total zugeht, lege ich mich auf den Rücken, markiere den toten Mann, hole ein paar Mal tief Luft und versuche, mich zu entspannen. Da kommt auch schon der erste Kampfrichter auf dem Surfbrett heran und fragt mich, ob er das Boot für mich ordern solle.

Nein, nein, schreie ich ihn an, ich mache doch nur eine Pause. Es folgen zwei weitere Unterbrechungen, insgesamt rund acht Minuten atme ich in der Rückenlage durch. Nach 1:14 Stunde steige ich aus dem Wasser. Ungefähr auf Platz tausend humple ich ins Wechselzelt, ziehe meinen Radanzug über, brauche aber eine ganze Weile, bis ich in Tritt komme. Weit davon entfernt, an eine Bestzeit zu denken, überhole ich einen nach dem anderen insgesamt 960 Konkurrenten und fahre genau das Tempo, das mir mein Körpergefühl vorgibt.

Die typische Haltung der Triathleten auf dem Rad bekommt mir nicht. Ich steige mit einer richtig heftigen Blockade im Rücken vom Rad und habe das Gefühl, keinen Schritt laufen zu können. Einem Einweiser, einem großen kräftigen Hawaiianer, erkläre ich, wie beschissen es mir geht und fordere ihn auf, meinen Oberkörper mit bei-

den Armen kräftig zu umfassen und mich hochzuheben. Es kracht im Kreuz, ich kann wieder durchatmen. Lothar Leder wird später erzählen, meine Wechselzeiten seien in die Geschichte des Ironman eingegangen. So viel Zeit lasse ich mir.

Ich jogge los. Entlang der Laufstrecke treffe ich endlich auf Hartmut, der mit dem Rad unterwegs ist und wie ausgemacht ein Tape im Gepäck hat. Mit Andreas Schmid habe ich vereinbart, das Bein zu tapen, falls die Schmerzen kämen. Nach acht Kilometern beginnt das unangenehme Ziehen im linken Schienbein. Da ich nicht direkt betreut werden darf, rufe ich Hartmut zu, das Tape nahe der Zehn-Kilometer-Marke auf der Motorhaube irgendeines abgestellten Autos zu deponieren.

Gesagt, getan. Ich halte kurz an, nehme das Tape, setze mich auf eine Leitplanke und wickle das Schienbein, so gut es nur geht. Dann laufe ich weiter. Bis ins Ziel. 3:59 Stunden werden für die 42,195 Kilometer lange Marathonstrecke gestoppt.

Reifenpanne auf Hawaii: Ein Triathlet muss sich selbst zu helfen wissen.

Mein Abenteuer in drei Akten endete nach exakt zehn Stunden, zwei Minuten und 42 Sekunden. Dann war ich sprichwörtlich am Ende. Befriedigt, es trotz aller Widrigkeiten geschafft zu haben. Als 168. im Ziel. Stolz, durstig, erschöpft. Ich fühlte mich so kaputt, dass ich tags darauf nicht einmal fähig war, mir meine Klamotten und das zurückgelassene Material aus den Wechselzonen zu holen. Das musste Hartmut für mich erledigen.

Bei den Zwischenlandungen auf dem Rückflug konnte ich das Flugzeug fast nicht verlassen. Ich fühlte mich zu nichts mehr fähig. Ganze drei Wochen lang. Nie zuvor in meiner Karriere musste ich so lange pausieren. Die Gelenkschmiere in den knirschenden Knien sei ziemlich verbraucht, erklärte mir ein Arzt.

Oft wurde ich gefragt, ob ich es mit dieser Blitz-Aktion nicht übertrieben hätte. Aber zu keiner Zeit hatte ich die Sorge, irgendetwas falsch zu machen. Angst, meinen Körper überzustrapazieren, spürte ich nicht. Dafür kannte ich ihn zu gut. Ich zeigte meinem Herz-Kreislauf-System eigentlich nie wirklich die Grenzen auf, weil meine Beine ein unkontrolliertes Übertreten gar nicht mitmachten. Vor allem jedoch das Laufen auf Asphalt war mir sehr schwer gefallen, Muskeln und Sehnen litten auf dem knallharten Untergrund.

Ich wollte mir und auch anderen beweisen, dass es machbar ist, innerhalb weniger Wochen eine Tour de France und einen Hawaii-Ironman zu absolvieren. Dieses und nur dieses Ziel hatte ich vor Augen. Um es zu erreichen, redete ich mir immer wieder ein, dass ein Ironman gar nicht so schwer sein kann wie eine Tour de France. Das war meine Motivation, und ich sollte Recht behalten.

Es war vor allem auch eine mentale Angelegenheit. Bei der Tour trieb mich in den Bergen immer nur ein Gefühl an: Ich muss mit, ich muss mit. Auch dann, wenn es nicht mehr zu gehen schien und der Puls über 185 Schlägen lag. Ich stand schließlich im Sold eines Teams, das hieß auch Verantwortung und berufliche Verpflichtung. Auf Hawaii dagegen schwamm, fuhr und lief ich nur so schnell, wie es mein

Bewegungsapparat zuließ. Ich gehorchte nur mir. Ich war bei gleichem Ehrgeiz nur mir selbst verpflichtet.

Dieser Ironman hat mir nicht geschadet. Definitiv nicht. Er brachte mich weiter voran auf dem Weg, mich immer weiter an meine Grenzen heranzutasten und den Reiz des Unbekannten zu erleben. Diese Grenzerfahrungen waren stets von einem Gefühl geprägt: von der bangen Frage, ob und wie ich den nächsten Tag überstehe.

Natürlich hatte mein Hawaii-Start die Gemüter bewegt, vor allem innerhalb des Team Telekom. Als Walter Godefroot von der Idee hörte, hatte er sich bei mir mit den Worten gemeldet, ich sei ja wohl verrückt, solle aber nur machen. Marketingchef Jürgen Kindervater wünschte, ich solle doch beim Radfahren einen Triathlonanzug mit dem Schriftzug der Telekom anziehen. Familie und Freunde ermunterten mich, und die Ärzte der Uniklinik in Freiburg waren einfach nur gespannt, wie mein Körper das Ganze verkraften würde.

Am Ende gab es anerkennendes Schulterklopfen von der Mannschaft, ein paar wohlwollende Zeitungsberichte, einen eindrucksvollen, schon zweimal ausgestrahlten Film, den Christian Döring im Vorbereitungstraining und auf Hawaii für den Südwestrundfunk drehte, sowie einige gewonnene Wetten gegen Zweifler, die es mir nicht zugetraut hatten.

Bereits mehrfach habe ich mittlerweile den Wunsch geäußert, auch mal bei einer Hochgebirgstour mit von der Partie zu sein. Zum Beispiel beim Besteigen eines Achttausenders im Himalaja. Es ist die Aussicht, neue Grenzerfahrungen des Körpers zu erleben, die mich reizt.

Angebote dafür hatte und habe ich. Aber ich war bis heute nicht bereit, für ein solches Abenteuer mindestens vier Wochen Zeit zu investieren. Denn mir ist klar, dass man für diese Aufgabe entsprechend vorbereitet und trainiert sein muss. Das Risiko ist schließlich ein ganz anderes als beim Ironman.

In den Pyrenäen, irgendwann, irgendwo

Was für ein Tag heute, was für ein Rennen! Spanien im März 2002. Super Wetter, super Tempo. Alles ganz normal. Ein 50er Schnitt für die ersten 30 Kilometer. Doch dahinten am Horizont droht Unheil. Ganz dunkle Wolken über den Pyrenäen. Von Minute zu Minute kühlt es ab. Eine Rampe der ersten Kategorie steht im Weg. Es nieselt, es regnet.

Am Mannschaftswagen werden warme Jacken ausgegeben. Der Schutz gegen Nässe und Kälte, er tut gut. Eine Abfahrt, eine rasende Abfahrt, schnell gemacht von den Phonak-Fahrern. Dreck beschlägt meine Sonnen- und Windbrille, aber sie schützt die Augen in jeder Hinsicht.

Man muss viel riskieren, um in der Reihe zu bleiben, den Fahrern vor einem tief vertrauen und hoffen, dass sie eine saubere Linie fahren. Die meisten Radprofis können das ganz gut. Aber vor mir zittern zwei von Kelme, denen auf dem schmierigen Asphalt die Angst im Nacken sitzt. Wer kann's ihnen verdenken? Aber: Respekt ja, Angst nein. So sehe ich das.

Man fühlt, wenn der Vordermann die Hosen voll hat und das Tempo nicht mitgehen kann, nicht mitgehen will, und man versucht zu überholen. Man macht es sich auch zunutze, wenn der Hintermann abreißen lassen muss und glaubt, eine neue Gruppe aufmachen zu müssen. Auf einer regennassen Abfahrt gibt es keine Kollegialität. Freundschaft ist tabu. Es herrscht Kampf Mann gegen Mann, ein gnadenloser, erbitterter Kampf, nicht nur am Berg oder im Sprint.

Wir sind noch 40 Mann, fünf davon im Telekom-Trikot. Es kehrt Ruhe ein. Wir holen frische Regenklamotten, weil es immer kälter und nasser wird. Unten im Tal muss ich die Brille doch absetzen. Kein Durchblick mehr möglich. Einer im Auto putzt sie mir. Ich mag keinen Kuhmist auf den Gläsern, aber noch weniger mag ich ihn als Wimperntusche.

Ruhige Fahrt, dann schon wieder Klettern, ein Berg der zweiten Kategorie, normalerweise halb so schlimm. Doch ich fahre zu weit hinten im Feld in den Anstieg hinein. Hole zu einem Kraftakt aus, um nicht zu früh abgehängt zu werden. Das heißt, den großen Gang drauflegen, das gibt mehr Meter pro Pedalumdrehung. Und dann mit richtig viel Laktat in den kalten Schenkeln vorbei am Vordermann. Einen Fahrer nach dem anderen überholen. Nach einem Kilometer komme ich im vorderen Drittel an.

Oben raus gehen mir die Beine zu. Mir bleibt die Luft weg. Ich suche die richtige Übersetzung und finde sie doch nicht. Ich japse nervös. Ob kleiner Gang, ob großer Gang, nichts harmoniert mehr mit der Atmung. Keine Spur mehr von Ästhetik und Souplesse. Fahrer um Fahrer überholt mich. Noch ein Kilometer bis zur Bergwertung. Ich beiße auf die Lippen. Wie immer, wenn ich am Limit bin. Meistens gibt es kleine Blutblasen, die ich dann auch noch aufbeiße. Ich nenne das Gegenschmerz erzeugen. Das lenkt von der Hölle in den Beinen ab. Ich habe mir auch schon einmal mit der Sicherheitsnadel, mit der die Rückennummer befestigt ist, ins Bein gestochen. Doch das ist extrem.

Mit irgendeiner Gruppe schaffe ich es über die Bergwertung. Dann die Abfahrt volle Kanne runter. Kein Problem. Da ist noch das Selbstvertrauen, der Mut von der vorherigen. Unten rasen wir in eine kleine Ortschaft hinein. Rechts-Links-Kombination, schwer zu steuern. Da knallt es. Ein Geräusch, das durch Mark und Bein geht. Alu und Stahl kratzen über den Asphalt, Rennfahrer knallen mit einem dumpfen Schlag irgendwo dagegen. Mein Gott, das braucht keiner. Der Sturz passiert direkt hinter mir. Das Rennen geht weiter. Natürlich. »Verluste« sind an der Tagesordnung, das gehört zum Radsport dazu. Heute er, morgen du.

Das Feld rollt mit hoher Geschwindigkeit auf den letzten Berg zu. Überschaubar der Beginn des Anstiegs, aber das Tempo ist eklig. Jetzt die Kleider abpellen. Ich bringe die Jacken von Kessler, Guerini und mir ans Auto und quäle mich wieder nach vorne durch. Alles bei einem Renntempo knapp unter 50 km/h. Dann geht es richtig los. Banesto brennt ein Feuerwerk ab. 13 Kilometer vor dem Gipfel, ich muss abreißen lassen. Keine Chance mehr, an der Spitze dranzubleiben. Hoffentlich finde ich meinen Tritt, meinen eigenen Rhythmus.

Grischa Niermann kämpft sich vorbei. Er fährt das richtige Tempo, um nicht zu frieren und nicht abgehängt zu werden. Wahnsinn, es fängt an zu schneien. Die Hände werden zu Eisklumpen, die Gedanken drehen durch. Warum nur, warum? Warm bleiben bei null Grad und in einem dünnen Trikot mit kurzen Ärmeln, das ist doch lächerlich, oder? Der kalte Schnee brennt im Gesicht und auf Armen und Beinen. Kein Gefühl mehr in Händen und Füßen. Das ist einer der Momente, in denen man den Beruf Radprofi verflucht. In denen von Spaß am Job keine Rede mehr sein kann.

Das Ziel erkenne ich erst hundert Meter vorher. Schnee und Nebel hüllen den ganzen Berg ein. Wo ist das warme Wohnmobil? Wo? Die Finger sind so steif gefroren, der Körper so kalt, dass ich fünf Minuten nur so da sitze und in die Ecke stiere. Mit einem Becher Tee versuche ich mich aufzuwärmen, so gut es geht. Nach und nach taue ich auf, schäle mich aus den zugedreckten Kleidern. Frans, unser Sportlicher Leiter, kommt ins Wohnmobil und erzählt, dass Guerini, unser Bergfloh, gewonnen hat. Wir freuen uns alle für ihn. Giuseppe ist sehr beliebt. Eine halbe Stunde später sind wir wieder zurück auf der Straße. Diesmal bei heimeligen 30 Grad im aufgeheizten Audi.

Man spricht Deutsch

Walter Godefroot sehnte sich nach einem neuerlichen großen Sieg bei der Tour de France. Aber nicht nur er. Sponsor, Medien und Fans warteten ungeduldig, ob Jan Ullrich vielleicht doch mal Lance Armstrong besiegen könnte. Zweimal nacheinander, 2000 und 2001, wurde er auf den Ehrenplatz verwiesen, jetzt sollte es endlich mal wieder besser laufen. Aber das Zugpferd Ullrich lahmte, das Knie spielte nicht mit. Keine guten Aussichten für Godefroot.

Wie sehr die Nerven des Teamchefs blank lagen, zeigte sein völlig außergewöhnlicher besorgter Anruf aus dem fernen Belgien. »Üdo, schafft ihr das?« Ich antwortete ohne Zögern: »Ja klar schaffen wir das. Bobby Julich und ich sind gut drauf.«

Wir beide waren in der ziemlich dezimierten Mannschaft als wichtige Helfer für Alexander Winokurow übrig geblieben und fühlten uns stark genug, seinen greifbar nahen Sieg bei Paris–Nizza abzusichern. »Wino« fuhr ohnehin im grünen Bereich. Er gewann das Rennen, kam zu mir, bedankte sich bei mir und lobte mich. So war ich mir recht sicher, schon in diesem Frühjahr bereits einen neuen Vertrag für die kommende Saison 2003 unterzeichnen zu können.

Keine Frage, der bärenstarke Winokurow spielte innerhalb der Mannschaft eine gewichtige Rolle. Aber es dauerte eine Weile, bis wir realisierten, dass der Sieg eines Ausländers in einem verwöhnten deutschen Team niemals den gleichen Stellenwert hätte wie der Erfolg eines deutschen Helden. Der Kasache war des Deutschen nicht mächtig, flüsterte immer nur in leisem Französisch. Er konnte fahrerisch noch so gut sein, doch er fand weder bei den Fans noch in den Medien große Sympathien als eventuell neuer Telekom-Frontmann.

Im Vorstand des Sponsors zählte man sehr penibel die Sendeminuten im Fernsehen und las sehr aufmerksam die Sportteile der Zeitungen. Aber wie gesagt: Ullrichs Knie ließ nichts Gutes erahnen, hinter seinem Tour-Start stand ein dickes Fragezeichen. Doch die düsterste Nachricht musste zum Schönwetterbericht aufgepäppelt werden, der Schadensbegrenzung willen. Von Jans leichtem Training und einem stetigen Aufwärtstrend war die Rede, nur wir Fahrer wollten daran nicht glauben. Zwar wussten wir, wie schnell einer von seinem Kaliber den Vorwärtsgang einlegen konnte, wenn er konzentriert arbeitete. Aber bei allem Zutrauen, die Hoffnung auf Jans schnelle Rückkehr hatten wir längst aufgegeben.

Im Telekom-Konzern dürfte das nicht anders gewesen sein. Nur zu gut konnte man den Werbewert eines gesunden und erfolgreichen Jan Ullrich ermessen. Aber das war er in der Saison 2002 nicht. Im Dreiecks-Verhältnis zwischen der Konzernspitze, dem Teammanagement und dem Ullrich-Clan begann es zu kriseln.

Eiskalt abserviert

Gerade in dieser Phase musste ich eine ganz bittere Erfahrung machen, mit der ich als 36-Jähriger zum Ausklang meiner Karriere nicht rechnete und die ich für mein Seelenheil wahrlich nicht gebraucht hätte. Der Sponsor mischte sich Mitte Juni massiv in die Vertragsverhandlungen zwischen der Walter Godefroot GmbH und den Fahrern ein. Und so war die mündliche Zusage einer Vertragsverlängerung für das Jahr 2003, die mir Godefroot am Vorabend des Henninger-Turm-Rennens in Frankfurt gegeben hatte, plötzlich nichts mehr wert. Null und nichtig.

Skeptischer Blick vom Chef: Udo Bölts am Teamfahrzeug von Walter Godefroot.

Der »Fall Ullrich«, der Unfall unter Alkoholeinfluss und die Unfallflucht in der Mai-Nacht, die frühzeitige Absage für die Tour de France, die Knieoperation Ende Mai, später dann die Ungewissheit um seine positive Dopingprobe, das alles wurde auf heißer Flamme gekocht und diktierte die Schlagzeilen mehr als die sportlichen Nachrichten. Der Imageschaden für die Telekom war riesengroß.

Es wird nie an die Öffentlichkeit kommen, was und wie im Management damals wirklich diskutiert wurde. Jedenfalls ging es drunter und drüber, irgendeiner muss sich dann für einen harten Schnitt ausgesprochen haben. Der Kreis um Ullrich sollte wunschgemäß aufgelöst werden.

Ich wurde ausgemustert, obwohl ich mich überhaupt nicht zu Jans engen Vertrauten zählte, in keiner Weise. Jedenfalls nicht wie Ralf Grabsch und Jens Heppner, die ihm beide doch sehr viel näher standen als ich.

Am Vorabend der Deutschen Straßenmeisterschaft 2002 in Bühl. Walter Godefroot ruft mich aufs Hotelzimmer. Erwartungsgemäß, denn ich will wie einige andere auch den Vertrag für 2003 unterzeichnen. So wie wir es am 30. April in Frankfurt vereinbart haben.

Ich komme rein, er sagt sofort: »Setzen Sie sich, Üdo. Aber ich habe keinen neuen Vertrag dabei.«

»Kein Problem«, entgegne ich gelassen, »sollen wir ihn später unterzeichnen?«

Er bleibt zunächst stumm, schaut auf den Boden, meint dann: »Nein, es gibt keinen Vertrag mehr. Es geht nicht mehr, ich kann nichts machen. Es wird sich noch viel in der Mannschaft ändern.«

Aber er erinnert sich auch, was er in Frankfurt gesagt hat: »Ich weiß, dass wir uns damals einig waren.«

Selten sah ich Godefroot so reagieren. Auf seine Aussagen und Abmachungen konnte man sich hundertprozentig verlassen. Er stand zu seinen Zusagen. Deshalb gab ich ihm auch keine Schuld. Für mich war klar, dass der Sponsor diese Entscheidung getroffen haben muss. Ich bin direkt aus dem Zimmer geflüchtet. Geschockt, dass mir Godefroot mein Karriereende beim Team Telekom so vor den Kopf knallte. Völlig aus heiterem Himmel. Ich konnte nur schwer damit umgehen. Ich spürte keinen Zorn, das nicht. Ich war einfach nur sehr betrübt, absolut enttäuscht. Hatte Tränen in den Augen, Trockenheit im Mund, einen Kloß im Hals.

Ich stürmte ans Zimmertelefon, rief erst Elke an, meine Frau. Dann meine Eltern. Dann Hartmut, meinen Bruder. Sie alle sagten dasselbe, so nach dem Motto, das kann doch gar nicht sein. Und abends telefonierte ich noch mit Christian Henn, meinem ehemaligen Teamkollegen. Auch er versuchte mich zu beruhigen: »Das glaube ich nicht, Udo. Das ist doch eine Finte.«

»Doch Christian, du kannst mir glauben, da geht nichts mehr«, sagte ich.

Und er: »Das ist ja ein Ding.«

Aber er machte mir, so ganz unter Freunden, große Hoffnungen auf einen Wechsel in das Team Gerolsteiner, wo er seit wenigen Jahren einer der Sportlichen Leiter war.

Die Stunden an diesem Samstagabend zählten zu den schwierigsten Momenten in meiner Laufbahn. Selten spürte ich eine solche Niedergeschlagenheit. Kein Sturz machte mich so fertig. Ich sah mich aufgeregt auf einer Achterbahn rasen. Immer hoch und runter mit den Emotionen. Ich hatte mir alles so schön ausgemalt für das letzte Jahr bei Telekom, für die Jahre danach. Und dann dieser tiefe Absturz.

Als erstes traf ich Steffen Wesemann, der sich über seinen neuen Vertrag freute und mir erzählte, er habe ihn sogar zu verbesserten Konditionen bekommen. Ralf Grabsch dagegen lief wie ein begossener Pudel herum. Auch er wollte verlängern, auch er bekam den Laufpass. Ein Leidensgenosse. Genau wie Jens Heppner, der aber schon länger Bescheid wusste.

Der Anrufbeantworter blinkt

Sonntags fuhr ich die Deutsche Meisterschaft ohne große Ambitionen und ohne Ergebnis durch. Am Abend stellte ich das Rad für eine kleine Pause in die Ecke, denn für die ein paar Tage später beginnende Tour de France war ich nicht nominiert - ich hatte als Helfer ausgedient. Mittwochs darauf suchte ich mitten im Pfälzerwald meinen Bekannten Sven Nothof im Camping- und Freizeitzentrum Sägmühle bei Trippstadt auf, um mir ein Wohnmobil für einen Kurzurlaub auszuleihen. Aber Pech gehabt, alle Autos waren vermietet. Wieder daheim sah ich den Anrufbeantworter blinken. Rudy Pevenage bat um einen Rückruf.

Er müsse umgehend Alexander Winokurow bei der Tour de France ersetzen, sagte Rudy, der Kasache habe sich bei einem Sturz bei der Tour de Suisse einen Haarriss in irgendeinem Knochen zugezogen. In Matthias Kessler und mir habe das Team zwei Ersatzleute für die Tour nominiert. Einer von uns beiden müsse laut Reglement fahren. Er und Godefroot hätten gerne Kessler im Boot gehabt, die Mannschaft aber habe sich für mich ausgesprochen, erzählte Pevenage offen und wollte eine möglichst schnelle Entscheidung von mir. Drei Tage vor dem Prolog in Luxemburg. Vier Tage nach der Ausbootung in Bühl. Na klasse.

Elke und ich diskutierten eine Stunde lang. Ganz in Ruhe, aber intensiv. Unter Abwägung aller Argumente, die ja auch in die Familie und in den Freundeskreis reinspielten, denn wir hatten Urlaub geplant. Wir ließen unseren Gefühlen freien Lauf. Mein Bauch signalisierte mir zuerst, mich nicht für die Tour 2002 motivieren zu können. Aber mein Herz freute sich, dass ich noch einmal die Chance bekam. Und mein Kopf sagte mir, den Frust über die frühzeitige Nichtnominierung und den abgelehnten Vertrag bei der Entscheidung jetzt bloß keine Rolle spielen zu lassen.

Ich war Profi, der noch immer einen Vertrag mit Godefroot und eine Verantwortung gegenüber dem Team Telekom hatte. Also entschied ich mich für einen Start, packte meine Koffer und mein Rad und machte mich auf den Weg nach Luxemburg. Die Nachnominierung begriff ich nun als Chance, ich wollte aus der Sache unbedingt als Gewinner herausgehen: Würde ich die Tour einigermaßen gut fahren, profitierte ich auch für die kommende Saison, das war klar. Denn natürlich hatte ich die wenigen Tage seit Godefroots Schocknachricht dazu genutzt, mich intensiv mit Hans-Michael Holczer und Christian Henn zu unterhalten. Für einen gemeinsamen Weg bei Gerolsteiner in der Saison 2003 sah es gut aus.

Ein Mosaik ohne wichtigstes Teil

Die Tage vor diesem Prolog gingen wirklich nicht spurlos an mir vorüber. Einerseits musste ich den Schalter im Kopf relativ schnell umlegen und mich auf drei harte Wochen einstellen, andererseits wusste ich nicht, was genau mich in Luxemburg erwarten würde. Denn der Mann, der mir jahrelang meinen Job vorgegeben hatte, war ja nicht dabei. Jan Ullrich fehlte nach seiner Knieoperation.

Ich fuhr Richtung Luxemburg und fragte mich: Was wird meine Arbeit wohl sein? Soll ich Sprints für Erik Zabel anfahren? Nehmen sie mich mit, dass ich Ausreißer zurückhole? Oder darf ich gar mal eigene Chancen wahrnehmen? Das wäre nicht schlecht, ein Tour-Etappensieg fehlte mir ja noch in meiner Sammlung.

Einen Mann für die Gesamtwertung hatten wir nicht dabei. Nach Ullrich war auch Winokurow ausgefallen. Zwar erhob Bobby Julich gewisse Ansprüche, aber sie waren einfach utopisch. Und überhaupt, es würde eines meiner letzten Rennen in dieser Mannschaft sein, ich war also auch emotional in der Bredouille. Meine Gefühlslage war ein einziges Durcheinander. Ich spürte die Wut im Bauch. Ich fühlte eine große Traurigkeit, weil ich meine Karriere nicht so beenden konnte, wie ich wollte, nicht als geschätzter Helfer an der Seite Jan Ullrichs. Da war aber auch das triumphale Gefühl, doch noch einmal dabei zu sein

– gegen den Willen von Godefroot und Pevenage, die nun noch einmal drei Wochen mit mir zusammenarbeiten mussten. Ehrlich gesagt, Letzteres kostete ich trotzig aus, das stärkte mich und gab mir Souveränität.

Und dann kam er, der ganz große Hammer. Zwei Tage vor dem Start der Tour wurde bekannt, was Jan Ullrich schon ein paar Tage länger wusste: Er war am 12. Juni in der Klinik in Bad Wiessee in der A-Probe positiv auf Amphetamine getestet worden. Jan unter Dopingverdacht! Oh nein, das konnte doch gar nicht sein.

Ullrich, der Telekom-Konzern und der Bund Deutscher Radfahrer entschieden sich für eine öffentliche Beichtstunde, die live von der ARD aus Frankfurt übertragen wurde. Natürlich auch nach Luxemburg, Stunden vor dem Start des Prologs. Ich sah mir die Pressekonferenz an. Jan tat mir sehr, sehr Leid. Das war schon vorher so gewesen und jetzt noch mehr, als ich beobachtete, wie nervös und angespannt er war.

Ich war von seiner Unschuld überzeugt, ich kannte ihn doch schon einige Jahre. Er stand ja gar nicht im Training, sondern war gerade frisch operiert. Weshalb hätte er sich aufputschen sollen?

Jan war die Figur im deutschen Radsport. Ohne die Erfolge eines Erik Zabel schmälern zu wollen, alles drehte sich um Jan. Wir alle profitierten von ihm. Und nun kam dieser Dopingverdacht als Hauptnachricht in der *Tagesschau*. Auch nach der Tour noch sprach mich jeder an, auf der Straße, im Dorf, in den Geschäften, in der Stadt. Journalisten riefen an und wollten am liebsten eine Standleitung mit mir schalten. Ich fühlte mich, als sei ich selbst niedergestreckt worden, und merkte, wie abhängig auch ich von der Person Ullrich geworden war. Aus einem herrlichen Mosaik war das wichtigste Teil herausgerissen worden, und plötzlich war das Mosaik fast nichts mehr wert.

Jan verabschiedete sich für ein paar Wochen in die Rocky Mountains und schirmte sich dort ab. Besser hätte er es nicht machen können. Keiner konnte ihn erreichen. Das war gut so. Wir Kollegen hätten ihm ganz sicher nicht helfen können. Die Mannschaft musste sich auf ihre Aufgabe bei der Tour konzentrieren. Und das war schwer genug, weil Jan innerhalb des Teams enorm beliebt war und uns sehr fehlte. Es fiel keine einzige negative Bemerkung, alle litten unter der Situation, ob Fahrer, Arzt oder Masseure und Mechaniker. Der Sponsor sowieso und das ja schon seit Saisonbeginn.

Wenn du gehst, kommt der Nächste

Alles war anders bei dieser Tour. So unterlief mir dann auch am Tag des ersten Zeitfahrens in Lorient ein riesendummer Fehler, aus dem später in den Pyrenäen ein ärgerliches Missgeschick resultierte.

Eins kam in der Bretagne zum anderen: Schon am Morgen hielt ich mich nicht an mein Ritual, nach dem Aufstehen einen halben Liter Wasser zu trinken. Offenbar herrschte zu viel Stress, denn Bobby Julich und ich wollten noch schnell zu Trainingszwecken den Zeitfahrparcours erkunden. Ich hatte nur eine Trinkflasche dabei. Auch beim Mittagstisch nahm ich zu wenig Flüssigkeit zu mir, auf dem Weg zum Start des Zeitfahrens verlor ich meine einzige Flasche, beim Warmfahren auf der Rolle trank ich erneut zu wenig. Und dann, gleich nach dem Start, flog mir auf einer Bodenwelle, einem so genannten »toten Polizisten«, schon wieder mein Getränk aus der Halterung. So viel Pech oder Dummheit auf einmal, das gibt's ja gar nicht. Aber bei meiner elften Tour ist mir das alles passiert.

Ich kehrte total dehydriert ins Hotel zurück, fühlte mich sauschlecht, bekam in der Nacht Fieber und Schüttelfrost. Der folgende Tag war zum Glück ein Ruhetag, den wir nach einem Flugtransfer in Bordeaux verbrachten. Während die Teamkollegen trainierten, blieb ich im Bett, trank besonders viel und mühte mich am Abend für fünf Kilometer aufs Rad, um etwas Spannung in die Beine zu bekommen.

Am übernächsten Tag führte die erste Pyrenäen-Etappe über den Aubisque zur Mittelstation des Tourmalet, nach La Mongie. Schon am

Aubisque musste ich, immer noch sehr geschwächt, abreißen lassen. Ich fühlte mich furchtbar schlecht, aß auf diesem Teilstück zu wenig und rollte ziemlich enttäuscht mit dem letzten *Gruppetto* ins Ziel. Aber ich wusste ja weshalb und konnte damit umgehen. Schwierigkeiten hatte ich nur mit der unqualifizierten Bemerkung, die mir ein Telekom-Manager um die Ohren haute, als ich über die Linie rollte. Einen Satz, den ich in meinem Leben nicht vergessen werde. »Ja, Herr Bölts, das war aber heute nichts Besonderes.«

Was war ich angefressen. »Wären doch Sie gefahren und hätten es besser gemacht«, kläffte ich zurück. Er wusste ja gar nicht, was mit mir los war. Mir ging damals ein Licht auf. Vielleicht nicht gleich, ich musste ein paar Nächte drüber schlafen.

Von wegen, ich Rennfahrer als Hauptdarsteller bei der Tour de France. Von wegen ich und mein Befinden, meine Gefühle. Von wegen ich und mein Körper, der doch auch einmal eine Schwäche haben kann. Wer fragt danach? Alles Kokolores.

Nein, mach dir keine Illusionen, du bist austauschbar. Ersetzbar. Wenn du gehst, kommt der Nächste. So ist die Welt des Radsports nun einmal – extrem materialistisch und erfolgsorientiert. Wer nicht funktioniert, bekommt Druck oder muss sich manch dummen Kommentar anhören und manch dämliche Frage beantworten. Es ist ja auch alles so schön organisiert für dich. Oder nicht?

Ich fuhr auch diese Tour de France zu Ende. Mit großen Emotionen und mit Gänsehaut rollte ich über die Champs Élyseés. Aber Grund zum Feiern gab es keinen.

Jan Ullrich verließ Ende September die Mannschaft, um dann ein gutes Jahr später wieder zurückzukehren. Es war das Beste, was er und der neue Namenspatron T-Mobile machen konnten. Auch ich feierte leise Abschied und war in Gedanken schon beim Team Gerolsteiner.

Brimborium in Heltersberg

Bedingungen für meinen Wechsel zum Team Gerolsteiner stellte ich so gut wie keine an das neue Management. Okay, Reimund Dietzen solle als Sportlicher Leiter mit mir einsteigen, forderte ich von Teamchef Hans-Michael Holczer, als wir uns in vielen Telefonaten über Vertragsdetails, Rennprogramm und meine Rolle im Team einigten. Dietzen, der rheinland-pfälzische Landsmann aus Konz und erfolgreiche Ex-Profi im Dienste spanischer Mannschaften, war und ist einer meiner besten Freunde. Zuletzt hatte er als Sportlicher Leiter die U23-Mannschaft geführt, die in den Jahren 2000 bis 2003 in der Rad-Bundesliga meinen Namen als »Udo Bölts-Optik Delker-Team« trug. Dietzen bekam den Job, und wir bestritten, er als Teamchef und ich als Neuling im Gerolsteiner-Trikot, gleich zu Beginn der Saison 2003 die Ruta del Sol, die Mallorca Challenge und die Baskenland-Rundfahrt gemeinsam.

Habe ich die richtige Entscheidung getroffen? Was wird mir dieses Jahr bringen? Wie werde ich aufgenommen von den Kollegen? Wirst du sofort akzeptiert? Kann ich mich schnell integrieren? Fragen über Fragen beschäftigten mich.

Auch mit 36 und nach 14 intensiven Jahren im Profigeschäft gab es Momente der Unsicherheit. Vor leichtem Herzklopfen war auch ich, der Oldie, nicht gefeit, als ich in der Dekra-Radsportakademie in Altensteig-Wart zum ersten Mal auf die neuen Kollegen traf. Einige kannte ich ganz gut, wie den Sportlichen Leiter Christian Henn und den Österreicher Georg Totschnig, die Mitstreiter in der erfolgreichen Telekom-Mannschaft bei der 97er Tour. Andere hatten sich gute Namen erarbeitet, wie die Zeitfahrer Michael Rich und Uwe Peschel, die seit Jahren Leistungsträger in Holczers Mannschaften waren. Viele junge Talente wie Fabian Wegmann und Sebastian Lang fuhren im Team. Und einer, Davide Rebellin, war der Kapitän. Wir hatten einen richtig fröhlichen Mannschaftsabend, an dem mir einige Dinge sofort auffielen: der ehrliche Teamgeist, von dem die Mannschaft geprägt war, und der lockere, ungezwungene Umgangston.

Ich wusste, dass die Erwartungen an mich nicht zwingend mit Siegen und Platzierungen verbunden waren. Vielmehr sollte ich vor allem meine reiche Erfahrung ins Team einbringen und wieder in die Helferrolle schlüpfen, vor allem im Frühjahr für Rebellin. Und doch erlebte ich, dass die Aufmerksamkeit der Medien für mich und damit für den Sponsor und das recht junge, aufstrebende, ehrgeizige Team sehr hoch war. Und das schon gleich bei der Mannschaftspräsentation im Januar in der Konzernzentrale in Gerolstein.

Siege sind das eine, Werbung mit einem guten Namen etwas ganz anderes. Gerolsteiner gewann nicht zuletzt durch mich an Unterhaltungswert, das wussten Hans Holczer und der Sponsor zu schätzen. Ich war für vergleichsweise wenig Geld gekommen, und ich nehme mal an, dass sich die Investition gelohnt hat.

Großen öffentlichen Wirbel gab es zum Beispiel am letzten Tag der Deutschland-Tour auf der Etappe von Bad Dürkheim nach Saarbrücken. Denn die Strecke führte direkt durch meinen Heimatort, und so war in ganz Heltersberg ein riesiges Brimborium angesagt. Der Gerolsteiner-Truck auf dem Dorfplatz zog die Menschen wie ein Magnet an. So ziemlich alles, was laufen konnte, war mit Begeisterung dabei. Nur mein kleiner Sohn Jan hatte, fiebrig krank und im Schatten eines Baumes liegend, meinen kurzen Zwischenhalt verpennt.

Oft werde ich gefragt, ob Jan Ullrich Pate bei der Namensgebung unseres Jungen stand. Es ist aber vielmehr so, dass ich selbst fast auf den Namen Jan getauft worden wäre, weil mein Großvater aus Ostfriesland Johann hieß. Irgendwann beschloss ich, meinen eigenen Jungen Jan zu nennen.

Aber was hatte ich mich quälen müssen, um überhaupt bis Heltersberg durchzuhalten! Am dritten Tag stürzte ich auf dem Weg nach Ansbach an einer Bordsteinkante schwer, fuhr die Etappe und die ganze Rundfahrt zu Ende, obwohl es mit Blick auf die Tour de France vernünftiger gewesen wäre aufzugeben. Aber ich konnte mir doch das Spektakel in meiner Heimat nicht entgehen lassen. Für Stunden vergessen waren die Schmerzen, und als dann auch noch Olaf Pollack den Schlussspurt gegen Erik Zabel gewann, war die Feierlaune bestens. Ein großer Sieg für Gerolsteiner an einem großen Tag für mich.

Nach der Deutschland-Tour, die damals noch vor der Tour de France stattfand, beschäftigte sich Hans Holczer bereits mit den Plänen für die Saison 2004. »Platz auf dem Fahrrad oder Platz im Auto?«, wollte er von mir wissen. Sprich, noch ein Jahr als Aktiver dranhängen oder Sportlicher Leiter werden. Eine verdammt schwierige Frage. Auf Anhieb konnte ich sie nicht beantworten und wollte erst einmal die Tour de France anständig fahren.

Mannschaftspräsentation am Abend vor dem Prolog der Tour de France 2003: Davide Rebellin, Udo Bölts, René Haselbacher, Uwe Peschel, Olaf Pollack und Michael Rich vom Team Gerolsteiner.

Die Tour de France 2003 – Ein Tagebuch

Samstag, 5. Juli: Alter Hase mit Lampenfieber

100 Jahre Tour de France. Aber ehrlich gesagt, die runde Zahl hat für die Rennfahrer so wenig Bedeutung wie für mich die zwölfte Teilnahme. Ich gehe nicht lockerer in die Tour, nur weil ich ein alter Hase bin. Ich habe großen Respekt vor ihr, vor drei Wochen voller Höhen und Tiefen. Habe Lampenfieber, bin angespannt und aufgeregt. Ich weiß zu gut, dass der Tag kommen kann, an dem es einem verdammt elendig geht.

Als dieser Tage Miguel Induráin zu mir kam und mich begrüßte, ja, er kam auf mich zu und nicht umgekehrt, da spürte ich, wie lange ich schon dabei bin. Die Jungs von Gerolsteiner haben vielleicht geguckt. Gerade die Neulinge sind beeindruckt, welches Flair und welche Dimension die Tour hat. Kein Vergleich zu Vuelta oder Giro.

Mit dem Auto nach Gerolstein, mit dem Helikopter nach Luxemburg, mit dem Flieger nach Paris, so lief die Anreise vor vier Tagen. Kurz und schmerzlos. Seitdem aber ist es ein stressiges und nerviges Warten auf den Start. Was geht da unnütz Zeit verloren! Zum Beispiel eineinhalb Stunden Busfahrt durch den Pariser Höllenverkehr nur wegen fünf Minuten medizinischer Untersuchung.

Den Prolog schaue ich mir nach meinem Auftritt im französischen Fernsehen an. Die überschlagen sich regelrecht wegen Jan Ullrichs tollem Auftritt. Es ist wie ein kleiner Punktsieg, dass er im Zeitfahren vor Armstrong lag. Es ist gut für seine Psyche, gut für sein Selbstbewusstsein.

Sonntag, 6. Juli: Sturz in der roten Zone

Genauso stelle ich mir die erste Etappe vor. Die Psyche eines jeden am Anschlag, der hektische Haufen will gleich alles auf einmal. Schon bis zum ersten Zwischensprint nach 19 Kilometern eine wahnsinnige Raserei. Wegen ein paar Sekunden Gutschrift! Man geht an solch einem Tag fünfzig Mal voll in die Bremsen. Abends heißt es dann: alter Reifen runter, neuer drauf. Das ist noch das kleinste Übel. Schlimmer ist ein Sturz.

Ich hatte Glück. Oder war es doch die Erfahrung? Nach drei Beinahe-Massenstürzen türmte sich plötzlich das halbe Feld vor meinem Rad auf. Mir fiel gleich wieder die 97er Tour ein, als wir, das heißt Jan und das Team Telekom, den großen Triumph feierten. Ich lag damals in der ersten Woche gleich fünf Mal auf der Nase.

Ich teile das Feld auf Flachetappen immer in drei Zonen ein. Vorne die Sprinter mit ihren Helfern, die den Etappensieg suchen. Dann die gefährliche »rote Zone« der Aspiranten aufs Gesamtklassement: mit Fahrern, die keine Zeit verlieren wollen, große Risiken eingehen, aber auch unterschätzen. Und schließlich die dritte Zone mit denen, die ihre Arbeit getan haben, die mit dem Ausgang nichts zu tun haben, und eben mit mir. Es war schon zu Zeiten, als ich für Erik Zabel fahren musste, nie mein Ding, bis ganz zum Schluss Tempo zu bolzen. Fünf Kilometer vor dem Ziel gehe ich gerne raus aus der Führung.

Das viel zitierte Glück bleibt dem ambitionierten Olaf Pollack aus meinem Team versagt. Nach einem Massensturz auf der Zielgeraden trägt er sein Rad zu Fuß über die Linie. Und die Maschine von Davide Rebellin ist gleich an zwei Stellen komplett durchgebrochen.

Montag, 7. Juli: Essen und liegen, so viel du kannst

Ich bin froh, dass die Tour rollt. Erleichtert, dass Paris hinter uns liegt und ganz langsam wieder näher rückt. Fünf Tage und fünf Nächte im gleichen Hotel, sie zogen sich wie Kaugummi. Tapetenwechsel ist gut für die Seele.

Ich teile mit Torsten Schmidt für drei Wochen das Zimmer. Wir verstehen uns, haben viele Rennen gemeinsam bestritten und uns bei der

Deutschland-Tour beschnuppert. Was vielleicht nur wenige wissen, er ist kein Tour-Neuling. Torsten war schon 1997 in Frankreich dabei. So richtig schüchterne Anfängerfragen hat er noch keine gestellt. Vielleicht wird der Bedarf an Tipps in den Bergen größer. Ich dränge mich jedenfalls nicht auf. Heute früh aber sagte ich jedem, der es wissen wollte: Heute gehen ein, zwei Ausreißer. Franzosen, die ins Fernsehen wollen. Genau so kam es dann.

Es gibt viele Tour-Weisheiten, zum Beispiel die: Du sollst so viel essen und so viel liegen, wie du kannst. Aber ich bin ja auch nur ein Mensch. Wenn ich satt bin, geht eben nichts mehr rein. Schluss, aus. Was soll ich da noch reinstopfen? Und mit dem Liegen geht das so: Massagebank nach dem Rennen, Essen, Essen, Essen, auf dem Bett faulenzen, Film gucken, einschlafen. Achteinhalb Stunden bis zum nächsten Morgen. Ein ganz schön komfortables Leben, oder? Alles funktioniert nach Schema F.

Christian Henn, neben Hans Holczer unser Sportlicher Leiter, schreibt die Zettel: »Dienstag, 8. Juli. Wecken 7 Uhr, erstes Frühstück nach Wahl, zweites Frühstück (Spaghetti): 10 Uhr, Koffer abholen: 10:30 Uhr, Besprechung: 11:15 Uhr, Start: 13 Uhr.«

Dienstag, 8. Juli: Wenn Wunden hämmern

Eigentlich wollen wir Gerolsteiner bei unserer Tour-Premiere ganz andere Schlagzeilen schreiben. Im Schlussspurt mithalten, aber nicht mitstürzen. Doch wir erwischen eine richtige Pechsträhne. Dass es René Haselbacher bei 65 km/h hinhaute, ist bitter. Wir brauchen ihn. Zum einen hebt »Hasi« mit seinem Wiener Schmäh die Stimmung im Team. Und für das morgige Mannschaftszeitfahren ist er eine feste Größe. Aber ob sich René da so richtig ins Zeug legen kann? Im Zeitfahren musst du dich eineinhalb Stunden richtig auf dem Lenker abstützen können. Wenn ich seinen Arm sehe, bekomme ich leise Zweifel. Ich muss die Teamleitung mal bremsen. Mit Uwe Peschel und

Michael Rich haben wir zwei der weltbesten Zeitfahrer in unseren Reihen, was die Chefs von Platz vier träumen lässt. Schön, wenn's so kommt, ich aber sage: »Leute, macht mal langsam, wir sind bei der Tour, das ist ein ganz anderes Radrennen. Ein Platz zwischen acht und zwölf ist auch gut.«

»Komm Doktor, wir fahren ins Spital«, fordert »Hasi« um halb acht unseren russischen Doc Alexander nach einer Schüssel Müsli und noch vor dem Abendessen auf. Die Wunden am Arm und auf dem Rücken, wo die »Tapete« ab ist, waren noch im Ziel mit Wasserstoffperoxid notversorgt worden. Das brutzelt immer ganz schön, tut aber nicht weh. Tour-Arzt Dr. Porte machte einen Funktionstest, und dann hatte »Hasi« freie Fahrt mit einem schnellen Auto ins Hotel.

Gleich nach dem Sturz, wenn das Adrenalin alle Schmerzen durch die Adern vertreibt, denkst du nur: Gott sei Dank, es geht ja. Aber dann beginnen die Wunden und Prellungen zu hämmern. Jetzt wartet der Arme im Hospital in Troyes.

Platz elf für das Team Gerolsteiner beim Mannschaftszeitfahren der Tour 2003.

Mittwoch, 9. Juli: Unangemeldete Besucher

Unangemeldeter Besuch, schon zum zweiten Mal in sechs Tagen. Und das um acht Uhr morgens, für uns mitten in der Nacht. Ich will eigentlich länger schlafen, weil wir später starten, dann aber steht ein Doktor wegen einer Blutkontrolle des Weltverbandes UCI vor der Tür. Er bringt einen Beobachter der neuen Weltdopingagentur WADA mit, die mit ihren Kontrollen sicher noch nicht so weit ist wie die UCI.

Einer nach dem anderen muss antreten, auch aus anderen Teams. In drei Minuten zieht er mir zwei Röhrchen Blut. Danach bin ich richtig wach. Ab zehn Uhr trainieren wir eine Stunde, essen eine Kleinigkeit und lassen uns 150 Kilometer zum Start des Mannschaftszeitfahrens kutschieren. Das ist wieder mal vertane Zeit. Jedenfalls mehr als die 30 Sekunden, die wir im Rennen nach zehn Kilometern wegen eines Defekts verlieren. Mit meinem Tipp von gestern liege ich ja goldrichtig, wir werden Elfte und sind damit zufrieden.

Noch mal zu den Kontrollen. Ich finde sie absolut notwendig. Der Ruf des Radsports ist kräftig ramponiert, es sind die Fahrer selbst, die die Tests forcieren. Neben den Kontrollen am Morgen werden täglich sechs Athleten nach dem Rennen zur Urinprobe gebeten. Zudem gibt es vier große Untersuchungen jährlich. Und in Frankreich geht es inzwischen ohnehin scharf zu. Die dortigen Gesetze lassen kaum noch Schlupflöcher zu. Dinge wie letztes Jahr, als die Frau des Litauers Rumsas festgesetzt wurde, weil ihr Auto voller Medikamente war, wird's wohl nicht mehr geben. Verwandte müssen damit rechnen, gefilzt zu werden.

Donnerstag, 10. Juli: Hass-Wort »Rolleretappe«

Es ist, wie immer, wenn ich Tagebuch schreibe, zwischen halb acht und acht Uhr abends. Beim Zappen bleibe ich beim Etappenbericht auf RTL hängen. Sinngemäß spricht der Reporter von einer lockeren

Etappe. Also, ich weiß nicht, aber er muss heute bei einem anderen Rennen gewesen sein. Bei über 30 Grad und einem Schnitt von 48 km/h kann von einer »Rolleretappe« nicht die Rede sein. Es ist das Wort, das die Rennfahrer am meisten hassen. Rolleretappen gibt es nicht. Man kommt auf diesen Teilstücken für die Sprinter zu nichts, nicht mal zu einem Plausch mit alten Kollegen. Ständig ist irgendetwas zu organisieren. Richtig trinken, richtig essen, an der richtigen Position im Feld fahren. Die Hitze ist trotz des Fahrtwindes enorm und im Pulk der mehr als 190 Fahrer noch mal größer. Die anderen schwitzen ja auch. Da bollert die Hitze durch das Feld. Die Nase in den Wind zu strecken, ist zwar gut und schön, aber das kostet verdammt viel Kraft.

Den Flüssigkeitshaushalt zu regeln, ist mit das Wichtigste. Viel, aber nicht zu viel trinken. Es ist eine Gratwanderung. Ein Wasserbauch bringt nichts, ist gefährlich, kann zu Gastritis und ähnlichen unangenehmen Geschichten führen. Ich nehme auf einer Etappe vielleicht acht Trinkflaschen, das sind vier Liter. Kein pures Wasser, sondern immer mit Geschmack. Mineralgetränke, kohlehydratreich, eben das, was die Hersteller von Nahrungsergänzungsmitteln so anbieten. Das meiste schwitzt man einfach aus, Zeit zum Anhalten und zum Pinkeln ist ja nicht immer.

Freitag, 11. Juli: Lance, der Sockenwechsler

Wer glaubt, dass Männer mit Mode nichts am Hut haben, dem kann ich nur sagen: Schau mal auf deren Beine. Wir Rennfahrer können nämlich ganz eitle Kerle sein. Nicht alle, wohlgemerkt. Am Dienstag vor dem Start in Mézières steckte ich dem großen Lance Armstrong, dass seine schwarzen Socken überhaupt nicht gut aussehen. Irgendwann muss man ja mal miteinander ins Gespräch kommen, oder?

Er antwortete grinsend, ich sei ja konservativer als sein Sportlicher Leiter Johan Bruyneel. Aber er muss darüber nachgedacht haben.

Denn heute kommt er in einer ruhigen Rennphase neben mich gefahren und deutet auf seine Füße: »Hey Udo, schon meine weißen Socken gesehen?« Schon klasse, wenn ein Texaner auf einen Pfälzer hört.

Wir nehmen uns Zeit zum Smalltalk. Ich erinnere mich daran, dass Lance letztes Jahr mal einen Duathlon bestritt. Er kommt ja vom Triathlon, hat das Interesse daran aber völlig verloren, auch weil er wegen einer Chlorallergie nicht mehr schwimmen geht. Er läuft aber noch recht viel, vor allem im vergangenen Herbst, als er die Saison früher beendete. Ich erzähle ihm von meinen Ironman-Erfahrungen auf Hawaii.

In der *L'Equipe* hatte Gilberto Simoni, der Giro-Sieger, ein wenig über Armstrong abgelästert. »Simoni ist einen guten Giro gefahren«, kitzele ich Lance ein wenig.

»Na und«, sagt er, »die Tour ist ganz was anderes.« Vor Simoni scheint er keine Angst zu haben.

»Aber Jan Ullrich könnte ein gefährlicher Konkurrent sein«, sage ich.

»Schon. Aber er fährt einen zu großen Gang, er verbraucht schon jetzt im Flachen sehr viel Kraft«, antwortet Lance. Wer welchen Gang fährt, ist typbedingt. Aber es stimmt: Dass Jan in Watt gemessen einen Mehraufwand leistet, ist nicht abzustreiten. Lance hat jedenfalls auf alles eine Antwort. Auch auf dem Rad?

Samstag, 12. Juli: Helena zählt die Tage rückwärts

Jetzt kommen wieder solche Tage, an denen die Familie daheim genau weiß: Wenn ich nicht anrufe, dann haben wir kein Netz in den Bergen. Den Handy-Rechnungen tut das eher gut, dem Gemüt der Kinder weniger. Helena, meine fünfjährige Tochter, zählt schon rückwärts: »Papa, wie oft muss ich noch ausschlafen, bis du wiederkommst? Fahren wir dann mal wieder ans Meer?« Sie wird sich ganz genau merken, was ich ihr erzähle: »Helena, es ist das letzte Mal, dass ich so lange weg bin.« Ob ich das Versprechen halten kann? Ich kehre definitiv nicht als Rennfahrer zur Tour zurück. Aber wer weiß, was dann kommt.

Im Juli sind meine Telefonrechnungen immer am höchsten. Zum zwölften Mal bin ich im Hochsommer fast einen Monat am Stück nicht daheim. Und seit Helena und Jan, mein Dreijähriger, auf der Welt sind, ist die Sprechzeit deutlich länger geworden. Und natürlich seit es Handys gibt.

Wie war das nur früher, haben wir uns dieser Tage gefragt. Da hat man Münzen gesammelt und ist an die einzige Telefonzelle am Ort gefahren, wo schon drei andere vor einem standen. Ich habe, ehrlich gesagt, nicht so viel verdient, dass ich mir die Telefonierererei im Hotel leisten wollte. Und heute? Heute zahlst du sogar mit, wenn dich einer aus Deutschland anruft.

Nach dem Aufstehen und abends ab zehn ist das Handy aus. Ansonsten können ruhig auch mal dicke Freunde anrufen und natürlich Elke, meine Frau. Sie erzählte mir, dass fünf Kumpels am Freitag oder Samstag noch einen Platz an einer Serpentine hinauf nach L'Alpe d'Huez gefunden haben. Mit Wohnmobil und Zelt. Dirk, Heiko, Heike, Andreas und Michael werden sich bestimmt bemerkbar machen. Ich weiß von meinem Vater, was unter Fans abgeht. Er hat jahrelang dort oben gestanden. Franzosen feiern und fachsimpeln mit Holländern, Deutschen oder Dänen bis in die Puppen und warten, bis wir kommen. Das ist für mich Europäische Gemeinschaft pur. Wenn ich am Sonntag hochfahre, wird mir garantiert mein Ritt von 1994 durch den Kopf gehen, als ich Dritter wurde.

Sonntag, 13. Juli: Auf der Welle der Euphorie

Die Tour frisst ihre Kinder. Sagt man so dahin. Michael Rich und Olaf Pollack von meinem Gerolsteiner-Team haben Abschied von der Tour genommen. Olaf kam mit Familie immerhin noch als Zivilist hoch nach L'Alpe d'Huez.

Udo Bölts auf der achten Etappe der Tour de France 2003: Zum letzten Mal als Profi hinauf nach L'Alpe d'Huez.

Im Teambus ist alles anders heute. Nicht nur, dass die Plätze der beiden frei bleiben. Keine so losgelöste Stimmung wie vor einer Flachetappe, alle schweigen, sind nervös und angestrengt. Viele leiden schon an Wehwehchen. Und jeder weiß, heute geht es bei dieser Hitze zur Sache. 70, 80 Fahrer haben schon nach 70 Kilometern ihre liebe Müh' und Not, wieder aufzuschließen. Sie müssen wie um Leben und Tod fahren, erzählt mir Zimmergenosse Torsten Schmidt später. Die 230 Kilometer vom Vortag steckt keiner eben mal so weg.

Über den Col du Télégraphe nach 85 Kilometern komme ich noch gut mit, drei, vier Kilometer darauf muss ich abreißen lassen. US Postal macht enorm Druck. Geh raus und such dir 'ne gute Gruppe, denke ich, und meine eine Gruppe, die auch gut versorgt ist mit Materialwagen. Ich habe das große Glück, dass mich jeder Sportliche Leiter, jeder Mechaniker kennt. Ich fahre einfach hin und hol mir was zu trinken und zu essen. Marc Madiot, mein ehemaliger Teamkollege, heute Chef von FDJeux.com, versorgt mich gut.

L'Alpe d'Huez hoch ist der pure Wahnsinn. »Berg der Holländer« hieß der Anstieg früher. Die Zeiten sind vorbei. Es ist der Berg der Deutschen. Ist da überhaupt noch einer zuhause, denke ich so zum Spaß. »Udo, danke für die schöne Zeit«, ruft mir einer zu. Es ist sehr ergreifend, ich weiß, es ist das letzte Mal. Ich fühle mich auf einer Welle der Euphorie getragen.

Montag, 14. Juli: Rechts ab in die Pampa

Die Tour muss schwer sein. Keine Frage. Berge, Berge, Berge, alles okay. Aber müssen wir über solch gefährliche Abfahrten? Das fragen wir uns nach dem schweren Sturz von Joseba Beloki im Ziel. Er wird der Tour fehlen, er war gut drauf.

Als ich an der Sturzstelle vorbeikomme, schieben sie ihn gerade in den Krankenwagen. Ich denke nur: Oh, oh, oh. Lance Armstrong sagt, er habe Angst wie noch nie in einem Rennen gehabt. Aber vielleicht hat irgendein einflussreicher Chef viel Geld bezahlt, damit wir an seinem Ferienhaus vorbeifahren. Es wäre nicht das erste Mal.

Vor dem letzten Berg steht ein Schild: »Gap: 12 Kilometer«. Aber sie schicken uns rechts ab in die Pampa. Als ob die letzten drei Tage nicht schwer genug waren. Noch 30 Kilometer. Über eine Strecke, die sie mit Splitt und klebrigem Zeug beworfen hatten, das bei dieser Hitze dahingeschmolzen ist.

Es ist meine erste Tour mit Helmpflicht, die nach Kiwilews Tod eingeführt wurde. Die Regel besagt, dass nur vor einer Bergankunft am Fuße des Schlussanstiegs der Helm abgesetzt werden darf. Viele Rennfahrer mögen den Topf auf dem Kopf nicht. Jan Ullrich kam nach der L'Alpe-d'Huez-Etappe zu mir und stöhnte über die Hitze unter'm Helm. Und die Franzosen hatten ja bei der Dauphiné Libéré demonstriert, bis Armstrongs Leute einfach losfuhren. Ich sage: Schütze deinen Kopf, du hast nur einen. Der Radrennfahrer muss manchmal zu seinem Glück gezwungen werden.

Dienstag, 15. Juli: Begehrte »Silberlinge«

Ich kann mir das so richtig gut vorstellen: Mittags fahren Sie, daheim im Sessel sitzend, die Tour im Fernsehen mit und abends genießen Sie auf der Terrasse oder im Biergarten ein Weizenbier oder zwei, während wir zur *Tagesschau*-Zeit auf unser eines Radler-Getränk noch warten müssen und weiterhin am Kilometerschrubben sind. Den 200 Kilometern auf dem Rad folgen nämlich heute noch 300 Kilometer im Gerolsteiner-Bus. Von Marseille setzen wir gleich ins Ruhetag-Hotel in Narbonne über. Das ist ja mal eine Perspektive.

Wir, das sind neben der Teamleitung und den Fahrern vier Mechaniker, vier Masseure, ein Pressesprecher, ein Arzt, der Busfahrer natürlich – und ein Koch. Wir alle können uns nach fast zwei Wochen immer noch ganz gut leiden. Vor allem Joachim aus Rastatt steht hoch im Kurs. Er kocht im richtigen Leben im Berliner Hotel *Linden*, übernimmt nun aber für das Gerolsteiner-Team die Regie in der jeweiligen Hotelküche. Problemlos, denn das ist so vereinbart. Joachim spricht fließend Französisch und liest uns jeden Wunsch von den Lippen ab. Ob Milchreis oder Müsli am Morgen, ob weißes oder rotes Fleisch am Abend.

Er hat vor allem morgens Stress, denn da muss er die Sandwiches fertig machen, die es nach der Etappe für den ersten Hunger gibt. Mozzarella mit Tomaten. Oder einfach nur mit Schinken. Eingewickelt, Name drauf, fertig.

Begehrt sind seine »Silberlinge«: weiche französische Brötchen mit Marmelade, Philadelphia-Käse oder Schinken und Tomate. 15 Zentimeter lang und dreimal durchgeschnitten. Sie sind quasi unser Essen auf Rädern und heißen so, weil sie in Alufolie eingepackt werden. Dagegen kannst du jeden Riegel vergessen, denn den kriegst du bei der Hitze gar nicht runter.

Mittwoch, 16. Juli: Café au lait am Strand

Diesen Ruhetag brauchen alle. Mal ohne Zeitplan in den Tag zu leben, es ist ein wunderbarer Tour-Luxus. Ich stehe um neun auf und sehe vermutlich, den anderen gleich, wie durch den Wolf gedreht aus. Mit unserem wenig komfortablen Hotel ziehen wir eine Niete. Aber auf eine schlechte Nacht folgt auch immer wieder eine gute. Kurz nach elf fahren wir »trainieren«. 40 Kilometer Richtung Narbonne-Plage. Es kommt nicht auf die Länge an. Wichtig ist, dass der Puls ein-, zweimal richtig hoch geht, einmal durchschwitzen bei einem kleinen Intervall. Das reicht schon.

Unser »Chefe« Christian Henn hat ein paar Tischchen am Strand reserviert. Orangina oder *Café au lait* in einem Urlauber-Quartier kurz vorm Mittagessen. Trotz Ausspannen bekommt man einen Wahnsinns-Hunger, muss sich aber zügeln. Ich kenne die Tücken des Ruhetages zu gut.

Am Nachmittag nur ein wenig Herumdösen, mit dem Streifen *Sieben* im DVD-Player. Ab fünf Uhr dann Smalltalk an der Rezeption oder mit den Teamkollegen von Straßencafé zu Straßencafé ziehen. Schließlich die Massage und das Abendessen. Einfach herrlich. Dieses Relaxen hat was. Mein Buch liegt noch immer unberührt im Koffer. Aber ich bin ja auch nicht zum Lesen unterwegs. Einen solch ruhigen Ruhetag wie diesen habe ich nur bei meiner allerersten Tour erlebt.

Donnerstag, 17. Juli: Der Kontrolleur im Ohr

Ich bin heute zweimal im Fernsehen durchs Bild gefahren, teilt man mir von daheim mit. Gerüchte, es sei gestellt gewesen, muss ich aber zurückweisen. Das eine Mal lasse ich während der Fahrt meine Bremse richten, die schief steht. Das andere Mal ackere ich rund fünf Kilometer an der Spitze des Pelotons, obwohl ich das gar nicht will. Markus Zberg und ich wurden vom Sportlichen Leiter per Funk zu einer taktischen Maßnahme verdonnert, die mir überhaupt nicht passt. Wir sollen der Spitzengruppe hinterher rasen. Aber warum wir? Für Zabel, McEwen oder Cooke etwa? Seh' ich doch gar nicht ein. Ich nehme kein Blatt vor den Mund und spreche über Funk mit Christian Henn. Mit ihm kann man über solche Sachen reden. Walter Godefroot oder Mario Kummer waren in solchen Fällen überhaupt nicht kritikfähig.

Ich war schon in einer Zeit Profi, als die Radrennfahrer noch selbst denken und handeln durften. Heutzutage werden sie wie Marionetten bewegt. Zum Teufel mit diesem unseligen Knopf im Ohr. Manch eine Anweisung bleibt für die Fahrer völlig unverständlich. Jörg Jaksche etwa hat bis heute nicht kapiert, weshalb sein Chef Manolo Saiz den eigenen Teamkollegen Joseba Beloki auf seine Verfolgung ansetzte. Das war an dem Tag, als Beloki so schwer stürzte und »Jay-Jay« alle Chancen einbüßte.

Zu Hause ist das Telefonieren im Auto verboten, und hier sollst du nicht nur mit den Augen, sondern auch mit den Ohren fahren. Und mit einer Hand, wenn du den Knopf zum Sprechen bedienen musst. Die Geräuschkulisse ist unvorstellbar und hemmt die Konzentration: Helikopterlärm, Motorrad- und Autogehupe, Zuschauergekreische und der Kontrolleur im Ohr – dieser enorme Stressfaktor ist nicht messbar wie die Länge der Etappe. Auch aus diesem Grund ist es ein Glücksgefühl, wenn du im Ziel bist.

Freitag, 18. Juli: Alle fiebern mit Ullrich

Es geht ein Raunen und Staunen durch das Häuflein von Kollegen, die als »Frühstarter« die Chance nutzen, sich das Finale des Zeitfahrens gemeinsam im Fernsehen anzuschauen. Alle fiebern mit Jan Ullrich und freuen sich riesig mit ihm, dass er Armstrong schlagen kann. Ein tolles Comeback nach dem verkorksten Jahr 2002, Jan fährt traumhaft im Bianchi-Trikot. Jetzt ist Spannung drin, und das tut der Tour gut.

Persönlich freut mich Jans grandioses Auftrumpfen auch für Rudy Pevenage, von dem ich immer viel gehalten habe. Es ist ihm gelungen, aus dem Nichts eine Profi-Truppe zu zaubern. Vor allem in Sachen Logistik eine Meisterleistung: Bei Mapei einen Material-Lkw gekauft, bei Vitoria den Bus geordert.

Jan geht mit einem großen psychologischen Vorteil in die Pyrenäen, aber Lance wird vom Zorn und Ehrgeiz getrieben sein. Ein einziges Mal in den letzten Tour-Jahren wurde er in einem Zeitfahren von Botero knapp geschlagen, ansonsten kennt er solche Niederlagen wie die heutige nicht. Aber er wird jede Gelegenheit nutzen, um Zeit in den Pyrenäen gutzumachen.

Auch ich werde meine Chancen suchen. Beim Zeitfahren finde ich den richtigen Tritt, der dich nicht kaputt macht, und ich wundere mich, wie Armstrongs treuer Helfer George Hincapie an mir vorbeirauscht. Der braucht doch seine Kräfte noch für seinen Chef.

Ab jetzt werde ich probieren, in der richtigen Ausreißergruppe dabei zu sein. Schon heute. Auch wenn ich nicht bis ins Ziel ganz vorne sein sollte, na ja, dann ist meine Hauptaufgabe halt, die letzte wichtige Flasche meinem Teamkollegen und Freund Georg Totschnig zu bringen. »Wasserträger« oder Domestike - das war schon immer meine Rolle.

Samstag, 19. Juli: Es läuft taktisch gut für Jan

Jedem einzelnen Kilometer durch Frankreich gilt meine ganze Aufmerksamkeit. Es ist ein ganz persönliches Abschiednehmen. Viele Gedanken und Erinnerungen müssen sortiert werden. Höhen und Tiefen, Erfolge und Niederlagen kommen zurück, als seien sie erst gestern passiert.

An einem Tag wie heute schießen einem auch wieder die Glücksmomente der 97er Tour durch den Kopf, die Triumphfahrt von und mit Jan Ullrich. Die neue Sensation liegt in der Luft. Es läuft taktisch gut für Jan. Armstrongs US-Postal-Team muss weiter das Feld kontrollieren, und Jan weiß, dass Lance verwundbar ist und dass er ihn attackieren kann. Und er wird es tun.

Ich spreche in der Neutralisation mit Lance. Neidlos erkennt er Jans Super-Zeitfahren an. Aber er sagt auch, er habe ihm in L'Alpe d'Huez über eine Minute abgenommen und verbreitet Optimismus. Ich bin gespannt, wie er reagieren wird. Oder besser, ob er reagieren kann. Ein zweiter Platz reicht ihm nicht. Davon bin ich überzeugt.

Vom Glück verlassen wurde Torsten Schmidt. Mein Zimmergenosse ist raus, unglücklich und gekränkt. Ich denke, ich kann ihn fürs Erste aufbauen. Aber eine Aufgabe tut sauweh. Es bricht eine Welt zusammen.

Ich musste das nicht oft erfahren. Alle 17 großen Landesrundfahrten, bei denen ich am Start stand, habe ich beendet: Elf Mal die Tour de France, vier Mal den Giro und zwei Mal die Vuelta. Spontan fällt mir nur ein Ausstieg bei Paris–Nizza wegen einer Mandelentzündung ein.

Sonntag, 20. Juli: Nur noch vier kleine Gerolsteiner

Es gibt Tage, an denen der Frust an der Seele nagt. Heute zum Beispiel, es ist ein ganz, ganz schlechter Tag für Gerolsteiner. Wieder zwei Leute verloren, wir sind nur noch zu viert. René Haselbacher kapituliert vor seinen starken Rückenschmerzen, was ich verstehen kann. Fast zwei Wochen hat er die Qualen durchgestanden, nun bekommt er den Ritterschlag auf den Champs Élysées doch nicht. Ich versuche, den Jungen mit großen Vergleichen zu trösten. Induráin gab bei seiner ersten Tour auch auf, erzähle ich ihm. »Hasi« grinst nur.

Dass Davide Rebellin aufhört, verstehen nur wenige. Vielleicht hat ihn die Härte des Rennens überrascht. Viele in unseren Reihen kennen zwar den Giro bestens, merken aber erst jetzt, dass das Wort von der »Tour der Leiden« nicht nur so dahergesagt ist. Auch ich bin von mir enttäuscht. Viel gezeigt habe ich bei dieser Tour noch nicht. Und die Zeit bis Paris verrinnt, es gibt immer weniger Gelegenheiten, sich in Szene zu setzen.

In der Gruppe mit Simoni und Virenque wäre ich gerne dabei, aber ich lasse gerade die Bremse richten, als die Post abgeht. Das breite Peloton zieht sich plötzlich in die Länge, es ist das sichere Signal einer Attacke. Jetzt komme ich auf dieser schmalen Straße nicht mehr an 160 Rennfahrern vorbei, purer Frust überfällt mich. Mir ist klar, dass ich mit einem Simoni eh nicht bis ins Finale mithalten könnte. Aber wenigstens mal dabei sein, das ist mein Ehrgeiz. Meine Frage, ob überhaupt einer von uns mit von der Partie ist, wird über Funk verneint. »*Ach du liewes bissje*«, denke ich.

Montag, 21. Juli: Rüffel für den Stoffel

Die Tour in den Pyrenäen – das ist auch die Tour der Basken. Es gibt nichts Größeres für sie, als am Tourmalet die Stars und Helfer bei freiem Eintritt hautnah zu feiern, sie kämpfen und leiden zu sehen.

Diese Fans sind mir allemal lieber als viele Deutsche mit dem Telekom-Tunnelblick und den »Telekom, *allez*«-Rufen. Als Neu-Gerolsteiner fallen mir diese zum ersten Mal richtig negativ auf. »Du Stoffel, da fahren noch andere mit«, habe ich gestern einen angeschnauzt.

Ich bin heute noch besonders stolz, dass ich 1996 an meinem 30. Geburtstag ausgerechnet im Baskenland den Weltcup-Klassiker in San Sebastián gewonnen habe. Es ist ein Geben und Nehmen zwischen uns und den Zuschauern. Oft sieht alles gefährlicher aus, als es ist. Da kriegst du mal eine Fahne ins Gesicht, okay, das geht noch. Was wir nicht mögen, sind die Schulterklopfer, die dich fast vom Rad schlagen.

Mal ehrlich: Lance Armstrong fuhr heute eindeutig zu weit rechts, als es zum Sturz kam. Und Ullrich? Der ist halt ein guter Kerl. Er hätte nicht warten müssen. Die Tour ist kein Kindergeburtstag. Aber ihm ging durch den Sturz der Rhythmus von Armstrong und Mayo verloren, deshalb wartete er.

Im Rennen erzählt er mir, wie sauer er am Wochenende war, weil viele Journalisten schon die Schlagzeile »Ullrich in Gelb« fertig hatten. So etwas ärgert »Ulle« maßlos. Auch die Franzosen wollen ihn siegen sehen. Sie mögen Lance nicht, sie hoffen auf seinen Sturz vom Thron. Es ist alles andere als ein Liebesverhältnis.

Dienstag, 22. Juli: Familientag in den Pyrenäen

Stress am Ruhetag, das soll's geben. Meine Familie nimmt mich in Beschlag, die Kinder wollen mich gar nicht mehr loslassen. Elke, Helena, Jan und mein Schwiegervater sind tagsüber nach Lourdes gefahren, mein Vater Georg, der im Camper auf dem Hotelparkplatz in Pau nächtigt, sitzt selbst ein bisschen auf dem Rad und fährt gerade weiter zum Col de Soudet, dem ersten Berg der morgigen Etappe. Mal sehen, ob ich ihn wieder wahrnehme, wie am Sonntag ganz kurz am Peyresourde. Da war ich abgehängt im *Gruppetto*, vielleicht habe ich morgen mehr zu tun. Am besten etwas weiter vorn...

Von den heutigen 50 Trainingskilometern entfiel die Hälfte auf Motortraining hinter'm Auto, zusammen mit Georg Totschnig. Mit ihm, Markus Zberg und Uwe Peschel bilde ich ein fast trauriges Quartett, wie eine kleine Skatrunde. Im Gerolsteiner-Bus ist mittlerweile verdammt viel Platz.

Hektisch ist die Pressekonferenz am Abend. Das Team Gerolsteiner gibt bekannt, dass es zwei Jahre weitermacht und Danilo Hondo verpflichten wird. Vieles dreht sich um mich, der irgendeine neue Rolle übernehmen soll. Journalisten stürzen auf mich ein. Andreas Zellmer von der Deutschen Presseagentur und Hartmut Scherzer quetschen mich ein letztes Mal bei der Tour aus. Wir danken uns gegenseitig für eine stets faire Zusammenarbeit. Ich erinnere Hartmut daran, dass er mich mal auf einen Profi-Boxkampf mitnehmen wollte. Udo, versprochen, betont er.

Mittwoch, 23. Juli: Abschied von den Bergen

Die Familie reist heute wieder nach Hause. Vor dem Start blättere ich mit den Kindern in Bilderbüchern. Das tut gut, mal etwas anderes zu sehen und an etwas anderes zu denken. Gerade heute, vor der Reise ins Unbekannte. Kaum einer im Feld kennt diesen zweiten Berg der Etappe nach Bayonne. Besonders für mich steht dieser Tag unter dem Motto: endgültig Abschied nehmen von den Bergen der Tour. Aber es macht sich schon große Erleichterung breit, nicht nur bei mir. Ich bin heilfroh, dass es so langsam Richtung Paris geht. Die Leute sagen immer: Na ja, der Bölts kommt auf jeden Fall an. Aber ich bin ja auch keine Maschine, es kann so viel passieren. Zu Ende ist das Rennen erst auf dem Zielstrich.

Große Nervosität vor dem Start. Am Col de Soudet kann ich in der Gruppe um Armstrong, Ullrich und Winokurow noch mitfahren. Jan ist clever genug um zu wissen, dass eine Attacke heute zum Scheitern verurteilt wäre. Er hat ja im Zeitfahren immer noch die Chance. Aber wie gesagt, kaum jemand kennt diesen Col Bagarguy. Am Ende sind alle überrascht, wie schwer der letzte Berg dieser Tour de France ist. Ein extremer Anstieg, Rampen mit 20 Prozent Steigung!

Totschnig, Zberg, Peschel und ich, die vier Musketiere von Gerolsteiner, kommen gut über die Berge. Wenn wir alle Paris erreichen, ist unser Sportlicher Leiter zufrieden, obwohl wir bei der ersten Tour des Teams viel Lehrgeld gezahlt haben. Georg Totschnig ist im Gesamtklassement Zwölfter, da geht noch was. Er hat sich im Zeitfahren extrem verbessert. Ich traue ihm noch den zehnten Platz zu, das wäre ein toller Abschluss dieser Tour!

Donnerstag, 24. Juli: Keine Diskussion

Bei der Tour de France wird auch ein zwölfter Platz mit allen Waffen verteidigt. In einer Ausreißergruppe ist – für uns unglücklicherweise – auch Peter Luttenberger von CSC mit dabei. Er liegt im Klassement acht Minuten hinter Georg Totschnig. Als die Ausreißer den Vorsprung auf 16 Minuten ausbauen, ist Georg geknickt und sieht seine Felle davonschwimmen. Die beiden sind Österreicher, da geht es auch ums Prestige.

Wir arbeiten hart an der Spitze des Verfolgerfeldes, der Zeitabstand variiert ständig, das ist ein Psychokrieg. Jetzt nicht den Kopf hängen lassen, Ruhe bewahren. Das Vorhaben glückt, Georg verteidigt seinen Vorsprung um elf Sekunden. Wir sind Profis. Georg hat während der Tour alles gegeben, deshalb ist es ein Muss, dass er seinen zwölften Platz behält und bester Österreicher wird. Da gibt es keine Diskussion. Bleibt es bis Samstag so, startet Georg im Zeitfahren hinter Luttenberger. Das ist ein Vorteil.

Immer und immer wieder sprechen mich auch viele ausländische Journalisten an. Wie ich mich denn fühle bei meiner letzten Tour, wollen sie wissen. Ich sehe das mit einem lachenden und einem weinenden Auge. Wir Fahrer sind ja nicht nur Konkurrenten, sondern auch gute Kollegen. Es ist ein komisches Gefühl, Abschied zu nehmen – auch wenn es durch meine neue Arbeit wahrscheinlich ist, dass wir Kontakt halten. Ich hoffe, es wird nicht unerträglich schwer, wenn ich zu Hause sitze und nur noch Zuschauer bin. Aber ich denke, dass ich das in den Griff bekomme. Dass ich aufhöre, ist okay, mit 37 Jahren wird man ja nicht besser.

Freitag, 25. Juli: Auch nicht für 100.000 Euro...

Ein Wahnsinnstempo heute! Ein schneller Start, die ersten 50 Kilometer der Etappe fahren wir einen Schnitt von 54,8 km/h. Von Anfang an hält die Kamera drauf, da fliegt der Hubschrauber über einem, die Rennfahrer wollen sich zeigen. Nach dem ersten Sprint ist die Ausreißergruppe weg, aber selbst wenn mir jemand 100.000 Euro bieten würde, ich habe heute nicht die Beine dafür.

Für die meisten Fahrer ist die Tour gedanklich so gut wie abgeschlossen. Gut durchkommen im Zeitfahren, heißt die Devise. Aber es ist schlechtes Wetter angesagt, gerade regnet es. Spekulationen machen die Runde: Regen sei gut für Lance und schlecht für Jan, heißt es. Glaube ich nicht, das macht bei der Klasse der beiden keinen Unterschied.

Jeder gönnt es Jan Ullrich, den Rückstand von 1:05 Minute noch aufzuholen. Aber ich kenne Lance Armstrong ja nun auch ein bisschen. Mit dem Gelben Trikot auf den Schultern, mit dieser Zusatzmotivation, ist er einfach der Favorit. Lance hat die zweite Luft bekommen. Er wirkt sehr relaxed, sehr ruhig. Nervös soll der sein? Nein, wirklich nicht! Er will es jetzt noch mal allen zeigen. Und was man nicht vergessen darf: Er fährt hinter Jan, ist über dessen Zwischenzeiten informiert – ein großer psychologischer Vorteil.

Viele fragen sich natürlich, was passiert, sollte Jan vor der letzten Etappe nur ein paar Sekunden Rückstand haben. Es gibt ja den Ehrenkodex, das Gelbe Trikot am Schlusstag nicht mehr anzugreifen. Ich glaube, Jan würde sich trotzdem dran halten. Die Etappe in Paris können er und Lance eh nicht gewinnen, das ist Sache der Sprinter. Und für die Sprintwertungen schickt Armstrong zur Not einen George Hincapie vor, der greift Jan dann die Gutschriften weg.

Samstag, 26. Juli: Harald Schmidt wartet schon

Nach der Etappe packe ich mit Renate Holczer, unserer Teammanagerin, im Hotel die Klamotten zusammen. Auch den Rucksack für Uwe Peschel, der nach seinem Sturz beim Zeitfahren im Krankenhaus liegt. Traurig ist es, sehr tragisch, dass ein zweiter Gerolsteiner-Fahrer so schwer gestürzt ist, und das kurz vor Schluss. Und Ullrich, Mensch, musste der denn auch auf dem nassen Asphalt ausrutschen! Ich sagte noch vor dem Zeitfahren: Hoffentlich wird die Tour nicht durch einen Sturz entschieden. Zum Glück saß Jan schnell wieder auf seiner Maschine. Aber das Wetter war nicht grenzwertig, wie manche behauptet haben. Wir können ja nicht immer nur mit Sonnenschutzfaktor 20 fahren. Außerdem hatten wir bei dieser Tour ja viel Glück mit dem Wetter.

Am Abend trinken wir in kleiner Runde in unserem Hotel ein Gläschen Wein. Vier Tour-Teams sind hier ein paar Kilometer außerhalb von Nantes untergebracht. Die Atmosphäre ist nun viel entspannter. Alle sind ziemlich locker drauf so kurz vor dem Ende der Rundfahrt.

Von einer »Jahrhundert-Tour« war im Laufe der vergangenen Woche die Rede. Das ist für mich übertrieben. Sicherlich war sie super für den Radsport. Aber bei jeder Tour passiert etwas. Von den Spekulationen, was wäre wenn, halte ich überhaupt nichts. Die Zeiten, die Zahlen, das ist das Einzige, was zählt. Lance Armstrong ist gut gefahren, er trägt zu Recht das Gelbe Trikot. Jan Ullrich gelang das Comeback des Jahres, er hat in dieser Saison schon viel erreicht.

Mein Programm für die ersten Stunden nach der Tour steht auch schon fest. Direkt nach dem Rennen lädt Gerolsteiner zu einem Abendessen mit geladenen Gästen ein. Am Montagnachmittag ist am

Firmensitz in Gerolstein ein Empfang. Ich muss aber früher weg, denn für den Abend habe ich eine Einladung für die *Harald Schmidt Show*. Die Sendung wird um 18 Uhr aufgezeichnet, eine Stunde vorher muss ich bereits im Studio in Köln sein. Und dann fahre ich so schnell wie möglich nach Hause.

Sonntag, 27. Juli: Die Sonne strahlt durch den Bogen des Triumphs

Ganz am Schluss, auf der Ehrenrunde, halten Georg Totschnig und ich am Arc de Triomphe noch einmal inne. Ein schönes Bild, die tief stehende Sonne fällt durch den Bogen auf unsere persönlichen Triumphe. Georg wird Zwölfter, nur 21 Minuten hinter Lance Armstrong, und ich erreiche den 61. Platz. 85 Stunden und 43 Minuten habe ich im Sattel gesessen, um meine zwölfte Tour de France zu Ende zu fahren. Mehr schafften in der Geschichte dieses Rennens nur 14 Fahrer, darunter Joop Zoetemelk mit 16, Lucien Van Impe mit 15 oder Sean Kelly und Raymond Poulidor mit 14 Teilnahmen. Ebenfalls zwölf Mal dabei waren unter anderem Miguel Induráin und Richard Virenque.

Markus Zberg, der dritte Gerolsteiner, der das Rennen beendet, verzieht ungläubig das Gesicht, als ich ihm erzähle, dass ich nun 18 große Rundfahrten beendet habe. Darauf bin ich stolz. Dennoch stutze ich über die »Udo, Udo«-Chöre auf den Champs Élysées. »Du hast ja überall deine Fans«, scherzt Markus. Ich genieße die letzte Fahrt über die Prachtstraße in der Weltstadt, aber ich werde, ganz ehrlich, keine Sekunde lang sentimental. Es sind viele Freunde aus der Heimat da, und mir fallen wie selten zuvor am Straßenrand Menschen aus aller Herren Länder auf. Die Welt nimmt teil an dieser Tour.

Am Abend lädt uns unser Sponsor zum Essen ein. Meine Frau Elke ist da, auch »Hasi«, Olaf Pollack, Torsten Schmidt und Michael Rich sind zurückgekommen ins Hotel *Meridien*, zurück zur Tour für einen Tag und eine Nacht. »Aki« Peschel muss bis Dienstag in der Klinik bleiben, dann darf auch er heim.

UDO BÖLTS

EINE KARRIERE IN BILDERN

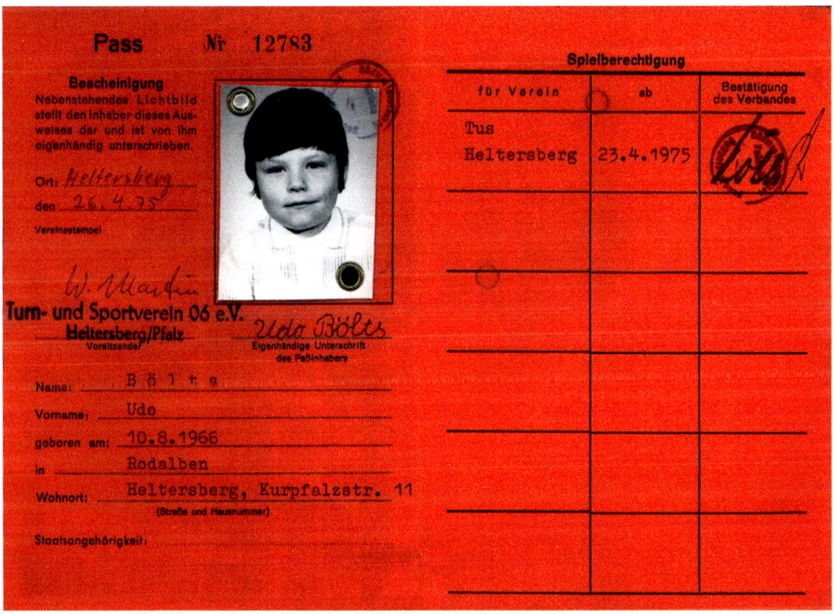

Pass Nr 12783

Bescheinigung
Nebenstehendes Lichtbild stellt den Inhaber dieses Ausweises dar und ist von ihm eigenhändig unterschrieben.

Ort: Heltersberg
den 26.4.75

Vereinsstempel

W. Martin
Turn- und Sportverein 06 e.V.
Heltersberg/Pfalz
Vorsitzender

Udo Bölts
Eigenhändige Unterschrift des Paßinhabers

Name: Bölts
Vorname: Udo
geboren am: 10.8.1966
in Rodalben
Wohnort: Heltersberg, Kurpfalzstr. 11
(Straße und Hausnummer)
Staatsangehörigkeit:

Spielberechtigung

für Verein	ab	Bestätigung des Verbandes
Tus Heltersberg	23.4.1975	

Harte Ersatzbank, wenig Talent am Ball: Wie die meisten Jungs beginnt Udo Bölts seine sportliche Laufbahn beim örtlichen Fußballverein. Doch recht bald hängt er die Stollenschuhe erleichtert an den Nagel und entdeckt die Faszination des Rennrads.

Die ersten Schritte auf dem Weg zum Profi: Noch ein wenig übergewichtig in den ersten Rennen (links), als Mitglied der von Wolfgang Oehme trainierten BDR-Equipe bei der Junioren-WM 1984 in Cannes (oben; untere Reihe 2.v.l.) und im Trikot der Nationalmannschaft bei der Rheinland-Pfalz-Rundfahrt 1986 (rechts).

Die Continentale
Ihre Versicherung
Continental
Die Continentale
Ihre Versicherung

Hennes Junkermann, der deutsche Tour-Held der sechziger Jahre, holt Udo Bölts (erste Reihe, 3.v.l.) zum RC Olympia Dortmund.

Der große Bruder als Weggefährte, Konkurrent und Vorbild: Udo (links im Bild) und Hartmut Bölts in der Saison '85.

Udo Bölts 1987: Als Sieger des Amateurrennens Rund um den Henninger Turm (unten) und bei einem Rennen in Queidersbach (rechts) an der Seite seines langjährigen Weggefährten Christian Henn.

Nächste Doppelseite: Zwei Brüder im internationalen Profipeloton – Udo für das neu gegründete Team Stuttgart, Hartmut in den Farben des französischen RMO-Rennstalls.

GONSO

R.M.O
MAVIC
LIBERIA
R.M.O
R.M.O

STUTTGART
PUMA
AW-C 821

Der erste wichtige Profisieg: 1990 gewinnt Udo Bölts (oben, Bildmitte) den Titel des Deutschen Straßenmeisters vor Dariusz Kajzer (links im Bild) und Christian Henn (rechts).

Udo Bölts beim Flèche Wallone: 1990 belegt er 1:20 Minute hinter Sieger Moreno Argentin den 42. Platz (oben), im Jahr darauf endet er zehn Plätze weiter vorn (rechts).

Bevete
Bevete
Coca-Cola
Coke
Telekom
Telekom

König von Pila:
Beim Giro d'Italia 1992 gewinnt Udo Bölts die schwerste Bergankunft. Auf dem Podium gibt es Blumen und Pokal (links), und der Sportliche Leiter Frans Van Looy ist außer sich vor Freude (oben).

Premiere bei der »Großen Schleife«: Udo Bölts im Einzelzeitfahren der Tour de France 1992.

Sieg am Rhein: Bei Rund um Köln 1994 gewinnt Udo Bölts vor Rolf Järmann und Jens Heppner.

Ein dritter Etappenplatz als großer Sieg: Bei der Tour de France 1994 fährt Udo Bölts hinauf nach L'Alpe d'Huez in die Geschichtsbücher der Frankreich-Rundfahrt.

Telekom
Telekom

Telekom
Telekom
74

*Eine echte Radsport-Familie:
Udo Bölts mit Bruder Hartmut bei der Deutschen
Meisterschaft 1996 in Rheinfelden (oben) und mit Vater
Georg am Rande der WM 1994 in Agrigento (unten).*

In langen Rundfahrten beweist sich das Kämpferherz: Bei der Tour de France 1994 belegt Udo Bölts einen hervorragenden neunten Platz im Gesamtklassement (links).

Weltcup-Sieg zum 30. Geburtstag: Am 10. August 1996 lässt Udo Bölts im Finale der Clásica San Sebastián den Italienern Stefano Cattai und Massimo Podenzana sowie dem Franzosen Richard Virenque keine Chance.

Beim deutschen Eintagesklassiker bleibt ihm ein Profisieg verwehrt: Udo Bölts an der Seite von Claudio Chiappucci bei Rund um den Henninger Turm 1997.

Als Edeldomestike eines Tour-de-France-Siegers: Auf der 17. Etappe von Colmar nach Montbéliard fällt 1997 das berühmte »Quäl dich, du Sau«.

Führungsarbeit bei der Tour 1997: Richard Virenque, Bjarne Riis, Udo Bölts, Francesco Casagrande und Jan Ullrich (v.l.n.r.).

Nächste Doppelseite: Auch in der Mannschaftswertung siegt das Team Telekom von Walter Godefroot mit Riis, Totschnig, Lombardi, Henn, Aldag, Bölts, Heppner, Ullrich und Zabel (v.l.n.r.).

Udo Bölts bei Straßenweltmeisterschaften: 1997 in San Sebastián belegt er im Sprint den undankbaren vierten Platz (oben), 1998 in Valkenburg wird er Zehnter (rechts).

Team
Deutsche
Telekom
T
adidas

Linke Seite: Die Tour de France 1999 bestreitet Udo Bölts im Trikot des Deutschen Meisters.

Gesichter eines Radprofis aus Leidenschaft: Bei der Tour de France 2000 (oben und Mitte) und als Etappensieger vor Michele Bartoli bei der Deutschland-Tour desselben Jahres (unten).

Abenteuer Ironman: Ungefähr auf Platz tausend steigt Udo Bölts auf Hawaii aus dem Wasser (unten), auf dem Rad überholt er dann den Großteil der Konkurrenten (rechts).

Team Teleko
Team Telekom

PowerBar
IRONMAN
191

Ein Blumenkranz für den Finisher: Beim Ironman 2000 auf Hawaii kommt Udo Bölts nach rund zehn Stunden als 168. ins Ziel.

Die letzte Saison im Telekom-Trikot: Udo Bölts vor Alex Zülle bei der Deutschland-Tour 2002 (unten) und wenig später bei der Deutschen Meisterschaft (rechts).

Mobile
T · Mobile
PINARELLO
Team Telekom
Team Telekom

MET
GEROLSTEINER
IZOARD
GEROLSTEINER

Das Kämpferherz offenbart sich auch in Diensten von Gerolsteiner: Udo Bölts in der Saison 2003 bei der Mallorca Challenge (links), vor seinem früheren Kapitän Jan Ullrich bei Rund um den Henninger Turm (rechts) und bei seinem Lieblingsrennen Lüttich-Bastogne-Lüttich (unten).

Ein gefragter Mann in seiner Abschlusssaison: Udo Bölts im Interview am Rande des Amstel Gold Race und bedrängt von Autogrammjägern bei der Hessen-Rundfahrt.

Familientreffen bei der Deutschland-Tour 2003: Elke, Helena und Udo Bölts am Rande der Schlussetappe von Bad Dürkheim nach Saarbrücken.

Das inoffizielle Abschiedsrennen: Georg, Helena, Elke, Jan und Udo Bölts mit Reimund Dietzen (v.l.n.r.) im Etappenziel Ludwigshafen bei der Rheinland-Pfalz-Rundfahrt 2003.

Bei seiner zwölften Tour de France erreicht er zum zwölften Mal Paris: Udo Bölts auf der Etappe nach L'Alpe d'Huez (linke Seite).

Der Blick nach vorn: Seit der Saison 2004 übernimmt Udo Bölts als Mitglied der Sportlichen Leitung neue Aufgaben beim Team Gerolsteiner.

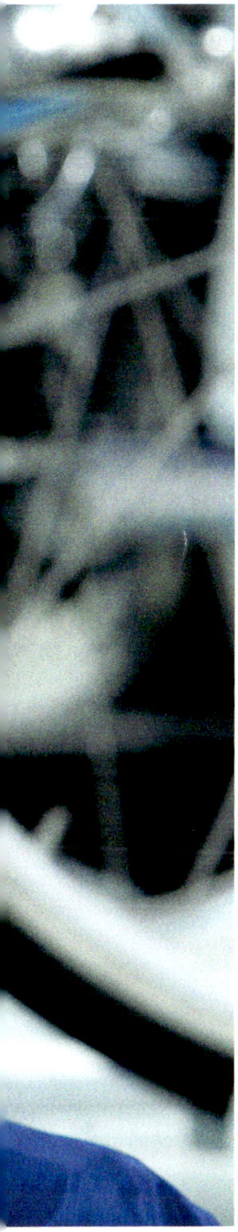

*Die neue Leidenschaft:
Auch als begeisterter Läufer
sucht Udo Bölts immer
wieder seine Grenzen.*

Das Autorenduo:
Klaus Dieter Kullmann
und Udo Bölts.

Das Luxusproblem

Also doch noch ein Jahr? Oder Schluss jetzt, nach 15 Berufsjahren als Radrennfahrer? Hans Holczer wartete auf eine Entscheidung. Ich sah mich in großer Verantwortung gegenüber dem Team und dem Sponsor Gerolsteiner, ich wollte fair bleiben. Einerseits überlegte ich, ob ich in diesem einen Jahr den Erwartungen gerecht geworden war, andererseits, ob ich den Druck noch einmal auf mich nehmen wollte und konnte.

Geld oder die Aussicht, mich noch ein paar Jahre mit Kriterien oder Sechstagerennen durchzuschlagen, spielten bei meinen Überlegungen keine Rolle. Ich zog Bilanz, blickte nach vorne und erkannte in diesem Hin- und Hergerissensein die königliche Chance, den Zeitpunkt des Karriereendes selbst aussuchen zu dürfen.

Die Fans verabschieden sich bei der Rheinland-Pfalz-Rundfahrt 2003 vom aktiven Radrennfahrer Udo Bölts.

Kein schwerer Sturz, kein Skandal, kein anderer Mensch gibt mir das Finale vor. Nur ich bestimme. Das ist ein Luxusproblem.

Abtreten, wenn es am schönsten ist. Aufhören, solange es noch Spaß macht. Abschied nehmen, wenn die Popularität am größten ist. Verzichten, um etwas Neues anzufangen.

Da ist dieses Bedürfnis, öfter zu Hause bei der Familie zu sein und nicht mehr aus dem Koffer leben zu müssen. Da ist diese Sehnsucht nach Ruhe, die ja auf die fast suchtartige Reiserei von Rennen zu Rennen folgen muss. Irgendwann einmal.

Irgendwann, das war jetzt. Die fast sechsjährige Helena und der dreijährige Jan fragten recht häufig nach mir, ich wusste, wie sehr meine Familie auf mich wartete.

Ich hätte auch zum 6347. Male in meinem Leben hoch nach Johanniskreuz trainieren fahren können, auf den Gipfel oberhalb von Heltersberg. Ich hätte noch einmal Lüttich-Bastogne-Lüttich in Angriff nehmen können. Meine Physis hätte das zugelassen. Aber auch die Psyche?

Ich war satt und auch ein bisschen müde und leer. Das fiel mir wenige Tage nach der Tour bei meinem Lieblingsrennen in San Sebastián auf. Am Tag zuvor war ich bei wunderschönem Wetter vor die Hoteltür gegangen, als mir ein Betreuer von US Postal entgegenkam. Wieso er denn nasse Haare habe, fragte ich ihn, und er antwortete, er sei im Meer gewesen. Gute Idee, dachte ich, und anstatt aufs Rad zu steigen, um ein paar Kilometer locker zu trainieren, holte ich mir ein Badetuch und ging schwimmen. Welch eine Sünde für einen Radsportler! Das wäre mir früher nie passiert. Es war jedenfalls ein untrügliches Zeichen.

Am nächsten Tag fuhr ich das Rennen als eines der wenigen in meiner Laufbahn nicht zu Ende. Ich erledigte meine Aufgabe, Davide Rebellin in den Jaizkibel hineinzufahren, dann drehte ich ab ins Hotel. In diesen Monaten mit Gerolsteiner dachte ich oft, dass es ruhig auch ein Jahr früher so hätte kommen können. Zu meinem Glück war ich ja gezwungen worden, an jenem Vorabend der Deutschen Meisterschaft in Bühl. Erst die Verweigerung des vereinbarten Telekom-Vertrags hatte meinen Ehrgeiz angestachelt, es allen noch einmal zu zeigen. Aber ich hätte doch nie im Leben freiwillig das Team gewechselt! Ich hatte mich bei Telekom immer pudelwohl gefühlt.

Jetzt beendete ich die Laufbahn eben bei Gerolsteiner. Um meinen 37. Geburtstag herum entschied ich mich für den sauberen Schnitt. Mein letztes Rennen sollte die Rheinland-Pfalz-Rundfahrt werden, direkt vor der Haustür und 15 Jahre nach meinem dritten Platz in der Gesamtwertung. Aus der Familie und von Freunden kamen viele gut gemeinte Vorschläge, mit einem ganz persönlichen Abschiedsrennen auszusteigen. Doch ich lehnte ab, ich war nicht bereit für den großen Rummel.

Damit war die eine Hälfte der Frage »Fahrrad oder Auto?« beantwortet, und die zweite Antwort zeichnete sich ebenfalls ab. Mit dem Ja zum Auto stellte sich sehr schnell heraus, dass ich das Rennrad beruflich auch weiterhin brauchte. Ich wechselte tatsächlich die Seiten und stieg bei Gerolsteiner als Sportlicher Leiter ein. Weiterhin fuhr ich oft mit den Jungs zum Trainieren. Im Mai 2005 beispielsweise erkundete ich zusammen mit Levi Leipheimer, Georg Totschnig, Fabian Wegmann und Peter Wrolich auf dem Rennrad eine ganze Trainingswoche lang die Schlüsseletappen der Tour de France in den Pyrenäen und den Alpen. Auch im Auftrag des ZDF, das mich als Experte angeheuert hatte, saß ich für Vortouren im Sattel, um die wichtigsten Bergetappen mit einem Kamerateam abzuklappern. Außerdem unterschrieb ich einen Beratervertrag mit dem Fahrradhersteller Cube.

Hans Holczer und mein Vater hatten oft auf mich eingeredet, diese neue Aufgabe als Sportlicher Leiter im Team nahtlos zu übernehmen. Ich musste wieder abwägen. Wollte ich das wirklich? Wollte ich weiter zu allen Rennen dieser Erde jetten? Wollte ich weiter wie ein Vagabund aus dem Koffer leben? Wollte ich immer wieder die gleichen Gesichter sehen? Oder gab es auch ein Leben nach dem Radsport?

Wieder kämpfte ich mit mir. Es war ja gar nicht schlecht, dieses Leben. Behalte doch die Weltoffenheit, die du als Profi genossen hast, dachte ich. Andere Länder, andere Sitten, andere Sprachen, das hat doch was. Aber ich spürte auch, dass ich freier sein und viele meiner Ideen ausleben wollte.

Im ersten Jahr als Sportlicher Leiter tat ich mich sehr schwer, und auch das zweite war nicht leicht. Ich musste mich in der Hierarchie erst zurechtfinden und lernen, wie viel Engagement gewünscht ist. Mehr einzubringen, ist verpuffte Energie, die man anderswo gebrauchen kann. Dies zu ergründen, dauert eine Weile.

Die Lösung, die ich mit dem Teammanagement gefunden habe, ist sehr gut. Reimund Dietzen und ich müssen unseren Mann bei den Rennen stehen, wenn im übervollen Terminkalender wieder mal drei oder vier Gerolsteiner-Mannschaften zeitgleich unterwegs sind oder sich deren Einsätze zumindest überschneiden. Wir beide machen das voller Überzeugung und mit sehr viel Freude. Aber ich habe trotzdem die Zeit, meinen vielen anderen Interessen nachzugehen.

Christian Henn, Reimund und ich sind Freunde und nicht nur Kollegen in der Sportlichen Leitung. Für mich ist das die wichtige Grundlage meiner Zusammenarbeit mit Gerolsteiner und dem Team. Henn ist als Freund mein direkter Vorgesetzter, und ich akzeptiere ihn genauso wie während der Karriere meine Kapitäne. Er macht einen tollen Job und hängt sich richtig rein in die Arbeit. Hans Holczer hatte ein feines Näschen, als er ihn zum Verantwortungsträger an seiner Seite machte.

KAPITEL 9

GEDANKEN ZUM LEISTUNGSSPORT

Die unvermeidliche Dopingfrage

Wenn Kinder oder Jugendliche beginnen, aktiv Sport zu treiben, und in den Leistungssport streben, müssen sich Eltern zwangsläufig fragen: Welchem Druck setze ich mein Kind aus? Es geht heutzutage schon früh, meines Erachtens viel zu früh um Zeiten oder Weiten, um Platzierungen und Erfolge. Von den Eltern wird enorm viel verlangt: Sie müssen einschätzen können, wo die physischen und natürlich auch die psychischen Grenzen ihres Kindes liegen. Und sie müssen wissen, welchen sportlichen Weg sie mit ihrem Kind unter Abwägung aller möglichen Situationen des Alltags gehen wollen. Übrigens werden sehr schnell auch die Übungsleiter und Trainer mit diesen Fragen konfrontiert. Mit 14 oder 15 Jahren können Jugendliche dann schon eigenverantwortlich handeln und entscheiden.

Unter rein leistungssportlichen Gesichtspunkten weiß wohl jeder, dass ein 14-Jähriger kein Weltklasse-Schwimmer wird, wenn er erst seit einem Jahr schwimmt, oder dass eine 12-Jährige mit dem Kunstturnen gar nicht mehr anzufangen braucht. Es ist aber auch kein Geheimnis, dass man jeder Leistung auf die Sprünge helfen kann. Mit legalen wie auch mit illegalen Mitteln und Methoden.

Es geht also darum, möglichst früh die realistischen Möglichkeiten einer Leistungssportkarriere zu erkennen. Wer sich nicht wirklichkeitsnah einschätzen kann, unterliegt viel eher der Versuchung, durch Manipulationen oder Tricks mehr erreichen zu wollen. Denn sehr bald lockt die öffentliche Anerkennung, die manchen Menschen mehr wert ist als die eigene Einschätzung und Zufriedenheit oder als das eigene Körper- und Selbstwertgefühl. Es ist doch auch wunderbar, bei einer Siegerehrung oben zu stehen oder sich bei einer Preisverleihung von Leuten Beifall klatschen zu lassen. Es geht um Ruhm und Ehre und in einigen Sportarten auch schon sehr früh um Geld.

Der Leistungssport ist ein Spiegel unserer Leistungsgesellschaft, in der oft nur noch Siege, Bestzeiten und Rekorde zählen. Es waren nach meiner Einschätzung die Sponsoren und die Medien, die begannen, die Messlatte hochzulegen und den Leistungsgedanken zu sehr in den Vordergrund zu stellen. So steht über einen Leichtathleten, der einen hervorragenden vierten Platz belegt, in der Zeitung, er sei »nur« Vierter geworden. Und über einen Radsportler, der über 180 Kilometer ein bemerkenswertes Rennen bestritt, einen Ausreißversuch startete, ihn aber nicht durchbrachte, heißt es dann im Fernsehbeitrag, er habe als 14. unter den Spezialisten des Sprints »völlig enttäuscht«.

Mit solchen oberflächlichen und auch falschen Beurteilungen wird man der tatsächlichen Leistung eines Athleten nicht gerecht. Aber diejenigen, die eine auf den ersten Blick nicht medaillenträchtige Leistung vorschnell schlecht machen, wissen oft nicht, wovon sie sprechen und haben es selten besser gemacht. Ich persönlich finde es beruhigend und überzeugend, dass es im deutschen Hochleistungssport eine sehr große Zahl von Sportlern gibt, die nie einen Platz unter den ersten Drei erreichen können und dennoch ihre Karriere zielstrebig und mit viel Spaß fortsetzen. Und die sauber und legal ihrem Hobby frönen.

Richtig ist: Der Sport ist nicht die heile Welt, in der alles sauber ist. Der Sport hat weltweit ein Doping-Problem, sicher ein ernstzunehmendes, und er unterscheidet sich um nichts von anderen Bereichen in unserer Gesellschaft. Auch der Radsport, besser gesagt, die Radrennfahrer selbst haben die Glaubwürdigkeit ihrer Sportart aufs Spiel gesetzt und zum großen Teil auch eingebüßt. Ich halte das für fatal, aber ich warne davor, alle über einen Kamm zu scheren. Das Dümmste, was man machen kann, ist ein Pauschalurteil zu fällen. Man tut nicht nur wenigen, man tut vielen Unrecht. Allein der reine Verdacht, sich illegaler Substanzen bedient zu haben, kann sensible Menschen brechen. Das sollte man nicht außer Acht lassen.

Nicht jeder Sportler, nicht jeder Radsportler ist ein Dopingsünder. Ich bedauere, dass häufig bei den Menschen, die über den Sport und dessen Dopingproblem urteilen, der Respekt vor der Leistung verloren gegangen ist. Der Respekt vor der Schinderei im Training und im Rennen, vor der Hatz über Kopfsteinpflaster und vor den Kletterpartien im Hochgebirge. Zu viele scheinen weniger an einer Lösung des Dopingproblems interessiert zu sein als in erster Linie daran, möglichst prominente Sportler schlagzeilenträchtig zu Fall zu bringen.

Keine Frage: Wer dopt, hat Schuld. Zuerst er selbst. Aber jeder, der dopt, weiß Mitschuldige um sich. Das kann der fanatische Vater sein, der bislang erfolglose Trainer, der kenntnisreiche Mediziner, der unter Druck stehende Sponsor und die erfolgshungrige Gesellschaft. Es gibt dann viele Schuldige. Der, der das Mittel nimmt, kauft, weitergibt, bezahlt. Und auch der, der eine saubere, nicht manipulierte Leistung nicht anerkennt.

Interessant finde ich, wie unterschiedlich Sportfans die Glaubensfrage diskutieren, was ich in vielen Gesprächen und bei zahlreichen öffentlichen Veranstaltungen erfahren habe. Es gibt Fans, die des Themas überdrüssig sind und völlig entnervt abwinken: »Ach, die sind doch eh alle voll bis zur Halskrause.« Solche, die an den sauberen Sport glauben und ihn nur durch ein paar wenige schwarze Schafe in Misskredit gebracht sehen. Und solche, für die Doping kein Thema ist, weil es ihnen egal ist, ob ihr Idol manipuliert haben könnte. Sie wollen heiße Duelle oder den tollen Rekord erleben, ganz gleich unter welchen Bedingungen. Entsprechend gehen auch die Einstellungen in der Frage auseinander, ob des Dopings überführte und geständige Sportler die Chance der Rehabilitation bekommen sollten. Es gibt in vielen Sportarten genügend Beispiele, die zeigen, dass diese Möglichkeit besteht.

Ich habe es als aktiver Rennfahrer begrüßt, dass die Kontrollen immer schärfer werden. Und sie wurden schärfer, sicherer, genauer. Die Illusion, mit Doping durchzukommen, ohne in seiner Karriere erwischt zu werden, ist auf ein Minimum gesunken. Es gibt auch viele Publikationen über Doping im Sport. Seriöse und unseriöse, wissenschaftlich untermauerte und spekulative. Aber ich denke, es gibt zu viele ungerechtfertigte Anschuldigungen.

Ich kann für niemand anderen sprechen. Ich kann kein Vergehen im Nachhinein öffentlich machen oder einzelne Kollegen an den Pranger stellen, weil ich viel zu wenig weiß. Doping ist in Fahrerkreisen kein Thema. Wir reden nicht über Doping, wir reden über Training, Rennen, Essen, Material.

Auch dieses Buch ist nicht der Ort, um jemanden persönlich anzuklagen oder für irgendeinen die Hand ins Feuer zu legen. Ich war gern bereit, mein Wissen und meine Erfahrungen weiterzugeben und einige Geschichten aus dem Alltag eines Berufsrennfahrers zu erzählen. Und ich glaube fest daran, dass die Lebensschule Radsport durchaus einige wertvolle Lehren bereithält, die auch für Menschen aus anderen Berufszweigen nützlich sind. Zumindest habe ich diesen Eindruck, wenn ich um meine Einschätzung und meinen Rat gefragt werde.

Mein Beitrag beschränkt sich auf das, was ich in meiner Karriere vorgelebt habe. Der Kopf ist entscheidend. Die Willenskraft lässt sich nicht mit Doping manipulieren, da bin ich mir sicher. Ziele lassen sich auch ohne zu betrügen erreichen. Und wenn dies nicht der Fall ist, setzt man sich eben andere, besser erreichbare, realistischere Ziele.

Ich war süchtig nach Radfahren, aber nie nach Siegen. Ich musste raus in die Natur und mich verausgaben, um glücklich zu sein. Ich habe Grenzen gesucht und gefunden, sie gelegentlich überschritten und nicht immer erreicht. Das war abhängig von der eigenen Tagesform und der des Gegners, von den taktischen Möglichkeiten und Zwängen im Team. Ich wollte nicht um jeden Preis aufs Podium. Ich wusste immer, dass es ein Leben nach dem Radsport gibt.

Der Blick nach vorn

Es ist heutzutage für junge Rennfahrer nicht einfacher geworden, sich für eine Radprofikarriere zu motivieren. Zwar existieren in Deutschland mittlerweile mit Gerolsteiner, T-Mobile und Milram drei sehr gute ProTour-Mannschaften, die eine starke Magnetwirkung und überzeugenden Vorbildcharakter haben. Doch diese Aussicht allein reicht nicht aus, um sich einen Traum zu verwirklichen und tatsächlich in einem der großen Profirennställe Fuß zu fassen. Nachwuchssportler müssen sich der Hindernisse bewusst sein, die ihr Ziel verstellen, so dass es trotz ausreichenden Talents oft nur langsam, sehr schwierig oder vielleicht gar nicht zu erreichen ist. Sie müssen heute auf Probleme gefasst sein, die sich längst nicht nur aus dem Radsport heraus ergeben, sondern vielfach gesellschaftlich bedingt sind.

Als junger Kerl hätte ich mir so professionell organisierte Teams in Deutschland wie T-Mobile oder Gerolsteiner gewünscht. Sie wären ein großer Anreiz gewesen, doch es gab sie nicht. Uns wurde aber immerhin ein gradliniger und durchgängiger Weg von der Jugend über die Amateure zu den Profis aufgezeigt. Nach der Jugend- und Juniorenzeit erfolgte der Übertritt ins Amateurlager, das vom Profisport noch sauber abgetrennt war. Die besten Amateure konnten sich als Nationalfahrer einen guten Namen machen und eine hohe öffentliche Reputation und Akzeptanz verschaffen. Insbesondere die Teilnahmen an Weltmeisterschaften und Olympischen Spielen waren sportlich reizvolle Stationen. Anschließend wurde man Profi oder eben nicht. Wer Amateur blieb, konnte sich immer noch auf einem recht großen und interessanten Betätigungsfeld austoben.

Die heutigen U23-Fahrer, die zwischen Junioren und Profis angesiedelt und deshalb am ehesten mit den einstigen Amateuren zu vergleichen sind, spielen in der öffentlichen Wahrnehmung dagegen überhaupt keine Rolle. Ihr Stellenwert ist sehr fragwürdig, in finanzieller Hinsicht sogar geradezu problematisch. Nachwuchs- oder Junioren-

Radrennen finden nicht einmal mehr in der Fachpresse ausreichend Widerhall, geschweige denn in den Tageszeitungen oder im Fernsehen.

Gerade die 16- bis 18-jährigen Rennfahrer haben ein Perspektiv- und Motivationsproblem. In einer Gesellschaft, in der Kinder und Jugendliche vor allem durch die medialen Einflüsse immer bewegungsfauler werden, wollen sich Heranwachsende immer weniger plagen. Schon gar nicht in so beinharten und trainingsintensiven Sportarten wie dem Radsport. Wofür auch, wenn es vielleicht doch nicht klappt mit der Karriere?

Denn es gibt Unwägbarkeiten. Die Hürden werden immer höher, wenn der Lernstoff in der Schule umfangreicher und schwieriger wird, wenn die Suche nach einer Lehrstelle beginnt und mutlos macht, wenn das Abitur ansteht und Überlegungen über ein Studium einsetzen. Ganz zu schweigen vom veränderten Freizeitverhalten und der Lust, mit Freundinnen oder Freunden etwas zu unternehmen. Wer in diesen wichtigen Jugendjahren kein vorrangiges Ziel vor Augen hat, wer labil und lustlos ist, wem der Durchblick oder der Plan von einer Karriere fehlt, der wird seine noch junge Laufbahn beenden, ehe sie begonnen hat. Und plötzlich sind sie weg, die Talente, sang- und klanglos verschwunden von der Bühne des Sports. Nachwuchsprobleme in Deutschland, war da nicht was?

Auf dem steinigen Weg zu einem erfolgreichen Einstieg bei Gerolsteiner, T-Mobile oder Milram kommen nur ganz wenige durch. Die meisten bleiben auf halber Strecke hängen und versuchen mühevoll, die Balance zwischen Broterwerb und ihrem Hobby Radsport zu halten. Sie werden vielleicht Kriteriumsspezialisten oder gerade noch so Mitglied in einem Kontinentalteam, wie die Profimannschaften der zweiten Kategorie neuerdings heißen.

Ich will das nicht verdammen, stelle aber fest, dass man dem Leistungsanspruch der Rennfahrer selbst, der Verbände oder der Teams so letztlich nicht gerecht wird.

Auf die Eltern kommt es an

Die Bausteine meiner Karriere waren mein grenzenloser Ehrgeiz und meine Motivationsfähigkeit, das behütende, verständnisvolle Elternhaus und der bessere Bruder als Vorbild. Einfühlsam vom Vater gelenkt, wollte ich schon als Schülerfahrer stets Hartmuts Hinterrad mit aller Macht halten und unbedingt Profi werden. Der Weg war das Ziel. Er führte über Landesverbandskader, Junioren-Nationalkader, C-Kader und Nationalkader bis zum ersten Profivertrag mit 22 Jahren. Ein Weg der kleinen berechenbaren Schritte, vorbei an festen Stationen, geleitet von klaren Strukturen. Auf dem Weg zum Gipfel ging es für mich immer bergauf. Etwas Vergleichbares sehe ich heute nicht mehr oder nur selten. Es sind beim Gipfelsturm zu viele Abfahrten und Abzweige eingebaut.

Heutzutage werden Kinder, die einen zeitintensiven und aufwändigen Sport betreiben, vielen Eltern recht schnell zur Belastung. Vater geht arbeiten, Mutter braucht Zeit für sich. Oder umgekehrt. Dann bekommen Kinder oft zu hören: »Och, ich habe keine Lust, dich zum Training zu kutschieren.« Oder Eltern rechtfertigen sich: »Sehe ich doch gar nicht ein, dass ich die Kinder Wochenende für Wochenende zum Sport fahre.«

Ich respektiere sehr wohl, dass Familien auch Bedürfnisse nichtsportlicher Art haben. Aber ich kritisiere zum einen, dass sich viele Eltern mit ihren Plänen in unserer Leistungsgesellschaft schon im Ansatz verzetteln. Sie stehen nicht mehr durch, was sie einmal begonnen haben. Montags mit dem Kind zum Schwimmen, dienstags zum Musikunterricht, donnerstags zum Reiten, weil das Nachbarskind dies ja auch alles seit einiger Zeit macht. Und dann sind da noch der Logopäde, die Hausaufgaben und, und, und. Alles ein bisschen viel auf einmal. Und plötzlich wird der grenzenlose Enthusiasmus auf das Notwendigste und das Machbare heruntergebremst, die einsichtigen Eltern kehren endlich zur Vernunft zurück.

Zum anderen fällt mir auf, dass Eltern ihren Kindern nicht mehr zutrauen, selbstständig ins Training oder zum Unterricht zu gehen oder zu fahren, und es seien auch nur ein paar Kilometer mit dem Fahrrad. Aber gibt es etwas Sinnvolleres als die ganz natürliche und selbstverständliche Bewegung?

Hartmut und ich hatten den Radsport. Das war's. Und wir hatten einen Vater, der sich ausnahmslos für uns und unseren Sport Zeit nahm. Auch er arbeitete die ganze Woche über, war selbst viel unterwegs, aber das Wochenende nahm er nicht für sich in Anspruch, sondern widmete es uns. Unsere Eltern trauten uns etwas zu, wir wurden nicht mit dem Auto herumkutschiert. Mag sein, dass damals weniger Verkehr auf den Straßen herrschte. Aber sind solche Argumente heutzutage nicht viel zu oft nur ein Alibi?

Wir hatten natürlich in unserem Dorf mitten im Pfälzerwald das Glück, dass wir direkt von der Haustür losfahren konnten. Wir waren zugegebenermaßen in aller Regel nicht davon abhängig, ob ein Stadion, ein Schwimmbad oder eine Sporthalle in der Nähe war. In den Städten sieht das ja oft anders aus.

Das Elternhaus ist und bleibt die Keimzelle der erfolgreichen Sportkarriere. Eltern müssen unterstützen und motivieren, und zwar im richtigen Maße und mit realistischen Zielen. Es ist gut, wenn theoretische Beratung oder praktische Unterstützung aus Vereinen kommen. Aber dies erlebe ich immer seltener, weil die Vereine große personelle und auch finanzielle Engpässe zu umschiffen haben. Eine vernünftige, dauerhaft angelegte Nachwuchsarbeit wird immer problematischer.

Ich mache auch die Beobachtung, dass Kinder heutzutage viel zu früh mit dem Leistungssport beginnen. Ich meine nicht zu früh mit spielerischen Bewegungen in der normalen Turnstunde, ich meine mit Leistungssport. Oft werden sie in Sportarten gedrängt, ohne dass Eltern auf die Eignung ihrer Kinder achten, was in der Tat schwierig zu beurteilen ist. Auch wenn Kinder sich nicht wohl fühlen, werden sie dennoch mit aller Gewalt im unliebsamen Sportunterricht oder

Training gehalten. Eltern merken meist gar nicht, wenn ihren Kindern der Druck zu groß wird, wenn ihr Widerwille wächst, die Klappe fällt und sie sich innerlich verweigern. Aber genau aus dieser widersprüchlichen Situation heraus hören Kinder schon mit 13 oder 14 Jahren auf, also ehe es richtig losgegangen ist. Ich aber habe erst in diesem Alter mit dem Radsport begonnen.

Das Aha-Erlebnis

Wie die meisten Kinder hatte ich zuallererst und freiwillig Fußball gespielt, war aber ein gänzlich untalentierter Balltreter. Mein Vater sah zwar gerne, dass ich in den Sportverein ging, aber er zwang mich nicht. Wenn ich dann, wie so häufig, auf der Ersatzbank saß, tröstete er mich: Ich müsse da nicht hingehen, wenn ich keine Lust mehr hätte, ich könne genauso gut auch daheim bleiben. Da war ich ungefähr elf Jahre alt.

Meine Freizeit verbrachte ich meistens mit Gleichaltrigen in der Naturfreundejugend. Das hieß Spaß und Spiel, natürliche Bewegung in der Natur, Gerenne und Gerangel mit Kumpels und Nachbarskindern, das Ganze völlig ungezwungen in einer manchmal wilden Bande. Genau das war es, was mich erfüllte. Ich habe jedenfalls sehr viel mehr schöne Erinnerungen an das selbst gebaute Baumhaus als an die hart gezimmerte Fußball-Ersatzbank.

Einmal vom Radsport gefangen, gab es für Hartmut und mich als 16-Jährigen kein Zurück mehr, aber so manche kleine Störung. So verbrachte ich in den Sommerferien zunächst eine Freizeit mit den Naturfreunden in Dieburg und zog anschließend für zwei Wochen mit einem Freund zum Zelten nach Italien weiter. Zwar hatte ich mein Rennrad dabei, rührte es aber nicht an. Lieber ging ich mit den anderen an den Strand, genoss das locker-leichte Leben, die Pizza und die Spaghetti. Übergewichtig und mit einem durchaus schlechten Gewissen trat ich die Heimreise an.

Bei den Süddeutschen Meisterschaften in Losheim im Saarland wollte ich mich für die Deutsche Meisterschaft qualifizieren, wie sich das für ein Mitglied des Landesverbandskaders gehört. Aber in der ersten Runde war ich schon abgehängt und gab das Rennen auf. Ich weiß nicht mehr, wer enttäuschter war, Vater oder ich. Jedenfalls ging er mich scharf und belehrend an: »So, Udo, du fährst heute Nachmittag mit dem Rad von Heltersberg nach Schaidt.« Also von der Haustür in die Südpfalz, wo ein Rennen für Hartmut auf dem Programm stand. Vater war frustriert, traurig, vielleicht auch sauer. Wieder einmal hatte er sich so viel Stress und Hektik aufgebürdet und alle Zeit der Welt investiert, um die zwei Radrennen in Losheim und in Schaidt an einem Tag unter einen Hut zu bringen, und ausgerechnet ich missachtete sein Engagement.

»Ich dachte, du würdest in Italien trainieren, du wusstest doch, dass die Süddeutsche stattfindet«, fuhr er kurz angebunden fort und gab mir zu verstehen, dass ich einen Fehler gemacht hatte. Nach meiner Aufgabe begaben wir uns früher als erwartet auf den Heimweg. Vater holte Hartmut mit seinem Rad ab und fuhr mit dem Auto vor, zu mir sagte er nur: »Und du machst dich alleine auf den Weg, wir warten in Schaidt auf dich.«

Ich wusste nicht, wo dieses Dorf lag, geschweige denn, wie weit es bis dorthin war. Aber Vater traute mir zu, den Weg zu finden. »Du fährst über Johanniskreuz, das Rinnthal runter, nach Annweiler und Richtung Bad Bergzabern, dann kommt Steinfeld, und dann bist du auch schon dort. Du musst nur den Schildern nachfahren.« Bumm, zack. Keine Widerrede, keine Gegendemonstration meinerseits. Ich hatte kapiert und auch nicht das Gefühl, bestraft zu werden. Der Fall war klar, es hieß Training statt Süddeutsche Meisterschaft. Im Grunde war das eine bittere Niederlage, zugleich aber eine große Lehre für mich.

Ich war doch selbst am meisten über meine schlechte Form und meinen Ausstieg in Losheim enttäuscht, setzte mich aufs Rad und hatte auf der Trainingsfahrt genügend Zeit, mir meine Gedanken zu machen. Das kann doch gar nicht sein, du trainierst den ganzen Winter, das ganze Frühjahr, fährst gute bis sehr gute Rennen und machst dir mit einem schlechten Wettkampf und seiner kurzen Vorgeschichte alles kaputt. Nein, Udo, das wird dir nicht mehr passieren! Nach rund 70, 75 Kilometern kam ich heil in Schaidt an – und auch ein bisschen stolz darauf, wie Vater und ich das meisterten.

Gibt es heutzutage noch vergleichbare Situationen? Ich denke nicht. Ich erlebe eher, dass Eltern auf den Sportveranstaltungen herumschreien, wenn ihre Kinder die Erwartungen nicht erfüllen. Sie schimpfen mit ihren Schützlingen, packen fluchend alle Klamotten zusammen und brausen heim. Konstruktive Kritik oder feinfühlige Ursachenforschung vermisse ich. Viele Eltern sind damit überfordert, auch aus einem schlechten Tag die richtigen Lehren zu ziehen.

Spaß an der Freude

Es ist in der Tat nicht einfach, in der Pubertät einen schwierigen Weg mit Überzeugung und Selbstsicherheit zu gehen. Normalität genießen, Spaß haben und Ruhe bewahren, das sind wohl drei ganz wichtige Faktoren, denen Gewicht beizumessen ist. Neben den sportlichen Aktivitäten ein relativ normales Leben zu leben, empfinde ich als grundlegend wichtig. Warum nicht auch mal ein Eis essen oder eine Pizza verdrücken? Warum nicht mal mit ins Schwimmbad düsen, wenn andere ihre Badesachen einpacken? Warum nicht mal mit einem Kumpel ins Kino gehen?

Der Sport darf keine Hemmnisse verursachen, der Sport muss Hindernisse aus dem Weg räumen. Der Spaß an einer Sache, die man anpackt, muss gänzlich von innen kommen. Jeder soll von seinem Tun überzeugt sein und muss Lust spüren. Keiner darf sie sich von außen nehmen lassen.

Leistungssport ist immer auch erfolgsorientiert. Erfolge sind wichtig und bereiten Freude. Erfolge sind messbar und zählbar. Auch wenn sie sich nicht gleich so einstellen wie gewünscht, heißt es, Ruhe zu bewahren und beharrlich auf das Ziel hinzuarbeiten. Auch schon die pure Teilnahme kann ein Erfolg ein. Auch ein sechster Platz, etwa bei einem Volkslauf, zu dem ein Kind nicht gezwungen wurde, sondern freiwillig mitgemacht hat.

Leider wird in der Erfolgsspur oft zu schnell übertrieben. In unserer Leistungsgesellschaft ist das Tempo sehr hoch, mit dem die Erwartungen steigen. Ich habe Eltern beobachtet, die entsetzt sind, wenn ihr Achtjähriger die Rollwende im Schwimmen noch nicht kann und dann denken, dass es nicht mehr klappen wird. Das aber ist eine unsinnige Haltung. Es werden Trainer und andere Ratgeber engagiert, die Kinder von Null auf Hundert bringen sollen. Das Internet wird nach immer neuen Ernährungstipps durchforstet. Kurzum: Es wird zu früh, zu schnell, zu intensiv versucht, die Schützlinge in eine Bahn zu pressen.

Ein bisschen Fingerspitzengefühl der Eltern darf schon sein. Vater und Mutter müssen lernen, was sie ihrem Kind zutrauen können. Sie müssen das physische Potenzial ausloten und die Interessen des Kindes abwägen. Geht das günstig aus, können sie weiter mit Geduld und Feingefühl fördern und forcieren. Dazu zählen dann auch Lob und kleine Belohnungen, wenn die Kinder etwas schaffen oder leisten, was die Eltern vielleicht so nicht erwartet hatten. Und vor allem gilt es, die Kinder immer wieder zu fragen, ob sie weitermachen wollen oder weshalb sie es nicht mehr wollen.

Eltern tragen auch in der Sporterziehung die Hauptverantwortung und können diese nicht einfach an Sportlehrer oder Trainer übertragen. Dieser Personenkreis steckt im Übrigen in einem Dilemma, weil die Zahl der engagierten und kompetenten Übungsleiter in den Sportvereinen kontinuierlich zurückgeht. Viele Eltern haben auch Probleme, ihr Kind ruhigen Gewissens stundenweise bei Trainern und Betreuern abzugeben, weil sie nicht mehr beobachten können, was passiert, und weil sie die Hand nicht mehr darüber halten können. Oder weil sie mit dem barschen Ton nicht einverstanden sind, der manchmal im Sport herrscht, gelegentlich auch herrschen muss, um eine Horde wild gewordener Jungs und Mädchen zu zähmen. Dabei macht ein lauter Ton den Kindern meist nicht so viel aus wie den Muttis und Vatis.

Es ist zugleich unendlich wichtig, Vertrauen in jene Personen aufzubauen, die Kinder zum Sport erziehen. Pädagogen dürfen ihre Macht oder ihre Stellung nicht ausnutzen. Ich sehe ihre vorrangigen Aufgaben gar nicht mal darin, aus den Kindern im Vorschul- oder Grundschulalter sportliche Höchstleistungen herauszukitzeln, sondern darin, den Kindern Freude zu vermitteln und ihnen den Spaß auch zu erhalten. Das ist ein schwieriger Balanceakt, den ich nicht allen Pädagogen zutraue.

Gerade im Schulsport treten wir aus verschiedenen Gründen auf der Stelle. Lehrerinnen und Lehrer müssen sich noch intensiver weiterbilden, um immer neue Übungen und Methoden zu erlernen, die mehr und mehr auf die individuellen körperlichen Voraussetzungen der Kinder eingehen. Wie so häufig ist die Schule in der Pflicht, etwas aufzufangen und auszugleichen, was Eltern zu verantworten haben. Nämlich dass unsere Kinder immer dickleibiger und unbeweglicher werden, weil ihre natürliche Bewegungsfreiheit erheblich eingeschränkt ist. Äußere Einflüsse wie Fernsehen und Computer haben die Straßenfußballer und die Baumhausbauer aus unseren Städten und Dörfern verschwinden lassen. Aus tobenden Frischluftkindern wurden sitzende Bewegungsmuffel. Aber auch diese Kinder haben das Recht, im Schulsport oder in ihrer Freizeit ausreichend und richtig bewegt zu werden.

Sport setzt Kräfte frei

Die Zahl derer, die im Erwachsenenalter joggen, schwimmen oder Rad fahren, scheint zu steigen. Es ist die späte, aber nicht zu späte Einsicht von Menschen, dass im Körper Potenzial schlummert, das geweckt werden möchte. Immer mehr Menschen lassen sich mit Freude und Leidenschaft von der gesundheitsbewussten Wellness-Welle mitreißen und entdecken ein neues Körpergefühl.

Dementsprechend boomt der Freizeitsport in allen Bereichen. Die Sportvereine schöpfen all ihre begrenzten Möglichkeiten aus. Die Fitnesscenter machen satte Angebote. Marketingstrategen werben mit Wundermitteln für ewige Fitness. Und die Sportartikel- und Bekleidungsindustrie verdient gut am Mode- und Trendbewusstsein der neuen Hobbyathleten. Wenngleich ich behaupten möchte, dass sehr viele Menschen auch in zehn Jahre alten Trainingsanzügen herumlaufen und damit beweisen, dass es nicht auf das Äußere ankommt.

Alles in allem sehe ich darin eine beruhigende Entwicklung. Ich behaupte nämlich, dass Sport dem Leben eine Richtung geben kann. Viele Jugendliche auf der Suche nach einer Lehr- oder Arbeitsstelle irren bedauerlicherweise orientierungslos herum, viele Erwachsene werden scheinbar nicht mehr gebraucht und verlieren zwangsweise ihre Arbeitsplätze. Sport unter Anleitung oder in der Gemeinschaft kann sie aus ihrem Tief herausholen. Wenn sie es schaffen, bei einem Volkslauf am Sonntagvormittag ein Ziel unter die Füße zu bekommen, wäre das allemal besser, als das Wartehäuschen einer Bushaltestelle mit unsinnigen Parolen zu besprühen oder in die Alkoholsucht abzurutschen.

Natürliche Bewegung und Anstrengung setzt Glückshormone frei. Wer erlebt, dass er aus seinem Körper etwas herausholen kann, wer auch mal an die Grenzen seiner Konstitution herangeht, wer ein Ziel vor Augen hat und es erreicht, bereitet sich viel leichter auf neue Aufgaben vor – auch auf Herausforderungen außerhalb des Sports. Viele Dinge im täglichen Alltag lassen sich plötzlich besser erledigen. Man erreicht mehr!

Wer sich in freier Natur bewegt, nimmt seine Umwelt und die Landschaft plötzlich ganz anders, viel intensiver wahr. Wer entsprechend gekleidet ist, kann auch einen Lauf durch den Regen genießen und lernt, dass es nur Wasser ist und die Kleider wieder trocken werden. Kinder, die zu Fuß in die Schule gehen, sehen auf ihrem Schulweg zu bestimmter Jahreszeit die Sonne am Horizont aufgehen und spüren die Veränderung des Lichts. Aber kann das heute noch einer beschreiben?

Wer eine Stunde mit dem Fahrrad unterwegs ist, kommt plötzlich an einem ganz anderen Ort an, den er nie zuvor gesehen hat. Wer mit einem seiner bisher unbekannten Nachbarn, der vielleicht ein paar Häuser weiter weg wohnt, joggen oder walken geht, lernt ihn plötzlich kennen. Er nimmt den Klang seiner Stimme wahr, hört ihn schnaufen und versteht vielleicht seinen Lebensrhythmus. Bessere Kontakte bauen auch Aggressivität ab.

Mein Plädoyer, sich zu bewegen und Sport zu treiben, ist grenzenlos. Ich habe mir an meinem Karriereende zum Ziel gesetzt, meine Erfahrungen weiterzugeben. Nicht nur im Leistungssport, sondern vor allem an der Basis. Nicht unbedingt auf hoher Ebene, sondern im kleinen Rahmen vor Ort. Zum Beispiel im Mountainbike-Park im Pfälzerwald oder durch Initiativen in der Laufszene wie den Udo-Bölts-Lauf in Heltersberg, der im August 2005 zum ersten Mal stattfand.

Seit ich das Rad an den berühmten Nagel gehängt habe, laufe ich ganz intensiv. Mit viel Freude und einer völlig neuen Erfahrung. Denn ich hätte nie vermutet, dass das schier unstillbare Bedürfnis reift, eine gelaufene Zeit immer weiter verbessern zu wollen. Ich stehe im Wettbewerb mit mir selbst, gegen meine innere Uhr. Laufen ist für mich ein Ventil. Ich kann loslassen und vom Alltag abschalten. Ich kann etwas für meine Fitness tun und ich lerne in einem sehr angenehmen Kreis von Volksläufern immer neue Menschen kennen.

In diesem Jahr werde ich 40 Jahre alt und bin weiter als Grenzgänger unterwegs. Altersbedingt verschieben sich körperliche Grenzen immer wieder von neuem. Diese zu erfahren, ist eine äußerst reizvolle Motivation.

TOP 12

ZITATE VON UDO BÖLTS

»Wichtig ist, dass der Kapitän und die Teamleiter mit mir zufrieden sind - ein Schulterklaps oder ein Lob von denen zählt tausend Mal mehr, als zehn Plätze gutgemacht zu haben.«

»In Deutschland zählt kein siebter oder achter Platz.«

»Es wird, wie im richtigen Leben auch, immer welche geben, die betrügen und manipulieren, um noch ein bisschen mehr herauszukitzeln - sei es Leistung, sei es Geld. Es wird immer Steuerhinterziehung geben, und es wird immer Doping geben.«

»Einen neuen Helm kann ich mir kaufen, einen neuen Kopf nicht.«

»Es ist nicht leicht, meine Frau und meine zwei Kinder so lange allein zu lassen.«

»Wenn man sich im Feld umsieht und merkt, dass es anderen noch schlechter geht, dann macht man sein Ding zu Ende.«

»Es wäre eine Katastrophe für mich, wenn ich den Erwartungen an mich nicht gerecht werden könnte.«

»Die Bibel ist ein nicht leicht zu verstehendes Buch, aus dem man aber sehr, sehr viel lernen kann.«

»Das Radfahren und das Singen, das kann man nicht erzwingen.«

»Gesundheit ist für mich der wertvollste Besitz.«

»Alles, was man im Leben erreichen kann, wird nur durch Grenzen eingeschränkt, die man sich selbst setzt.«

»Mir graut jetzt schon davor, wieder zuzunehmen, wenn ich nicht mehr Rad fahre.«

IM GESPRÄCH MIT FELIX MAGATH

QUALITÄT KOMMT VON QUÄLEN

Die Fahrer der Tour de France zählen zu den härtesten Ausdauersportlern der Welt. Mehr als 3.000 Kilometer in drei Wochen haben sie während der »Tour der Leiden« zurückzulegen. Das Jahresprogramm eines Radprofis ist gigantisch, mehr als 30.000 Kilometer auf dem Fahrrad sind für die meisten Hobbysportler schlichtweg unvorstellbar. Udo Bölts wurde oft gefragt, ob seine Philosophie von Leistungs- und Leidensgrenzen nur zum Radsport passt oder auch auf andere Sportarten übertragbar ist. Zum Beispiel auf den Fußball. Aus diesem Grund hat sich der zwölffache Tour-de-France-Finisher im Dezember 2005 mit Felix Magath zum Gespräch getroffen. Bis dahin kannte der Ex-Radprofi die Ansichten des Trainers des FC Bayern München nur aus Fernseh- und Zeitungsinterviews, in denen er jedoch eine große »Seelenverwandtschaft« erkannte.

Herr Magath, wenn Sie sich als einer, der sich auch schon durch einen Marathon gequält hat, nun vorstellen, dass Udo Bölts zwölf Mal die Tour de France zu Ende fuhr, was nötigt Ihnen das an Respekt ab?

Magath: Das kann ich nicht beurteilen. Für einen wie mich, der nur normal Fahrrad fährt, dem schon nach einer halben Stunde der Hintern wehtut und der Schwierigkeiten hat, das Tempo auch nur für ein paar Minuten zu halten, ist es unvorstellbar, wie man eine Tour de France bewältigen kann. Ich war viele Jahre selbst aktiver Sportler, aber ich frage mich, wie man so speziell trainieren kann, um solche

Extremleistungen zu erbringen. Ich habe keine Vorstellung davon, was es bedeutet, nach zehn, zwölf Tagen immer noch aus dem Sattel zu steigen, um anzugreifen und zu wissen, morgen geht es wieder drei, vier Stunden oder länger den Berg hoch.

Ist es vorstellbar, dass Sie mit Ihrer Mannschaft mal als gemeinsames Erlebnis auf Fahrrädern den Galibier hochfahren?

Bölts: Moment. Ich glaube, dass es nicht unbedingt so wichtig ist, eine große Sache gemeinsam zu bewältigen, zum Beispiel diese Militärcamps, wie sie etwa das CSC-Team veranstaltet. Ich glaube, der richtige Umgangston untereinander, der notwendige Respekt, die Toleranz, das sind die Dinge, mit denen man in einer Mannschaftssportart sehr weit kommen kann. Wir müssen in unseren Radsportteams auch sehr arbeiten, um Profis verschiedener Nationalitäten unter einen Hut zu bringen. Ich sage unseren Rennfahrern immer, der höfliche Umgangston, den man sich selbst wünscht, ist es, der ein Team zusammenschweißt.

Magath: Ich sehe das genauso. Es ist das A und O für den Mannschaftsgeist, den anderen zu respektieren – auch den Gegner. Das fällt einem schwer, weil man nicht immer den Gegner hat, der auf dem gleichen Niveau spielt. Gerade wir hier beim FC Bayern haben oft Gegner, die vielleicht spielerisch nicht so gut sind, die aber durch ihr geschlossenes Auftreten überzeugen und uns das Leben halt dann doch schwer machen. Es ist jeden Tag Teil meiner Arbeit, darauf hinzuarbeiten, dass jeder in eine Mannschaft seine Stärken einbringen muss. Dass er den anderen respektieren und ihm im Zweifelsfall helfen muss.

Noch mal die Frage, Herr Magath, wäre es für Sie reizvoll, gemeinsam einen steilen Berg hochzuradeln?

Magath: Wir radeln bisher immer nur geradeaus an der Isar entlang. Wir haben noch keine Berge erklommen. Es könnte sicher reizvoll sein, es wäre eine Frage der Umsetzung. Aber ich glaube, wir würden nicht weiter als bis zu den Alpen kommen.

Interessieren sich Fußballprofis überhaupt für die Tour de France?

Magath: Die Spieler liegen im Trainingslager oft im Zimmer und schauen zu, das geht am Nachmittag schon los. Sie wissen auch, dass das besondere Leistungen sind, die sie berghoch nicht erbringen könnten. Aber ich weiß nicht, ob die Lust, die Neugier so groß ist, dass sie das ausprobieren wollen. Ich denke nicht.

Wenn der eine oder andere Fußballer über eine zu hohe Belastung klagt, verweisen Sie dann manchmal auf die Beanspruchung im Radsport oder anderen Extremsportarten, in denen sich die Athleten ganz anderen körperlichen Anforderungen stellen müssen?

Magath: Na ja, man bekommt schnell ein Problem, wenn man versucht, Sportarten miteinander zu vergleichen. Das war mir zu Beginn meiner Trainerlaufbahn gar nicht so bewusst, ich habe aber schnell das Gefühl dafür entwickelt, wie verkehrt ein solcher Vergleich ist. Als Trainer kann man zwar immer schauen, was anderswo passiert, das schon. Dann entdeckt man auch Parallelen, natürlich zu anderen Mannschaftssportarten, aber auch beispielsweise zum Boxsport, wo es wie im Fußball direkte Gegner gibt. Da lassen sich mehr Dinge ableiten als aus der Leichtathletik oder dem Radsport, wo ein Athlet in eine Richtung läuft oder eine Strecke abfährt. Das sind Belastungen, die mir eher unbekannt sind. Ich denke mal, dass ein Sportler, der seine Leistung alleine bringt, im Grunde viel professioneller eingestellt ist. Die Leistungen sind auch besser einzuordnen. Jedenfalls besser als im Fußball. Insofern ist es ganz schwierig, mit Fußballspielern über andere Sportarten wie den Radsport zu reden. Als Trainer würde man nicht glücklich werden.

Bölts: Sie sagen, Ihnen seien solche Belastungen eher unbekannt. Aber Sie sind doch auch schon einen Marathon gelaufen.

Magath: Ja, das stimmt. Das war 1997. Ich bin ihn deshalb gelaufen, weil viele in meinem Umfeld sagten, einen Marathon könne man nicht einfach so laufen, da müsse man sich speziell vorbereiten. Ich wollte das genau wissen. Ich dachte immer, wenn ein ganz normaler Bürger, der viel im Büro sitzt oder sonst irgendetwas arbeitet, das schafft, dann schaffe ich das auch. Ich habe ja mein Leben lang nichts anderes gemacht als Sport, da muss ich doch in der Lage sein, eine solche Leistung auch ohne spezielle Vorbereitung zu bringen. Das war im Wesentlichen das, was ich herausbekommen wollte. Ich habe dann zwar ein bisschen trainiert, meist so eine Stunde pro Einheit, aber nie länger, etwa drei-, viermal in der Woche. Ich habe mir dafür keinen Trainer genommen, dachte mir, laufe einfach mal los. Und ich habe mir Hamburg ausgesucht, weil mir natürlich auch klar war, wenn ich in Boston oder sonst wo laufe und keine Lust mehr habe, dann steige ich vielleicht nach 25 Kilometern aus, weil das dann gar keinem auffällt. Aber ich wollte ja durchlaufen, und ich wusste, in Hamburg, da fällt dir das Aussteigen schon schwerer.

Bölts: Trotz Hamburg – ist Ihnen der Gedanke an den Ausstieg nie in den Sinn gekommen? In welcher Zeit liefen Sie überhaupt durch?

Magath: In 3:53 Stunden, damit war ich zufrieden. Na ja, bis Kilometer 25 habe ich mich noch gut unterhalten. Nach 30 Kilometern ist die Luft dünner geworden, ab 32 wurde es zur echten Quälerei.

Bölts: Hört sich gut an, quälen und durchhalten, ist mir direkt sympathisch.

Magath: Was soll ich sagen? Ich quäl' mich halt gerne. Ich habe gelernt, dass es schön, ja befriedigend ist, wenn man sich überwindet. Wenn man etwas erreicht, von dem man vorher nicht wusste, es erreichen zu können. Es ist ein gutes Gefühl, an seine vermeintlichen Grenzen zu kommen, und zu sehen, es geht ja immer noch was. Und ich habe erfahren, dass immer noch etwas möglich ist, auch wenn man glaubt, dass nichts mehr geht. Es gab und gibt solche Momente, die ich nicht missen möchte. Inzwischen lässt meine Leistung rapide nach. Dennoch stelle ich mich Herausforderungen, gehe zum Beispiel ins Gebirge, nehme mir einen 2.400 Meter hohen Berg und gehe so schnell ich kann. Es ist mein unbedingtes Ziel, oben anzukommen. Und es ist schön und befreiend, wenn man es geschafft hat.

Bölts: Das kann ich nur bestätigen. In der Tat ist es ein ganz besonderes Gefühl, seinen inneren Schweinehund überwunden zu haben.

Magath: Man wächst, wenn man Dinge tut, von denen man nicht sicher weiß, ob man sie schafft, oder besser gesagt, die man nicht für möglich hält zu schaffen. Das passiert im Mannschaftssport seltener als im Individualsport. Aufgrund meiner Herkunft stelle ich es mir furchtbar vor, immer oder oft alleine zu trainieren. Der Mannschaftssportler, der Fußballer, kann sich immer auch ein wenig am anderen orientieren oder aufrichten. Bei mir war das früher so. Ich sagte mir, was der kann, kann ich auch und habe das dann auch gemacht.

Bölts: Sie haben immer mit jemandem trainiert, obwohl Sie für sich selbst Grenzerfahrungen gemacht und genossen haben?

Magath: Ja, eigentlich immer. Ich hatte auch mal Verletzungen, eine Knieoperation zum Beispiel, da musste ich dann im Aufbau alleine trainieren. Dann stieg ich ins Mannschaftstraining ein, dachte, ich sei fit, und merkte, da geht ja gar nichts im Vergleich zu den anderen. Es dauerte eine ganze Weile, bis ich wieder das Niveau der Mannschaft hatte.

Herr Magath, Udo Bölts hat allein, zu zweit, etwa hinter dem von seinem Vater gesteuerten Moped, zu dritt, zu viert oder in der großen Gruppe trainiert. Aber egal wie, er war vor allem eines, nämlich von Anfang an besessen. Kennen Sie ein solches Gefühl, von sich oder von anderen?

Magath: Ich dachte früher immer, das wäre normal. Inzwischen weiß ich, dass es offenbar nur noch wenige gibt, die Freude daran haben, die eigenen Grenzen kennen zu lernen. Denn so drückt sich ja Besessenheit aus. Ich sehe im Fußball viele Spieler, die weit unter ihren eigentlichen Möglichkeiten bleiben, weil sie einfach nicht das Verlangen haben, ihre Grenzen kennen zu lernen. Sie trauen sich das selbst nicht zu, es zu probieren.

Bölts: Ich halte das ein wenig für eine Generationsfrage.

Magath: Die Zeit heute, die Umstände, haben natürlich einen gewissen Einfluss auf die jungen Leute, keine Frage. Die gesamte Gesellschaft ist ja bequemer geworden. Vor 25 Jahren, in meiner Zeit beim HSV, gab es zwar mehr Spieler als heute, die Spaß hatten, aber auch nicht alle. Aber es wäre doch keiner auf die Idee gekommen, das Thema »zu viel Training« anzusprechen. Damals hieß das Motto, je mehr du trainierst, desto besser wirst du. Heute ist es gerade umgekehrt. Im Fußball gibt es so viele, die glauben, sie verstehen etwas vom Sport, von Athletik und von Belastungen des Körpers, die erzählen den Athleten so viel Mist und bringen sie durcheinander. Deshalb trauen sich die Spieler so wenig zu.

Bölts: Im Radsport gibt es ein anderes Phänomen. Die Sportler möchten im Wettkampf etwas abrufen, was sie im Training vorher noch nie probiert oder geübt haben. Am liebsten gleich bei der Tour de France.

Aber längst nicht alle sind dafür prädestiniert. Ich versuche ihnen immer nahezubringen, Leute, ihr verlangt etwas von eurem Körper, das dieser noch nicht kennt, und der signalisiert euch dann, hey, was machst du mit mir, was willst du von mir, das ist völlig ungewohnt für mich. So kann es nicht funktionieren. Ich sagte mir immer, bevor ich etwas im Wettkampf abrufen will, muss ich das vorher mal ausprobiert haben und an die Grenzen gegangen sein. Zum Beispiel in einigen Trainingseinheiten über lange Distanzen, durchaus alleine und bei miserablem Regenwetter oder brütender Hitze.

Herr Bölts, Sie sagten einmal, Sie seien nur glücklich, wenn Sie im Training sechs Stunden auf dem Rad gesessen hätten, egal bei welchem Wetter. Wie ist es zu dieser Haltung gekommen? Sie ist ja beileibe nicht normal. Und war das immer schon so?

Bölts: Bei manchen Radsportlern kommt so eine Einstellung mit 14 oder 15, bei anderen erst mit 18 oder 20, bei manchen natürlich nie. Ich war mit 15, 16 total verrückt nach Training, förmlich besessen davon. Ich nutzte jede freie Minute. Wenn ich Zeit hatte, war ich auch zweimal am Tag trainieren. Im Winter tagsüber Rad fahren, abends dann Athletik-, Kraft- oder Zirkeltraining. Darüber habe ich penibel Buch geführt, aufgeschrieben, was ich gegessen, wie ich geschlafen habe und so weiter. Und wenn da mal eine leere Seite war, ein Tag, an dem nichts in diesem Heftchen stand, dann war ich sehr unzufrieden mit mir. Entweder man hat so eine Einstellung oder man hat sie nicht.

Herr Magath, führen Fußballer auch Buch über ihre Trainingseinheiten?

Magath: Im Fußball ist das vielleicht ein wenig anders. Bei uns geht es ja nicht darum, auf einen bestimmten Zeitpunkt hin zu trainieren, sondern eine möglichst hohe Leistung über vier, fünf Monate durchzuhalten. Hinzu kommt der Aspekt, dass die Leistung im Fußball nicht messbar ist. Es gibt ja solch auffällige Situationen wie bei Real Madrid, wo Herr Ronaldo mit ein paar Kilogramm Übergewicht spielt. Aber er ist dennoch ein sehr guter, erfolgreicher Fußballer, weil er das Spiel besser begreift als andere und weil er seine außergewöhnlichen Fähigkeiten eben geschickt einsetzen kann. Mit diesem einen Beispiel will ich zeigen, dass das mit der Fitness bei den Fußballern so eine Sache ist. Es ist eigentlich unglaublich.

Bölts: Aber ein Sportler mit Übergewicht ist ja sehr verletzungsanfällig.

Magath: Das Interessante ist, dass Fußballspieler das nicht immer begreifen. Es ist schwer, es ihnen beizubringen.

Bölts: Ronaldo ist ja, wenn ich das richtig weiß, öfter mal verletzt, oder?

Magath: Ja, die Gelenke sind bei zehn Kilogramm Übergewicht eben nicht so belastbar. Es gibt kaum Spieler, die aus eigenem Antrieb heraus fünf Kilogramm Gewicht abnehmen wollen und dafür freiwillig trainieren würden. Sie würden sich mit Händen und Füßen wehren. Es gab schon Aufstände, als ich eine Waage in der Kabine aufgestellt habe. Einer fragte gleich: »Muss ich mich jetzt jeden Tag wiegen?« Ich kontrolliere das nicht jeden Tag, aber sie müssen sich täglich wiegen. Es ist nur für den Kopf der Spieler, sie sollen eine Kontrolle haben – es geht ja um sie, nicht um mich.

Bölts: Ich gehe davon aus, dass ein Spieler heute beste athletische Voraussetzungen mitbringen muss, gerade im internationalen Geschäft. Das ist doch die Grundlage von allem.

Magath: Ja klar, das ist die Grundlage. Denn ich glaube einfach, dass jemand, der sehr gut austrainiert ist, auch mental stärker ist. Ein solcher Spieler hat in jeder Hinsicht mehr Kraft...

Bölts: ...und eben auch mehr Selbstbewusstsein. Es ist unglaublich wichtig zu wissen, dass die Leistung da ist, wenn ich mich fit fühle, nicht krank bin und mein ideales Renngewicht habe. Dann kann wirklich jedes Rennen kommen.

Magath: Ja, aus einer guten Vorbereitung ziehe ich viel mehr Sicherheit heraus. Es bildet sich dann auch eine zusätzliche Willenskraft.

Willenskraft, ist das eine Frage des Naturells, oder kann man sie antrainieren?

Bölts: Die Willenskraft kommt auch mit dem Erfolg. Wenn du etwas erfolgreich abgeschlossen hast, dann hast du deine Bestätigung. Daraus entsteht Wille. Wenn du weißt, etwas richtig und erfolgreich gemacht zu haben, dann willst du weiter so arbeiten. Ich glaube nicht, dass man bei einem 15- oder 16-Jährigen sagen kann, er meistert die Sache allein mit seinem Willen. Es müssen mehrere Faktoren zusammenspielen, dann wächst daraus der Wille.

Aber Sie wollten doch schon mit 16 Bäume ausreißen, mit einem enorm großen Willen?

Bölts: Ja, die Überzeugung, das Ziel, das du vor Augen hast, hilft dann, den eingeschlagenen Weg zu gehen.
Magath: Es gibt da Riesenunterschiede. Gerade bei uns Fußballern ist es eben auch von den Ergebnissen abhängig, ob jemand an sich glaubt. Wenn es mal schlechter läuft, muss schon ein großer Wille da sein, um dagegen anzugehen. Ich glaube, man könnte es trainieren. Aber ehrlich gesagt, ich kann es heute nicht mehr trainieren. Wegen der Journalisten, die das Training und alles andere beobachten. Es wird alles tagelang in den Zeitungen diskutiert. Und Willenstraining bedeutet ja, ich muss einen richtig fertig machen. Wenn er glaubt, er kann nicht mehr, dann muss ich ihn drängen, doch noch weiterzumachen, noch mal etwas mehr zu tun. Willenstraining bedeutet auch, trotz Schmerzen durchzuhalten. Das sind Dinge, die in unserer heutigen Gesellschaft nur noch schwer zu machen sind. Das ist eben nicht mehr drin. Wenn ich einen Spieler heutzutage so lange trainieren las-

sen würde, bis er kotzt, dann heißt es doch: Was hat der Magath denn wieder mit dem angestellt? Manchmal kotzen sie ja auch, weil sie wieder zu viel gegessen haben oder sonst was – da wird von außen kein Unterschied gemacht. Gerade wenn man so ein Image hat wie ich, ist man leicht angreifbar.

Sie meinen jetzt das berühmte »Quälix«-Image? Heißt das, Sie müssen zurückstecken, können nicht mehr machen, was Sie gerne machen würden?

Magath: Ja, in Sachen Willenstraining kann ich im Grunde gar nicht mehr richtig arbeiten.

Bölts: Das ist im Radsport ebenfalls sehr schwer. Ich kenne das von unseren Trainingslagern, da wird seitens der Rennfahrer am liebsten nur 40 Prozent von dem gemacht, was angesagt ist. Deuten sich mal dunkle Wolken am Himmel an, dann drehen die um und fahren nach Hause. Und wenn du als Sportlicher Leiter versuchst, das durchzudrücken, was du vorhattest, dann hast du einige gegen dich. Sie lassen dich dann spüren, dass es ihnen nicht passt, was du machen willst. Wenn du Vorschläge bringst, von denen du genau weißt, sie bewirken etwas, sie sind effektiv und sinnvoll, aber die Rennfahrer möchten das jetzt nicht, weil es ihnen zu schwer erscheint, dann ist da fast nichts zu machen. Du sagst zum Beispiel, wir fahren jetzt nach dem Training noch 40 Kilometer hinter dem Auto, um ein Gespür für Geschwindigkeit zu bekommen, und nur vier, fünf Mann aus der zwölf Mann starken Gruppe sagen »Der hat sie ja nicht alle«, dann kannst du dein Ding nicht mehr durchziehen und kannst zurückfahren zum Hotel. Als Sportlicher Leiter ärgere ich mich dann unheimlich, ich gehe dann joggen und laufe den Frust raus. Ich kann dann auch nicht mehr sagen, ihr habt heute im Training gut gearbeitet.

Magath: Ich kann das bestätigen. Was die Athleten nicht wollen, ist nicht durchsetzbar.

Herr Magath, die Bundesliga ist eine Medienveranstaltung geworden. Sie deuteten an, nicht mehr alles machen zu können, was Ihnen vorschwebt. Müssen Sie sich als Trainer, als Mensch verbiegen?

Magath: Ich musste meine Vorstellungen korrigieren, ich musste mich zurücknehmen, und ich bin vorsichtig geworden. Es geht nicht darum, Recht zu behalten, sondern darum, auszuloten, was ist wirklich noch machbar. Auch nach außen hin. Ich versuche dennoch, das Maximale herauszuholen, weiß aber, dass noch mehr machbar wäre. Wobei bei uns noch etwas hinzu kommt, was andere Sportler nicht sehen, was aber auch die Fußballer nicht so richtig begreifen: Uns fehlt die Zeit zur Regeneration. Durch die hohe Beanspruchung seitens der Medien, durch Werbemaßnahmen und Werbeauftritte wird neben dem Sport doch sehr viel von den Spielern verlangt. Sie haben noch so viele Termine drumherum, dass sie nicht mehr genügend Zeit haben, sich zu erholen. Das hat zur Konsequenz, dass sie nicht fit zum Training kommen. Und wenn sie dann nur ein bisschen mehr tun sollen, haben sie gleich das Gefühl, es sei schon wieder zu viel.

Bölts: In unserem Team gibt es eine klare Vorgabe. Nach dem Rennen, oder auch im Trainingslager, möchten wir nicht, dass die Sportler im Hotel rumlaufen oder sich irgendwo die Beine in den Bauch stehen. Sie sollen auf ihrem Zimmer bleiben, zwischendurch mal zur Massage gehen. Manchmal fragen einige, ob sie mit dem Teamfahrzeug in die Stadt fahren können. Daraus kann man schon viel schließen. Aber es fragt nicht jeder nach dem Teamfahrzeug. Die Zielorientierten, die auf den Punkt hin super professionell arbeiten, ein Davide Rebellin zum Beispiel, die würden nie nach einem Auto fragen. Genau die sind aber die Erfolgreichen. Es gibt aber Fahrer, die ihr Potenzial nicht ausschöpfen und mit ihren Gedanken ständig woanders sind. Sie wissen nicht, was sie von ihrem Körper verlangt haben, wenn sie 180 Kilometer Rad gefahren sind. Da kann man nicht einfach so herumlaufen. Wer von seinem Körper etwas genommen hat, muss es ihm wieder geben. Wer ihn in Stress versetzt hat, muss ihm danach wieder Ruhe gönnen. Das verstehen die meisten überhaupt nicht. Als Trainer oder Sportlicher Leiter kommt man sich ziemlich blöd vor, einem 28-Jährigen zu sagen »Jetzt geh doch mal auf dein Zimmer und entspanne dich« oder »Setz' eine Mütze auf, wenn du dein Rad aus der Garage holst«. Das muss er doch selbst wissen, wenn er schon vier, fünf Jahre dabei ist. Aber nein, er verschenkt ein paar Prozent.

Magath: Bei uns Fußballern ist das anders, noch viel schwieriger. Ein Spieler kommt in einen Bundesligaklub und verdient viel Geld. Und überall, wo viel Geld verdient wird, sind eben auch viele andere daran interessiert, ebenfalls viel Geld zu verdienen. Was ich damit sagen will: Das Drumherum hat stark zugenommen, der Einfluss von außen ist größer geworden. Jeder weiß etwas, und meistens weiß er es besser als der andere. Aus meiner Sicht ist die Situation unüberschaubar geworden. Ehrlich gesagt, ich kann mich gar nicht richtig hineinversetzen und weiß nicht, was ich davon halten soll. Ich kann immer nur nach dem gehen, wie ich es als Spieler selbst erlebt und kennen gelernt habe.

Bölts: Können Sie als Bundesligatrainer noch gegensteuern, wenn so genannte Gurus kommen? Das gibt es ja immer wieder. Da bringt der eine seinen Akupunkteur mit, der andere seinen privaten Physiotherapeuten und irgendeiner kommt mit seinem Heilpraktiker... Diese Tendenz beobachte ich im Profiradsport seit ein paar Jahren.

Magath: Ja, ja. Natürlich ist das von Verein zu Verein verschieden, das ist klar. Beim FC Bayern München haben wir eine sehr erfolgreiche medizinische Abteilung, mit der dieser Klub schon über 25 Jahre zusammenarbeitet, und die hat natürlich auch Einfluss. Aber trotzdem gibt es den einen oder anderen Spieler, der seinen eigenen Mann mitbringt. Man tendiert eben dazu, wenn irgendetwas Ungewöhnliches ist, Hilfe von außen zu suchen. Es gibt da immer welche, die sagen, ich kann Ihnen helfen. Die Sache fair zu beurteilen, ist schwierig.

Bölts: Noch mal die Frage, können Sie da noch gegensteuern? Beispielsweise wenn ein Spieler sagt: »Ich werde krank«, und Sie denken, »Ach komm, nicht so schlimm« – ist es dann so, dass die medizinische Abteilung sagt: »Nein, Schluss jetzt«? Haben sich auf diese Weise schon Dispute entwickelt?

Magath: Ich will Ihnen mal was sagen: Anfangs wollte ich gegensteuern, aber inzwischen halte ich mich in solchen Fragen sehr zurück.

Bölts: Wir haben solche Situationen oft. Nehmen wir zum Beispiel ein ganz wichtiges Rennen im Frühjahr, in dem die Mannschaft einen in der Gesamtwertung vorne hat und deshalb jeden Mann braucht. Dann kommt einer und sagt: »Ich glaube, ich kriege eine Erkältung, ich habe so ein Kratzen im Hals.« Dies ist schwierig zu beurteilen, weil ich ja den Rennfahrer nicht vergraulen will. Dann schicke ich ihn zum Doktor, und der stellt fest: »Kein Fieber – der ist eigentlich fit.« Dann weiß ich, aha, der hat seine Erkältung vielleicht im Kopf. Vielleicht sind seine Beine auch nur ein bisschen schwerer, sein Puls vielleicht drei Schläge höher als sonst. Ich sage zu ihm: »Hör zu, du hast kein Fieber, nach dem Rennen bist du bei mir im Auto zurückgefahren, ich habe dich kein einziges Mal husten hören. Jetzt fährst du morgen noch mal, wir haben hier einen Mann im Rennen, für den gearbeitet werden muss. Wenn es dann immer noch nicht geht, kannst du nach Hause fahren.« Es fällt mir sehr schwer, mich zurückzuhalten. Ich bewege mich aber irgendwo auf einem ganz schmalen Grad, weil ich nicht weiß, stimmt es, was er sagt, oder simuliert er nur.

Magath: Bei uns ist die Tendenz in solchen Dingen noch stärker. So etwas passiert ständig. Aber es gibt ja schlimme internistische Geschichten und auch orthopädisch so viele verschiedene Verletzungen. Ich würde es nie wagen, mich mit einem Mediziner auseinander zu setzen. Ich kann da gar nicht mitdiskutieren. Ich kann höchstens erzählen, mit welchen Verletzungen ich schon gespielt habe und wann es dann mal wirklich nicht ging. Aber es ist heute schwieriger geworden – durch die Öffentlichkeit, die immer dabei ist. Ich werde einen Teufel tun, wenn ein Spieler kommt und über ein Kratzen im Hals klagt, ihn zu überreden. Ich sag dann, gehe zum Arzt.

Bölts: Es gibt da auch eine ganz einfache Methode. Bei uns ist ja ein Rennen oft richtungweisend für das nächste Rennen, es geht ja immer auch um die Nominierung der Mannschaft für die nächste Aufgabe. Da finden Anfang März die beiden Etappenrennen Paris-Nizza und Tirreno-Adriatico statt, und das nächste große, auch lukrative Rennen ist Mailand-San Remo. Zwei Tage vor dem Ende des Etappenrennens kommt zum Beispiel einer und sagt: »Oh, ich glaube ich kriege eine Erkältung.« Dann sage ich ihm: »Dann gehe halt raus, dann fehlen dir aber die zwei Tage Training für Mailand-San Remo«, was aus meiner Sicht kein Problem ist, weil ich ja dafür zwei Ersatzleute habe. Dann werden seine Augen ganz groß, dann ruft er beim Teamchef Hans Holczer an und erzählt ihm, der Bölts hat gesagt, ich sei nicht in Form für Mailand-San Remo. Dann sagt aber der Chef, der

Bölts wird schon Recht haben, der wird es wissen. Und plötzlich beginnt die wundersame Heilung. Ich will den Fahrern ja nichts Bösartiges unterstellen, aber es kommt halt immer wieder vor.

Magath: Ich glaube sowieso, dass der, der sich ärgert, mehr Leistung bringt.

Also ein Oliver Kahn?

Magath: Zum Beispiel.

Bölts: Ist Ärger gleichzusetzen mit Enttäuschung über sich selbst?

Magath: Nein, ärgern über irgendetwas, am besten über den Gegner. Das wäre noch das Allerbeste.

Herr Bölts, wie viel haben Sie aus Ärger heraus geleistet?

Bölts: Sehr viel. Da fällt mir ein Beispiel ein. 1996 hatten wir Bjarne Riis als Kapitän, und der hat uns sehr oft nach vorne geschickt, auch offensiv in den Berg rein, um das Rennen schwer zu machen. Wir mussten frühzeitig für hohes Tempo sorgen, auch wenn man das selbst vielleicht nicht eingesehen hat. Aber es ist halt so in einer Mannschaft mit einem Kapitän und vielen Helfern. Diese Aktionen kosteten immer Kraft, die einem am Ende der Rennen eben fehlte. Ich war oft zornig über seine Entscheidungen und seine Order, aber dieser Zorn hat mich sehr weit gebracht. Ich habe mich daran entwickelt. Mit diesem Zorn habe ich auch Rennen gewonnen. Da gibt es diese Geschichte von Gippingen in der Schweiz, als er uns wieder einmal schickte, um die Fahrer der anderen Teams frühzeitig müde zu machen. Ich ärgerte mich maßlos, weil er die gesamte Mannschaft aufbrauchte und selbst letztlich nicht mehr dabei war. Da habe ich mit Hilfe von Christian Henn dieses Rennen gewonnen. Sozusagen aus Wut. Aber so geht das oft. Man ärgert sich über andere Mannschaften, die sich früh voll ins Zeug legen. Da heißt es Kampf Mann gegen Mann. Man brummt da pausenlos, Zehnergruppe, rasende Abfahrt hinunter, enge Kurven, der andere rührt im Getriebe, seine Atmung passt nicht mehr zusammen, er muss aus dem Sattel, er setzt sich. Man weiß, es geht nur noch wenige Kilometer, wenn überhaupt, und dann geht er kaputt. Daraus zieht man auch Motivation. Man sagt sich, jetzt ist meine Zeit. Da denkst du nicht ans Ziel, du handelst aus Zorn, gehst hin und machst dem anderen das Rennen kaputt. Klar denkst du hinterher vielleicht, hätte ich mir doch ein paar Körner aufgehoben, dann wäre ich zwei, drei Plätze weiter vorne gelandet, aber in erster Linie handelt man aus der Intuition heraus.

Herr Magath, Bjarne Riis hat Udo Bölts nach vorne geschickt, die Arbeit zu machen. Aber es gab ja auch die Situation im Juli 1997, da forderte umgekehrt der Helfer den Chef auf. »Quäl dich, du Sau«, rief Udo Bölts damals Jan Ullrich zu. Wäre so etwas im Fußball auch wünschenswert, dass der eine Spieler seinen Mitspieler antreibt?

Magath: Ja, so was wünscht man sich, so etwas wünscht sich jeder Trainer. Aber auch das ist in der heutigen Zeit weniger geworden. Die Typen, die ihren Mitspielern auch mal zeigen, dass sie nicht einverstanden sind mit den Leistungen. Bei uns wird zu wenig auf dem Feld in dieser Richtung geredet. Ich glaube, es gibt die Typen nicht mehr, die bereit sind, auch Verantwortung für den anderen zu übernehmen. Sie trauen sich teilweise nicht mehr, dem Mitspieler etwas zu sagen.

Im Radsport hat der Teamchef die Möglichkeit, über Funk seine Rennfahrer zu schicken, sie zu diktieren, aufzufordern. Ein Knopf im Ohr des Fußballers, klar, das ist verboten, das wäre Spielerei. Aber können Sie sich das theoretisch vorstellen oder gar wünschen?

Magath: Mit solchen Dingen beschäftige ich mich nicht, weil das bei uns nicht erlaubt ist. Ich kann ja nur eines versuchen: Wenn ich während der Woche merke, sie sind wieder zufrieden, haben am Wochenende gewonnen und liegen sich alle in den Armen, dann kann ich ein Training machen, das nicht auf Begeisterung stößt, um wieder ein bisschen Stimmung reinzubringen. Aber während des Spiels wäre es schwer, einen Spieler so zu steuern, dass es auch etwas bringt.

Bölts: Um da mal einzuhaken. Ich bin kein Freund des Funkverkehrs, weil damit dem Rennfahrer doch viel von der Persönlichkeit genommen wird. Es ist heutzutage so, dass keiner mehr so richtig mitdenken kann oder sogar will. Früher, als wir noch nicht den Knopf im Ohr hatten, gab es zwei oder drei Fahrer im Team, die Rennübersicht hatten, die ihre Mannschaft auch geführt haben. Das ist heute nicht mehr so. Ich habe schon oft angeregt, mal den Test zu machen. Alle Teams müssten sich absprechen, mal komplett ohne Funk zu fahren. Das wäre ein Chaos hoch drei. Das fängt schon damit an, dass sich kaum noch Rennfahrer abends nach der Etappe die Mühe machen, das Ergebnis Fahrer für Fahrer zu studieren, die Zeitabstände zu verinnerlichen, das Können der einzelnen Gegner zu eruieren. Wenn ich heute einen jungen Rennfahrer, der zwei Jahre im Team ist, auffordere, mir mal zehn Profis vom Team Crédit Agricole zu nennen, dann bringt er die nicht zusammen. Früher war das anders. Wir haben uns mit den ausländischen Fahrern unterhalten, wir haben internationale Zeitungen gelesen, zum Beispiel die *Het Laatste Nieuws*, die man sich als Rennfahrer immer kaufte. Da stand alles drin, da stand drin, wann der Franco Ballerini die Grippe hatte, da stand drin, wer eine Woche aussetzte, wer morgen der Favorit ist und mit welchen Rennfahrern die Mannschaften kommen. Das steht heute auch noch drin, aber die Fahrer lesen das nicht mehr. Die gehen an den Start, lassen sich über Funk sagen, wer heute nicht startet und auf wen es aufzupassen gilt, und haben oft nach 50 Kilometern noch nicht gemerkt, dass diese oder jene Persönlichkeit überhaupt nicht dabei ist.

Herr Magath, wie ist das beim FC Bayern?

Magath: Das ist bei uns ähnlich. Die Spieler interessieren sich, wie Barcelona gespielt hat, aber glauben Sie nicht, dass einer kommt und fragt: »Wie hat Bielefeld gekickt?«

Schönes Beispiel. Sie sagten ja mal, der Michael Ballack sitzt Freitagabends im Trainingslager vor dem Fernseher und schaut sich die Zweite Liga an. Aber immer weniger Spieler sind so eingestellt, oder?

Magath: Die Tendenz ist einfach so.
Bölts: Im Trainingslager oder bei langen Etappenrennen sage ich dann schon mal zu einem jungen Fahrer: »Komm, anstatt Playstation zu spielen, gehen wir mal das Handbuch durch und studieren das Streckenprofil.« Ich weiß genau, wer sich das von sich aus angeschaut hat und wer nicht, ich kenne sie ja alle. Aber es ist ganz wichtig, es zu tun. Als Profisportler musst du tagein, tagaus, 365 mal 24 Stunden im Jahr mit deinem Beruf beschäftigt sein. Auch wer Winterpause hat, darf bis zum Frühjahr kein Gewicht zulegen. Er muss immer vorausschauen. Er muss das Trainingslager und seine Saison planen. Es gibt nicht viele, die das ernst nehmen – es sind aber jene, die Erfolg haben.

Herr Magath, wenn man Udo Bölts so hört, wäre er ja genau der richtige Mann für Sie?

Magath: Wenn er nicht so alt wäre, würde ich ihn sofort verpflichten.
Bölts: Nein, Fußball war nichts für mich, ich war eher ein Grobmotoriker. Die Ausdauersportarten lagen mir doch ein bisschen besser.

Gibt es in der Bundesliga so eine »Kampfsau«, wie sie Udo Bölts als Radsportler verkörpert hat?

Magath: Solche Typen werden gesucht. Wir brauchen keine Typen, die nur an sich denken, sondern Spieler, die auch für die Mannschaft denken, die Verantwortung übernehmen, die auch mal andere zusammenstauchen. Ich glaube, schon in der frühen Jugend läuft da etwas falsch. Jugendliche werden heutzutage viel zu schnell in andere Vereine gebracht, mit der Konsequenz, dass die jungen Leute gar nicht lernen, sich mit einer Mannschaft zu identifizieren. Es ist ja so, dass bei den 10- bis 12-Jährigen der Bessere den anderen auf dem Spielfeld helfen müsste. Er könnte dann auch lernen, Verantwortung zu übernehmen. Aber das gibt es ja nicht mehr, weil derjenige, der sich als besserer Spieler erweist, sofort weggeholt wird, in einen anderen höherklassigen Verein, dann in die Jugendabteilungen der Bundesligaklubs. Dort sind dann viele gute und beste Spieler, jeder ist für sich und schaut, dass er sich gegenüber dem anderen durchsetzt. Er kommt gar nicht mehr in Situationen, anderen zu helfen, er lernt nicht mehr, sich für andere einzusetzen. Ich kritisiere das alles schon seit 20 Jahren und sage, dass ich das als völlig verkehrt ansehe.

Bölts: Das ist die Tendenz in unserer Gesellschaft, wenn man sich anschaut, wie bei uns die Gelder verteilt sind. Der Profiradsport steht im Mittelpunkt der Medien, und unten an der Basis tut sich kaum noch was. Da fehlt es an allen Ecken und Enden. Wenn ich heute in einen Radsportverein gehe, der noch ernsthaft mit dem Nachwuchs arbeitet, fällt es auf, dass kaum noch eine intakte Familie anzutreffen ist. Also eine Familie, wo Vater und Mutter gemeinsam gewillt sind, ihre Kinder samstags und sonntags zu Radrennen zu fahren, und auch mal Abstriche in ihrer eigenen Freizeit machen, von ihren persönlichen Interessen ablassen und bereit sind, ihre Kinder kontinuierlich zu unterstützen. Für die Vereine ist es schwer, das alles zu organisieren, weil nicht mehr genügend Helfer und Betreuer da sind. Es ist aber ganz klar: Wer den Vergleich, wer den Wettkampf nicht hat, der trainiert auch nicht entsprechend und hört vielleicht bald wieder auf. Das ist in anderen Sportarten genauso, das sind die Zeichen der Zeit. Ich war im letzten Dezember auf einer Weihnachtsfeier für den Nachwuchs. Vier Jugendliche waren mit der Fahrgemeinschaft gekommen. Auf unseren Weihnachtsfeiern waren alle Mütter und Väter dabei, das war die höchste Anerkennung für die Kinder. Wer heute ein Kind fragt, wo ist denn dein Vater, dann sagt es nur, keine Ahnung, der mache dieses oder jenes. Für Kinder und Jugendliche sind Anerkennung, Bestätigung und Lob sehr wichtig. Sie wollen ihre Leistung auch innerhalb der Familie gewürdigt wissen. Ich habe festgestellt, dass derjenige, der in einem sozial intakten Umfeld aufwächst, später auch eher bereit ist, Verantwortung zu übernehmen. Aber die Zeiten ändern sich nun einmal.

Magath: Den Lauf der Zeit können wir nicht aufhalten. Wir wollen hier nicht falsch verstanden werden. Fakt ist natürlich auch: Im heutigen Sport ist nicht alles schlecht, und früher war nicht alles besser.

Bölts: Das ist richtig. Aber ich denke schon, dass man den einen oder anderen wachrütteln kann, wenn man klar sagt, wo und wie sich Dinge zum Negativen verändern.

Das Gespräch wurde moderiert von
Fried Hinkelmann, Horst Konzok
und Klaus D. Kullmann.

PALMARÈS

Amateurlaufbahn (bis 1988):

<u>1988</u>

Dritter Rheinland-Pfalz-Rundfahrt
Ersatzmann Olympische Spiele in Seoul

Profilaufbahn (seit 1989):

<u>1989</u>

Sieger Deutsche Kriteriumsmeisterschaft
Sieger Kriterium Coca-Cola-Trophy in Reutlingen
Dritter Herald Sun Tour in Australien (ein Etappensieg)

<u>1990</u>

Sieger Deutsche Straßenmeisterschaft
Sieger Herald Sun Tour
Zweiter GP Cannes
Zweiter Boucles Parisiennes
Zehnter Mittelmeer-Rundfahrt
19. Tour de Suisse
53. Vuelta a España

<u>1991</u>

Sieger Mount Buller Road Race in Australien
Dritter Herald Sun Tour

Sechster Irland-Rundfahrt
Zehnter Tour de Suisse
17. Vuelta a España

1992
Zweiter GP Telekom
Siebter Lombardei-Rundfahrt
14. Straßen-Weltmeisterschaft
18. Baskenland-Rundfahrt (ein Etappensieg)
19. Giro d'Italia (ein Etappensieg)
35. Tour de France

1993
Sieger Mount Buller Road Race
Dritter Herald Sun Tour
Dritter Omloop van de Westkust
Sechster GP Telekom
Neunter Tirreno-Adriatico
25. Tour de France
33. Giro d'Italia

1994
Sieger Rund um Köln
Sieger City Night Berlin
Sieger Omloop van de Westkust
Sechster Katalanische Woche
Achter Herald Sun Tour (zwei Etappensiege)
Achter Lombardei Rundfahrt
Neunter Tour de France (3. Etappenplatz in L'Alpe d'Huez)
Neunter Baskenland-Rundfahrt
18. Giro d'Italia
18. Straßen-Weltmeisterschaft

<u>1995</u>
Sieger Deutsche Straßenmeisterschaft
Sieger Kriterium Coca-Cola-Trophy Emmendingen
Sechster GP Telekom
Elfter Paris–Nizza
38. Tour de France
46. Giro d'Italia

<u>1996</u>
Sieger Clásica San Sebastián
Zweiter Kastilien-Rundfahrt (ein Etappensieg)
Dritter Deutsche Straßenmeisterschaft
Sechster Midi Libre
Siebter Tour de Suisse (ein Etappensieg)
14. Tour de France
37. Straßen-Weltmeisterschaft
Etappensieg Vuelta a Castilla y Leon

<u>1997</u>
Sieger GP Aargau
Sieger Dauphiné Libéré
Sieger Colmar–Straßburg
Dritter Kastilien-Rundfahrt
Vierter Straßen-Weltmeisterschaft
Siebter GP Wilhelm Tell
Siebter Deutsche Straßenmeisterschaft
16. Bicicleta Vasca (ein Etappensieg)
14. Tour de Suisse
21. Tour de France

<u>1998</u>
Sieger GP de Wallonie

Sieger GP Breitling in Karlsruhe (mit Christian Henn)
Sieger Kriterium Weißenburg
Zweiter GP Primavera
Zweiter Memorial Josef Vögeli
Achter Rund um den Henninger Turm
Neunter Clásica San Sebastián
Zehnter Straßen-Weltmeisterschaft
21. Tour de France

1999
Sieger Deutsche Straßenmeisterschaft
Sechster Flèche Wallone
Sechster GP Primavera
Sechster Memorial Josef Vögeli
Neunter Lüttich–Bastogne–Lüttich
Zehnter Baskenland-Rundfahrt
40. Tour de France

2000
Zweiter GP Primavera
Dritter Deutschland-Tour (ein Etappensieg)
Dritter Deutsche Straßenmeisterschaft
Sechster Rund um Köln
42. Tour de France
168. Ironman Hawaii

2001
Sechster Rheinland-Pfalz-Rundfahrt
Achter Deutschland-Tour
Neunter GP Primavera
15. Tour de Suisse
51. Tour de France

2002
Siebter Rund um den Henninger Turm
14. Lüttich-Bastogne-Lüttich
48. Tour de France

2003
61. Tour de France

Auszeichnungen

Radsportler des Jahres 1994
Bambi-Verleihung »Sportmannschaft des Jahres 1997«
Mannschaft des Jahres 1997
Silbernes Lorbeerblatt 1997
Fair-Play-Medaille der Deutschen Olympischen Gesellschaft
Landesverdienstorden Rheinland-Pfalz
Goldene Zeile (Auszeichnung des Journalistenverbandes Pfalz)
Goldene Ente der Sportpresse Kurpfalz
Silberne Weintraube der Bezirksregierung Rheinhessen-Pfalz
Ehrenmedaille des Bezirksverbandes Pfalz
Ehrenbürger der Gemeinde Heltersberg
Gebrüder-Bölts-Straße in Heltersberg
Preis des Sparkassen- und Giroverbandes 2003 »Vorbild für die Jugend«

DANKE

Es gilt, Menschen herzlich Dank zu sagen, die mit vielen Ideen und Vorschlägen, mit Energie, mit großer Freude und Überzeugung zum Gelingen dieses Buches beigetragen haben.

Joachim Faulhaber, ein richtig guter Freund und Fan von mir, war der Erste, der aus meinem Leben nun endlich auch mal etwas lesen wollte und beharrlich eine Autobiografie einforderte. Aber erst als ich bei einigen Veranstaltungen in der Pfalz spürte, wie Menschen, vor allem Kinder und Jugendliche, meinen Geschichten und Ratschlägen aufmerksam folgten, wurde mir klar, dass ich etwas zu erzählen habe. Fried Hinkelmann brachte das Buch dann endgültig auf den Weg.

Zu danken ist Christa Kaiser für das Erfassen zahlreicher Manuskripte und Tonbänder sowie Norbert Schick, der als Erster das Manuskript zu lesen bekam und wertvolle Korrekturen vornahm. Danke auch an Horst Konzok, der das Gespräch mit Felix Magath mitmoderierte, und an alle in Bad Dürkheim, Kaiserslautern, Landau, Ludwigshafen oder Mannheim, die Klaus Dieter Kullmann und mich bei unseren Gesprächen in ihren Räumen gastfreundlich aufnahmen.

Udo Bölts